宗教社会学を学ぶ人のために

井上順孝［編］

世界思想社

宗教社会学を学ぶ人のために

目次

第Ⅱ部　現代社会と宗教社会学

序章　宗教社会学は何を研究するか

井上順孝

1　社会という場における宗教

1　宗教の定義

宗教とは何かとあらためて問われると、宗教研究者はたいてい答えにつまる。仏教、キリスト教、イスラム教、ユダヤ教、ヒンドゥー教、エホバの証人、天理教、創価学会などと、具体的な宗教名をあげての説明なら比較的楽である。しかし、どんな現象を宗教と呼ぶのかといった一般的な問いには、誰もが納得する答えなどない(1)。「芸術とは何か」、「遊びとは何か」などと、あらためて問われた場合の難しさとよく似ている。

定義は難しくても、宗教が人間の生活にいろいろな場面で関わりをもっていることは、体験的にたいていの人がわかっている。日本人にとっては、宗教はまず心の問題として意識されることが多い。ふだんは「さわらぬ神に祟りなし」といっていても、病気になったり、心配事があったりすれば、「困ったときの神頼み」に豹変するというのは、よくあるパターンである。

仏教の基本的概念の一つである四苦八苦という表現は、もとの意味が意識されることなく、日常的に使われている。しかしその本来の意味は、人間が宗教に関わる側面を的確に言い当てたものである。四苦、つまり生苦・老苦・病苦・死苦は、どんなに物質文明が発達し、社会が豊かになっても、人間の心から去ることはない。残る四つの苦、すなわち愛別離苦《あいべつりく》・怨憎会苦《おんぞうえく》・求不得苦《ぐふとくく》・五陰盛苦《ごおんじょうく》も、変わらぬ人間心理である。つまり誰も愛する人と別れたくはないし、嫌な人と会いたくはない。求めても得られないことがあると苦しいと感じる。そしてわれわれの心と体は、楽しむと同時に苦しむようにつくられている。

苦しみや不安の解決を求めて、宗教に関わるようになる人は多い。だから、宗教はまずもって心の問題であるということは、日常的な実感としてただちに納得できる。ところが、個人的悩みは社会のあり方と無関係ではない。たとえば老いた親族と一緒に住むのが普通の社会と、別々に住むのが普通の社会では、「老苦」の感じ方が異なってくるかもしれない。そうすると、一人一人の個性とか、具体的な悩みよりも、社会全体、あるいは集団や組織の状況にも目をやる必要が出てくる。

2　社会が宗教に及ぼす影響

人々の信仰形態は、いつも同じ形をとっているわけではない。今日の日本では、お寺や僧侶といえば、多くの人が葬式や年忌法要などを連想する。葬式仏教などという言葉もある。それは江戸時代に檀家制度（寺請制度ともいう）が確立し、その後の日本仏教のあり方を大きく規定したからである。さらに、近代化の過程でも、仏教は変容を迫られた。特に初期明治政府の仏教政策からは大きな影響をこうむった。神仏分離策（神社と寺院、神職と僧侶の違いを明確にする方針）の実施、僧侶の俗化（肉食・妻帯の自由化）

といったものは、その後の僧侶の意識や、寺院のあり方に影響を与えた。これまでの日本社会の変化から様々な影響を受けつつ、今日の仏教の形態に至っているということである。

近代における新宗教の成立と展開は、宗教のあり方が、社会の条件に大きく左右されるということの、最もわかりやすい例である。幕末期に中山みきを教祖として、奈良に出現した天理教は、明治期に全国に教線を広げる一大教団へと発展した。同時に数多くの分派教団が成立した。明治末から昭和初めにかけて、しだいに全国的な組織となった大本《おおもと》は、一方では立替え立直しという理念により、他方では霊術的な行法により知識層や軍人などを含め、かなりの人々に思想的影響を与えた。それが国家から危険視されることとなり、一九二一年と三五年の二度にわたり、大規模な弾圧を受け、組織は壊滅状態となった。

また、昭和前期に牧口常三郎、戸田城聖らによって創始された創価学会（当初は創価教育学会）は、戦時中幹部が検挙されて壊滅状態になり、牧口常三郎も獄死した。しかし、戦後、戸田城聖を中心にふたたび活動を開始し、高度成長期の波に呼応するかのように、教団もまた急成長した。数百万人の信者を擁し、公明党という政党を生みだすまでに至った。

これらの事例が典型的に示すように、近代日本の社会変化に応じ、いろいろなタイプの新宗教が次々と出現した。新宗教の信者数は、新宗教研究者により、おおよそ人口の一割程度と推定されている。一世紀あまりのあいだに、新しく形成された宗教運動が大きな社会的勢力へと拡大した理由を考えるとき、この間の社会の変化に目を向けざるをえないことになる。

3　多様な宗教への関わり

宗教が心の問題であることに変わりはないとしても、それがどのような形で人々の生活に関わってくるかは、時代・社会状況によって大きく異なる。今日の日本を眺めると、宗教との関わりは、かなり入り組んでいる。まず、年中行事や人生儀礼は、主に神社や寺院で行う。すなわち、初詣でや節分のときは、有名神社もしくは寺院へ行く。七五三は神社が主流である。農耕儀礼は、地元の神社と関わることが多い。結婚式は一九九〇年代後半以降、俄然キリスト教式が多くなり、神前結婚式をしのぐようになった。葬式は今でも圧倒的に仏式である。

その一方で、特別な悩みを抱えた場合は、新宗教の教会をたずねたり、巷の霊能祈祷師をたずねたりする。直接的な解決を求める場合は、期待が満たされそうな所を選ぶのである。思想的に納得のいく教えに出会いたいときは、聖書や仏典を読む人が多い。たとえ禅宗とは関わりがなくとも、心の安らぎを得たいと禅寺に坐禅を組みに行く人はいる。企業が新入社員の研修に坐禅をさせることもある。

これらの形態の一つ一つはある歴史的背景から生じ、また社会の動向に影響を受けて変化してきた。キリスト教式の結婚式が増えたのは戦後のことであるし、神前結婚式でさえ、二〇世紀に入って広まった様式である。最近は、霊能者がテレビや雑誌等でタレント的な扱いをされることがあるが、こうした人々は、かつては、路地裏で密かに人々の悩みに応える存在であった。社会の変化に応じて、人々と宗教の関わりに変化が生じるというのは、宗教と社会との関わりを考えるうえでの大前提である。

2　文化に影響される宗教

1　文化的産物としての宗教

宗教を社会的場面で考えるということは、さらに文化との関わりを考えるということに道が通じている。宗教は文化的産物なのだが、このことは、言葉のうえでは理解できても、実感としてはけっこうわかりづらい。これを実感するには、何がしかの異文化体験が有効である。カルチャーショックという言葉は、今でもよく使われるが、文化の違いは体験して初めて身に染みるものである。

宗教のあり方も、文化によって異なる。宗教社会学にとっては、これを大きく二つの観点から了解しておかなければならない。一つは、ある宗教はある特定の文化に深い影響を受けて生み出されるということである。世界には、一神教もあれば多神教もある。戒律が厳しい宗教もあれば、それほど強くない宗教もある。宗教が多様になるのは、文化が多様であることの当然の帰結と考えていい。

もう一つは、ある文化のなかで生まれた宗教も、他の文化、社会に受容されると、その形態が変容していくということである。同じキリスト教、仏教、イスラム教でも、文化が異なればずいぶんとその実態は異なる。異文化に受容された時点で、それはもう形を変えはじめるのが通例である。異文化の地への宗教の布教には、その宗教の教えを異なった言語に移し変えるという作業を必要とする。その時点で教えのニュアンスは変化していく。受け入れる側にとって理解しやすい形のものに変わり、宗教は新しい地で存続していく。

2　宗教の変貌

そうした過程で、外来の宗教が、その社会に以前から存在した宗教と習合するのは、ごく一般的である。問題はその習合の程度であり、はなはだしければシンクレティズム（重層信仰）と呼ばれる。日本は仏教に対しては、相当な習合状態に至ったが、キリスト教に関してはさほどではない。これには、時間の問題もあるし、それぞれの宗教の基本的性格の問題、さらには受け入れ時の宗教的条件といったことが関係する。仏教はキリスト教よりはるか以前に日本に受容されたし、キリスト教よりは習合しやすい性格の宗教とされている。また、古代に仏教を受け入れた時点では、それと対抗できるような体系だった宗教が日本に確立されていなかった。

キリスト教の場合、最初の布教から三〇〇年ほどたった一九世紀半ばに、日本に再度の布教を試みる機会があった。これは、新宗教が本格的に展開しはじめた時期とあまり違わない。だが、新宗教が受けてきた社会的抵抗と、キリスト教が受けてきたそれは、いくぶん性質が異なる。新宗教への社会的批判は、洗練されていない宗教であるとか、反社会的であるという観点からのものが多かった。これに対し、キリスト教に対する批判は、高度な宗教かもしれないが、日本の国にはふさわしくないといった観点からのものが多かった。

一つの宗教も、受け入れた側の文化が異なれば異なった顔になるから、たとえば日本のキリスト教だけを眺めていても、キリスト教全体の性格は論議できない。日本でキリスト教がどのような経緯で広まり、どのような展開を遂げたかは、日本の社会構造の特質や文化的特質によって大きく左右された。幕末維新期以来の旺盛な布教活動にもかかわらず、キリスト教の信者は、日本では人口の一％程度しかいない。だが、隣国韓国に目を移せば、人口の三割近いキリスト教信者の数が報告される。台湾は韓国ほどではないが、日本よりはキリスト教人口は多い。フィリピンとなると、大半はカトリック信者である。むろん、信仰の実態も各国一様ではない。

日本から海外に少し目を向けただけで、このような違いがある。受容されたキリスト教が、カトリックかプロテスタントか。カトリックならどの修道会か。プロテスタントならどの教派か。そういったことも重要だが、他方で、受け入れた社会の文化的特質が、その社会でどのようなキリスト教が育つかを大きく規定していく。それぞれの社会の文化的特質をめぐる議論は、宗教社会学ではきわめて重要なテーマである。

3　文明学からの発想

文化的産物としての宗教という観点に似ているが、もう少しダイナミックな視点をもつのが、文明学の視点から出されている議論である。これは梅棹忠夫によって提起されたもので、宗教社会学も大いに参照すべきものである。梅棹の文明学の発想によれば、一つの文明のなかで、宗教がどのような位置を占め、どのように作動しているかということが問題になる。たとえば日本文明なら、日本文明の仕組みを解きほぐしていけば、日本宗教の装置もわかりやすくなり、日本宗教の装置を追究していけば、日本文明の仕組みもみえやすくなるという関係がある。

それゆえ、宗教社会学の個別テーマが、文明学の視点と重なってくる。たとえば、宗教家は社会のなかでどのように位置づけられるか。教会はどのように組織化され、運営されていくか。どんな特徴をもった教えが人々に受け入れられやすいか。こうしたことが、日本文明の特質を明らかにする手がかりになってくる。

3　宗教社会学の立場

1　ファジーな宗教社会学

以上のことを少し整理する。個人を中心に考えると、宗教は人間の心のもち方や倫理観、主義主張などと関わりをもつ。社会を中心に考えると、宗教は地域の生活様式、習俗・習慣、共同体の価値観、国家の理念などと関わりをもつ。この関わりはいろいろな形をとるので、それを研究する学問の方でも、宗教哲学、宗教心理学、宗教社会学、宗教民族学・宗教人類学、宗教地理学、宗教史学などといった、数多くの領域が形成されてきた。しかし、これらの研究領域は整然と区別されたものではない。相互の境界線がいくぶん曖昧で、重複する部分をもったまま、全体として宗教学という学問分野を形づくっている。

したがって、宗教社会学もどんなことを研究するのかが、明確に定まっているわけではない。社会的場面にあらわれる宗教の姿に焦点を合わせるとしても、宗教を心の問題として扱う立場と、切り離されているわけではない。また、宗教を文化や文明の問題として捉える立場は、宗教社会学と大きく重なってくる。個人心理や思想など、個人的なレベルでの話と、社会や文化・文明などマクロなレベルでの話は、互いに密接に関わっている。宗教社会学が、宗教心理学や宗教民族学・宗教人類学などと、大きく重なっているのは、当たり前のことなのである。

2　二つの流れ

これに加え、日本の宗教社会学の場合、大きくいえば、社会学者が宗教に関心をもった結果生まれた宗教社会学（社会学的宗教社会学）と、宗教学者が社会的次元の現象に関心をもってできた宗教社会学（宗教学的宗教社会学）の二つの流れがある。両者はそうはなはだしく異なるわけではないが、方法論や目的において若干の相違がある。

やや誇張してその差異を述べれば、社会学的宗教社会学は、社会学の理論を検証する一環として宗教現象をみる。したがって、研究にあたって、どのような方法論をとるかにこだわりを示すことが多い。仮説とその検証というスタイルをとるのが一般的である。これに対し、宗教学的宗教社会学では、どちらかといえば宗教現象の解明に重点が置かれる。方法論の整合性よりも、その研究によって宗教理解が進んだかどうか、という点に関心が集まる傾向にある。

近年の日本の宗教社会学では、さらに認知科学、進化生物学、脳科学といったような領域さえも視野に入れた研究が出てきている。これは学問全体が広いネットワークを形成して展開するようになった現代の研究状況を反映している。社会的場面における宗教現象の研究は、未開拓のテーマも数多くあり、その意味で魅力にあふれた研究領域ということができる。

4　本書の視点

1　全体の構成

本書は、大きく二部構成になっている。それぞれは次のような流れである。第Ⅰ部では主に宗教社会学の理論の整理をしている。宗教社会学は欧米で展開した学問であるので、第1章で初期の古典的な理論のうち、ウェーバー、デュルケム、ジンメルなどの学説を紹介する。宗教社会学が形成される二〇世紀前半には、人類学、心理学でも画期的な研究がなされている。そこでなされた呪術と宗教に関する研究、贈与のような特徴的儀礼の研究、あるいは人間の無意識に着目した深層心理研究などは、宗教社会学にも関連の深い重要な研究であるので、これらを第2章で紹介する。第3章では二〇世紀後半に展開していった宗教社会学の主要な研究、さらに二〇世紀末に急速に注目を浴びるようになった認知科学、進化生物学、脳科学などの研究成果からの影響を紹介する。第4章では、日本における宗教社会学の受容と、日本社会の特徴に基づく研究について紹介する。

第Ⅱ部は具体的な宗教の社会的展開に即して、宗教社会学的な視点からの分析や説明を行う。第5章では、近代化が日本宗教に与えた影響を考えていく。近代国家の宗教政策、都市化、家族の変動、法的な条件がどのように影響したかを説明する。第6章では、近現代の日本社会の変化とそれに対応する宗教の変化をみるときに最も注目される現象に焦点を当てる。新宗教の展開と活動の特徴、そして現代宗教をめぐる主要な社会的トピックをいくつか扱う。第7章では日本の宗教状況をより広く世界的視野からみていく。現代世界の宗教分布を確認し、世界で起こっている宗教的トピックを扱う。第8章では宗教についての情報があふれる一方の現代社会において、より的確な宗教情報を得るための注意点をあげ、宗教情報リテラシーという考え方について説明する。

付録では本書に関連する基本的な文献についての簡単な解題のほか、基本的統計を紹介して、日本や外国の宗教状況を理解する助けとした。またウェブ上にも利用価値の高い情報が数多くあるが、そのうち、特に推奨したいものの一覧を掲げた。

2　学びの目指すもの

以上をとおして学んで欲しいことは、宗教社会学の考え方、視点について基礎的な知識を得ることであり、同時に現代社会の宗教状況の概要を把握する目を養うことである。複雑多様な現代宗教であるが、それだけにいくつかの基本的なものの見方を身につけたうえで、それらに接する態度が求められる。そうでないと、宗教問題を過度に単純化して論じたり、逆に複雑すぎてわからないとして理解する態度そのものを放棄するということになりかねない。

これまでの研究者がつくりあげた「ものの見方」というものは、自分なりのものの見方を形成するうえで大きな助けになるはずである。ここで紹介した理論や視点のうち、参照すべきものがあると感じたなら、それを今後のものの見方に活かして欲しい。

何事も自分の身近な問題であると、真剣に取り組む姿勢が生まれやすい。それを考慮して、多くの日本人が日常生活でしばしば経験するような出来事を数多く例示することに努めた。ここで説明されていることを机の上での学びとするのではなく、日々経験する身の回りのことがらに対する理解を深めるための訓練として受け取ってもらいたい。

【注】

（1）宗教に関する定義は、俗に宗教学者の数ほどあるといわれる。かなり古くなるが一九六一年に文化庁文化部宗務課が作成した『宗教の定義をめぐる諸問題』には、「宗教の定義集」として、一〇四の定義が収録されている。ここには宗教学者のほか、哲学者、神学者、人類学者、心理学者などの諸説が紹介されている。

必ずしもその人物の意見を適切な箇所から引用したとはいえないものもあるが、主要なものを列挙してみる。（ ）内は同書の表記である。

姉崎正治（宗教学者）「宗教とは、人類の精神が、自己の有限なる生命能力以上に何か偉大なる勢力の顕動せるを渇望憧憬して、之と人格的公称を結ぶ心的機能の社会的人文的発展なり。」

エリアーデ（宗教学者）「宗教とは、いずれの文化にももれなく観察される「永遠回帰の神話」に象徴されるような、人類の完全な原初の世界に立ちもどろうとする欲求の表現である。」

オットー（宗教心理学者）「宗教はこの世のものとは全然別な聖なるものに関すること、それは非合理的な、驚嘆し戦りつさえするほどの秘義である。」

カント（哲学者）「われわれのすべての義務を、神の至上命令であると認識すること、これがすなわち宗教である。」

スターバック（宗教心理学者）「宗教とは、生命の深奥にあるものと、そして生活を取り巻いて広がっている、より大きい現実に対する、情緒的な適応行為である。」

スミス（宗教学者）「宗教は常に集団的形態をとり、集団意識となって現われる。それは同胞意識を高め、これを精神的に結合する働きを有する。」

タイラー（人類学者）「宗教を最も狭義に解釈すれば、単純に、霊的存在への信仰というのが妥当である。」

テンニース（社会学者）「宗教は、本質的に社会的であるが、一見矛盾しているようで、そして実際しばしば互に争う二重の性質を有する。宗教の作用は、第一に、権威を確認し堅固にさせることであって、したがって強者をますます強くする。しかし第二に、宗教は弱者特に婦女・小児・老人を保護支持するように努める。第一作用の勢力は特に政治的であり、第二は倫理的ということができる。」

フレイザー（宗教民族学者）「宗教とは、自然と人生との行路を支配すると信ぜられる人間以上の力を慰和することである。」

ヘーゲル（哲学者）「宗教とは、絶対精神の自己意識であり、哲学が概念の形で有する思想の内容、すなわち絶対的実在を、表象の形式によって表わしたものである。」

マレット（人類学者）「神秘的な力への情緒的な反応が、魔術的、宗教的体験の本質である。（略）真の宗教が生まれるのは、その力に対する情緒的反応が謙譲さを含むに至ったときである。」

また、宗教学で長く基本的なテキストとして使われている岸本英夫『宗教学』では、次のような定義となっている。

「宗教とは、人間生活の究極的な意味をあきらかにし、人間の問題の究極的な解決にかかわると、人々によって信じられているいとなみを中心とした文化現象である。宗教には、そのいとなみとの関連において、神観念や神聖性を伴う場合が多い。」

第Ⅰ部

宗教社会学の基礎理論

第1章　宗教社会学の源流

岩井　洋

社会学の創始者はフランスのコント（A. Comte, 1798-1857）であるとされるが、現代社会学につながる実質的な基礎を築いたのはドイツのウェーバー、ジンメルとフランスのデュルケムである。同時に彼らは、宗教現象を研究テーマの中心に置き、その社会学的分析を試みたという意味で宗教社会学の創始者でもある。

また、三人の研究対象は宗教現象にとどまらず多岐にわたり、宗教社会学以外の著作のなかにも、宗教現象を読み解くときに役立つ視点や概念がいくつも散りばめられている。しかし、それらをここで網羅することは不可能である。そこで本章では、草創期の宗教社会学において、彼らが何を明らかにしようとしたかを、三人の代表的な著作を中心に概観する。

1　ウェーバー

ウェーバー（M. Weber, 1864-1920）は、ドイツのエルフルトに生まれ、一八八九年、中世商事会社に関する法制史的研究でベルリン大学より学位を取得するが、その後、研究の関心は社会政策学に移行した。ハイデルベルク大学教授に就任後の一八九七年、強度の神経疾患に陥り、それを境として社会学への関心を強めた。その研究領域は、宗教社会学から法制史・経済史・政治社会学・法社会学にまで及ぶ。

1　『プロテスタンティズムの倫理と資本主義の精神』

ウェーバーの宗教社会学における関心は、ベンディクス（R. Bendix, 1916-91）が要領よく整理したように、①宗教思想が世俗倫理や経済的行為に及ぼす影響、②社会層と宗教思想との関係、③諸文明における宗教的信念の比較から西ヨーロッパに特有のものを確定する、という三つであった[1]。これらの問題関心が最初に具体化されたのが、一九〇四～〇五年に発表された『プロテスタンティズムの倫理と資本主義の精神[2]』（以下『プロ倫』）である。

まずウェーバーが立てた問題は、なぜ西ヨーロッパにおいてのみ合理的な資本主義が成立したのか、ということである。『プロ倫』は、近代ヨーロッパの資本家・企業経営者層や上層の熟練労働者層において、カトリックよりプロテスタントが圧倒的に多いという統計的事実から始められる。そこからウェーバーは、近代資本主義社会の根底にある経済的合理主義とプロテスタンティズムとの間には何らかの関係があると考える。

ウェーバーは、資本主義を根底から支える原動力を「資本主義の精神」と名づけ、その古典的な例として、一八世紀アメリカの実業家ベンジャミン・フランクリンの処世訓を引用する。それを要約すれば、信用のできる正直な人間を理想とし、とりわけ自分の資本を増加させることを自己目的と考えることが各人の義務であるという思想で、そこでは営利や利潤追求が一種の倫理的義務となっている。ウェーバーはそこに一つの「エートス」が表れているとみる。エートスとは、ある種の倫理が人々の内面に血肉化し、それがなかば無意識的に人々を特定の行動様式や生活様式へと駆り立てるような起動力をさす。

一般的に考えれば、衝動的な営利欲こそ資本主義の原動力だという見方のほうが納得しやすい。しかしウェーバーは、そのような原動力を近代資本主義の精神とはみなさなかった。たしかに貨幣経済と営利活動が行われていれば、近代以前にも広い意味での資本主義は存在したことになる。しかしそれは、日常生活の必要を満たすのに十分な報酬が得られればこと足りる、という伝統主義的な精神によって営まれていたものである。その伝統主義の殻を破って近代資本主義が形成されるには、営利や利潤追求を倫理的義務とする強固な精神が必要だった。

そこでウェーバーは、ベルーフ（Beruf）という観念につきあたる。これは神学者ルター（M. Luther, 1483–1546）が聖書をラテン語からドイツ語に翻訳するにあたって、〈世俗的な職業＝神から与えられた「天職」〉という二重の意味をもつ言葉としてつくりだしたものである。ルターは、免罪符（贖罪符）の販売をはじめとするカトリック教会の堕落に対して抗議（プロテスト）しただけに、世俗を離れた修道院生活を現世の義務から逃れるものとして批判した。彼は、世俗的な日常の労働を神が人間に与えた「使命」であるとして、それに励むことに宗教的意義を認めた。しかしルターの職業観念も、職業は神の摂理であり、人々はそれを甘んじて受け入れるほかないことを強調する点では、資本主義の精神というエートスをつくりだすには至らなかった。ウェーバーによると、実際にこのエートスの形成に決定的な意味をもつのはカルヴァンの予定説である。

神学者カルヴァン（J. Calvin, 1509–64）によると、神は人間の理解を超越した絶対的存在であり、永遠の生命（救済）を得られるほんの少数の人間は神によってあらかじめ決定されており、どんな人間の行為によってもそれを変えることは不可能である。さらに、自分が選ばれた人間なのか、あるいは永遠の滅亡（断罪）を受ける人間なのかを知る手だてはない。そうなると、人間を救済するために神との仲介をできるような人間は誰一人として存在せず、カトリックのように教会を通じての救いも断念せざるをえないし、神の恩恵を得るために呪術的手段に訴えても無駄である。そこで、ウェーバーによれば、呪術に満ちた「呪術の園」から人間が解放されていくことになり、古代ユダヤ教に始まるこの「呪術からの解放（Entzauberung）」は、宗教改革によって成立した禁欲的プロテスタンティズム、とりわけカルヴィニズムの予定説によって完結した。

　しかし、ここに至って、信徒たちはかつてみない孤独と不安に陥れられることになる。つまり、自分は神に選ばれた人間なのか、それとも捨てられた人間なのかを知ることもできないという不安である。そこで人々は、なんとかして自分が救済される人間に予定されているということを確信しようとした。救いの確証を得るためには、神からの与えられた職業に徹し、神の意志の道具として専心する以外に方法はないと説かれ、禁欲の生活態度が動機づけられた。ただ禁欲的な生活態度というだけなら、カトリックの修道院生活にもみられたことであるが、それは世俗から離れた「世俗外禁欲」であった。それに対して、世俗内で実践されるプロテスタンティズムの禁欲的な生活態度を、ウェーバーは「世俗内禁欲」という概念に仕上げていった。

　しかし、営利や利潤追求それ自体が倫理的義務として自己目的化した、資本主義の精神というエートスが登場したとしても、それだけではプロテスタンティズムと資本主義を結びつける説明としては、いま一歩足りない。実は、ここで逆説的な事態が起こる。というのは、利潤追求をすれば富が手に入る。しかし、節約が強制され、利益を個人の快楽のために使うことは厳しく戒められていたため、自分の得たものの大部分は新しい営利のために使用されるほかない。つまり資本投下され、そこからはさらなる利益が得られる。このように、利益→資本蓄積→資本投下→利益という循環が資本主義というシステムを育てていくことになる。しかし、ここで終わるわけではない。やがて資本主義が発達していくにつれ、資本主義の精神はもはや宗教的な支えを必要としなくなり、富の再生産というシステムだけが一人歩きしはじめるようになる。したがって、倫理のための営利という人々の行動が、いわば「意図せざる結果」として資本主義を促進したということになる。そして、このように合理性が優位を占めていく過程を、ウェーバーは「合理化（Rationalizierung）」と呼んだ。

2　比較宗教社会学の構想

なぜ近代資本主義が西ヨーロッパに起こったのか、逆にいえば、なぜ西ヨーロッパ以外の地域には近代資本主義が成立しなかったのか、という『プロ倫』で芽生えたウェーバーの問題関心は、「世界宗教の経済倫理」と呼ばれる一連の研究へと引き継がれる。そしてウェーバーは、『プロ倫』にみられた宗教思想と経済行為の結びつきを、西ヨーロッパ以外の例との比較によって証明しようとした。

「世界宗教の経済倫理」はのちに『プロ倫』とともに『宗教社会学論集』全三巻におさめられることになるが、はじめは中国を対象とした『儒教と道教』(3)（一九一六年）、インドを対象とした『ヒンドゥー教と仏教』(4)（一九一六―一七年）、さらに『古代ユダヤ教』(5)（一九一七―一九年）などの著作として発表された。ウェーバーはこのほかにキリスト教とイスラム教（イスラーム）を加える予定だったが、彼の突然の死によって、結局それは果たされないままに終わった。ウェーバーは『プロ倫』と同じ手法で、宗教のもつ経済倫理、つまり人々を経済行為へと向かわせる起動力としての宗教的エートスと、宗教の担い手となる社会層との関係をみようとした。ここでは儒教とヒンドゥー教についてみてみよう。

儒教の担い手は文人としての教養をつんだ官僚層であった。彼らは教養を高め出世するためには金もうけも肯定した。これは資本主義に好都合にみえる。しかし、彼らの理想とする「君子」というのは、つまらぬ争いは起こさずに現実の秩序にしたがって生きていく人間像であり、その意味で現世肯定・現世順応主義である。中国には、資本主義の展開に比較的好都合な前提条件がいくつかあったにもかかわらず、宗教的なエネルギーが、プロテスタンティズムのように、近代資本主義を生みだすという変革に作用したのではなく、伝統的な秩序を維持する方向に作用したといえる。

ヒンドゥー教の重要な担い手は、文人的な教養をもつバラモン（司祭階級）であり、彼らはカーストと呼ばれる身分制度の最上位に位置した。カースト制度の内部には、世襲的職業を特徴とするいくつものカースト集団が明確に序列づけられており、カースト集団間の接触は厳しく規制されている。バラモンは「輪廻」と「業」という二つの理念を布教することにより、カースト制度と自らの地位を正当化することができた。輪廻とは、個人の霊魂が永遠に再生し続けることであり、業とは、来世により良く生まれ変われるかどうかは生前の行い次第だということである。しかし、ここでいう良い行いとは、自分のカースト集団のなかで分相応の生活をすることであり、カースト制度はますます強化され、同一序列内での生活の改善のみが強調される。したがって、ここでも資本主義の展開に好都合な条件がいくつもあったにもかかわらず、結局は社会変革に対する宗教倫理が欠如していたといえる。

このように、ウェーバーは人々が救済を求める方法に着目した。そして、世界宗教を比較したうえで、四つの救済類型を提示している（図１）。まず人々がとる態度として、禁欲主義と神秘主義という軸がある。前者では、人々は神の命令を忠実に実行する「神の道具」となったときに救われる。後者では、

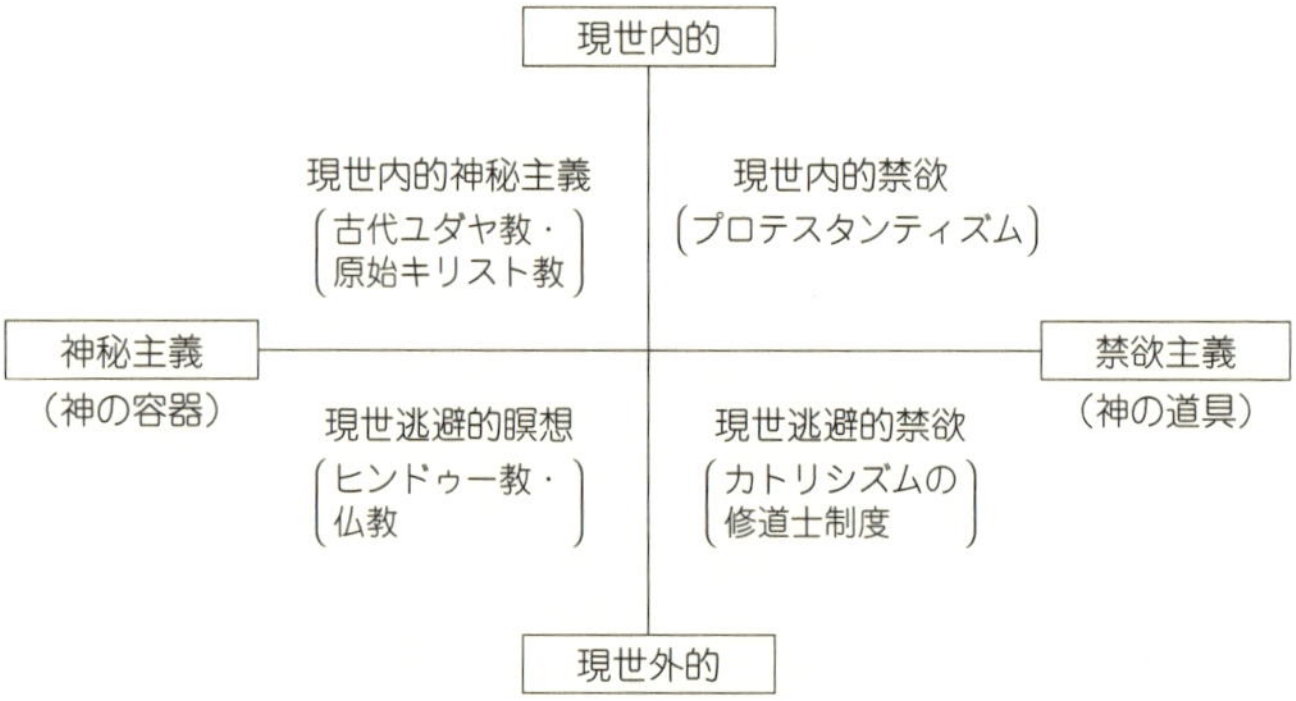

図1　四つの救済類型

人々は神を内在させる「神の容器」となり、神と一体化することで救われる。さらに両者は、それぞれ二つに分かれる。まずプロテスタンティズムのように、現世の内部で禁欲を行う現世内的禁欲、逆にカトリシズムの修道士制度のように、世俗から逃避したところで禁欲が行われる現世逃避的禁欲がある。また、古代ユダヤ教や原始キリスト教にみられるように、瞑想的神秘主義者が現世内にとどまる現世内的神秘主義、その逆にヒンドゥー教や仏教のように、神秘主義が現世と対立する現世逃避的瞑想がある。

2　デュルケム

デュルケム（E. Durkheim, 1858-1917）は、ラビ（ユダヤ教律法教師）を父としてフランスのロレーヌ地方エピナル市に生まれた。ドイツ留学ののち、ボルドー大学、パリ大学（ソルボンヌ）などで教鞭をとり、一八九八年には、社会学者や人類学者のグループを組織し、『社会学年報（*L'Année Sociologique*）』を創刊した。彼の影響を受けたモース（M. Mauss, 1872-1950）を中心とする研究者たちは、のちにデュルケム学派と呼ばれるようになった。

デュルケムの宗教への関心は、彼の学問活動の開始とともに始まっていたといってよい。学位論文であり最初の著作でもある『社会分業論』[6]（一八九三年）や『自殺論』[7]（一八九七年）においても、宗教に関する言及は非常に多い。デュルケムによると、スミス（W. R. Smith, 1846-94）をはじめとする英米の文化人類学者たちの著作にふれ、一八九五年になってはじめて社会現象としての宗教の重要性を認識するようになったという。そしてその集大成が一九一二年に刊行された最後の著作『宗教生活の原初形態』[8]である。

1　『宗教生活の原初形態』

この著作は、「現在知られているうちで最も原始的で単純な宗教」とデュルケムが考えた、オーストラリア原住民にみられるトーテミズム（後述）の分析を基盤としている。それまでの近代社会を対象とした研究とは異なり、近代社会の理解のためには、その起源に立ち返る必要がある、というデュルケムの問題関心がある。

デュルケムは、宗教の定義から議論をすすめ、まずすべての宗教に共通の要素は何かと考える。当時、超自然的な存在に関わる信仰を宗教と規定する見方があったが、この超自然という概念自体、自然科学の成立以降のもので、原始社会にはそのような概念がない。また、神や精霊の観念をもって宗教を規定する考えについても、その観念がない、あるいはほとんど重要性をもたない宗教が多く存在する。

そこでデュルケムは、宗教の本質を「聖なるもの」にもとめる。つまり、宗教思想の著しい特徴は、世界を聖と俗という厳格に区別された二領域に分割することであり、宗教はその「聖なる事物」に関わるものだという。そして、聖なる事物とは神や精霊のような人格的なものだけをさすのではなく、岩・樹木・泉・礫《こいし》・木片・家などのおよそあらゆるものが聖なる事物になる可能性をもっている。というのは、事物それ自体のなかに聖性がそなわっているのではなく、人々が事物に対して恐れや尊敬といった態度をもつことによって、単なる事物が聖なる事物へと転化していくのである。また聖なる事物は、タブーや禁止によって、日常の俗なるものから隔離されているという。

さらにデュルケムは、宗教の基本的な要素として、〈信念〉、それを行動として表した〈行事〉、そしてそれらが行われる場所としての〈教会（Eglise）〉の三つに着目する。ただし、ここでいう〈教会〉という概念は、キリスト教の教会のような狭い意味ではなく、一定の決まった礼拝者集団が定式化した儀礼を行う組織と考えればよい。

このように、デュルケムは宗教を規定する要素を一つずつ確定していくことで、有名な宗教の定義に到達する。すなわち、宗教とは「神聖すなわち分離され禁止された事物と関連する信念と行事との連帯的な体系であり、教会と呼ばれる同じ道徳的共同社会に、これに帰依するすべての者を結合させる信念と行事である[9]」。

このように宗教を規定すると、しばしば混同されがちな宗教と呪術を区別することができる。体系化の度合いが異なるものの、呪術も信仰や行事からなり、神話や教義さえもっていることもある。しかし、デュルケムによると、両者の本質的な違いは〈教会〉の有無にあるという。歴史上、〈教会〉のない宗教は存在しない。ところが呪術の場合、〈教会〉のように信者を相互に結びつけ、同一の生活を生きる同一の集団へと統合することはなく、そもそも呪術の〈教会〉などというものは存在しない。呪術師は流動的な顧客はもっているが、両者は個人的に結びついているだけであり、顧客同士が相互に結びつくことはない。

　デュルケムは続いて、研究対象を設定するために、知りうるかぎりのあらゆる宗教のなかで、「最も原始的で単純な宗教」は何かと考える。従来の学説では、アニミズムつまり精霊・霊魂・死霊・悪鬼などの霊的存在への信仰や、ナチュリズムつまり太陽・月・天空・山・海・風といった自然物や自然現象に対する信仰が宗教の原初的形態とされていた。これに対してデュルケムは、いずれも社会がある程度進歩した段階で出てきたものであるという。

　そこでデュルケムは、①最も単純な組織の社会のなかに存在し、②それ以前の宗教から借りたどんな要素も含まない、という二つの基準に照らし合わせて、宗教の原初的形態を未開社会とりわけオーストラリア原住民の「トーテミズム（Totemism）」に求める。トーテミズムとは、氏族組織と密接に結びついた宗教体系である。氏族の成員は、自分の氏族集団を表す同一の名前をもっていることによって結びついている。この名前は「トーテム」と呼ばれ、主に動植物からとられている。そして、それをかたどった標識・図案・彫刻などは氏族の象徴・記章の役割を果たす。トーテム自体とトーテム象徴は聖なるものとされ、自分の氏族のトーテムにあたる動植物は、儀礼のとき以外は狩猟・採集しても食べてもいけない、といった厳格な禁止が課せられている。また、トーテムが聖なるものならば、それをトーテムとする氏族の成員自身も聖なる性格をもつことになる。というのは、トーテムは氏族の祖先であるとか、トーテムと氏族は共通の祖先をもつ、などと信じられているからである。

　では、トーテミズムにおける聖なるものの観念というのは、どのようにしてつくられたのだろうか。オーストラリアの氏族社会では、乾燥期と雨季という明確に区別された二つの季節が交互にやってくる。乾燥期には、氏族は小集団に分散して狩猟・採集生活を営み、生活は変化のない沈滞したものである。

これに対して、雨季には植物が芽生え動物は繁殖し、不毛の砂漠から豊かな自然の大地へと一変する。生活は再び活気を帯びはじめ、氏族全体が結集して「コロボリー」と呼ばれる集団的な儀礼が行われる。密集した状態のなかで、人々は集団的な熱狂や興奮状態に包まれ、一種の神がかりにも似た非日常的な感覚を味わうことになる。デュルケムは、このような集まりのなかで生じる興奮状態を「集合的沸騰」と呼んだ。そして、宗教的観念つまり「聖なるもの」や神などの観念は、集団の沸騰した状況のなかから生まれてきたのだという。

以上が『宗教生活の原初形態』の簡単な骨子であるが、この著作がオーストラリア原住民のトーテミズムを対象とした事例研究の形をとりながらも、デュルケムの問題関心としては、それをとおして宗教と社会に関する社会学的な一般理論を展開することにあったことは重要である。したがって、デュルケムは、トーテミズムを介して明らかにされた宗教現象の特質は、他のあらゆる宗教に関しても当てはまるものだと考えていた。

また、宗教は基本的に社会現象である、という視点を提供したこともこの著作の重要な点だろう。デュルケムは徹底して宗教が人間の営みのなかから生まれた社会的産物であるという。これは、「神は存在するのか」などという問題が中心であった、それまでの宗教研究のあり方からすれば画期的な見解である。

2 『自殺論』

デュルケムが生きた時代のフランスは、資本主義化の進展や階級間対立の深刻化、めまぐるしい政権交代などによって、社会が不安定であった。こういった背景のなかで、デュルケムは「いかにして社会的秩序は生まれるのか?」という問題関心をもっていたといえる。これは彼の著作を一貫して流れるモチーフであった。

『社会分業論』で、デュルケムは、社会における人々の連帯のあり方を「機械的連帯」から「有機的連帯」への移行という観点から捉えた。前者は、個人の個性は目立たず、類似した諸個人が連帯している状態である。それに対して後者は、異質な諸個人がそれぞれに異なった役割を分担することによって相互依存し、個人の個性が目立つような状態である。デュルケムによると、こうした社会的連帯の変化は、宗教のあり方にも大きな影響を及ぼすという。

デュルケムは、ヨーロッパにおける自殺率の増加を目の当たりにして、そこに社会の危機的状況をみた。その危機とは、産業化・都市化・家族規模の縮小をはじめとする一連の構造的変動による、社会と個人との関係の変化であった。これは『社会分業論』の問題関心と重なりあう。そこで、この危機を映しだす鏡として、デュルケムは『自殺論』において自殺を社会学的に研究する。

当時、自殺という現象は人種や遺伝、精神異常といった生理学・生物学的原因に還元して説明されてきたが、デュルケムはそれを批判する。そして、自殺がそれぞれの社会環境のもとで多少とも一定の頻度で生じている以上、社会には一定の人々を自殺へと向かわせる社会的潮流があり、それは非社会的な要因からは十分に説明できないとした。

そこでデュルケムは、自殺の増減を左右する様々な社会的環境を検討し、自殺を①自己本位的自殺、②集団本位的自殺、③アノミー的自殺、④宿命的自殺の四つに分類する。ここで重要なのは、これらの分類が失恋や家庭の悩みといった自殺の動機に基づくものではなく、自殺の背景となる社会状況と個人との関係に基づいていることである。

まず自己本位的自殺とは、社会の統合が弱まり、個人が集団生活から切り離されて孤立した結果として生じる自殺であり、近代社会に特徴的な自殺の形態である。これとは反対に、社会の統合度があまりに強いために、自己犠牲の精神によって生じる自殺が集団本位的自殺である。たとえば、未開社会や古代社会にみられる、首長や夫の死に伴う後追い自殺や、軍人の死、殉教などである。さらにアノミー的自殺とは、社会の規制がゆるみ、肥大化する個人の欲求に対するコントロールが働かなくなり、欲求がすぐに達成できない苛立ちや幻滅から生じる自殺である。これは経済的危機にかぎらず経済的繁栄下でも、秩序の動揺という状況のなかで起こり、自己本位的自殺とともに近代社会に特徴的な自殺の形態であるという。最後に宿命的自殺は、アノミー的自殺の対立概念であり、欲求に対する抑制的規制が強すぎることによる閉塞感・絶望感から生じる自殺である。その具体的な内容は不明だが、封建社会の身分制度下で、その身分の違いから決して結ばれることのない男女の心中をイメージすればよいだろう。では、宗教生活と自殺との関係を説明した自己本位的自殺を取り上げ、その論理の道筋をみてみよう。

デュルケムは、まずプロテスタント地域に自殺が多く、カトリック地域に自殺が少ないという統計にぶつかる。さらにユダヤ教徒の自殺傾向はもっと低い。これは何を意味するのか。一見すると、ユダヤ教やプロイセンのカトリックのように、社会の少数派には自殺が少ないことがわかる。これは、一般に周囲の圧迫に耐えて生きていかなければならない人々は、自殺のような道徳的非難を受ける行為を差し控えるのではないか、とも思える。しかし、実際には自殺に対してこれらの地域では寛大である。では、宗教教義の内容に関係はあるのか。いや、三者とも自殺を厳しい道徳処罰の対象としている。

そこでデュルケムは、信仰生活の社会的形態の差異に着目する。プロテスタントにおいては聖書が唯一の信仰の拠り所であり、信者自身が聖書を解釈し、自らの内面的信仰をうちたてる自由（自由検討）

が認められている。これは、信者が強固に組織化された聖職者組織のもとで、同一の教義内容を受け入れるカトリックのシステムとは大きく異なる。このことからプロテスタントの社会生活には、個人主義的で社会統合の度合いが低いという特徴がある。

デュルケムの結論によると、宗教社会は同一の教義体系に人々が結びつくことによって強固なものとなり、またその社会的連帯によって、個人も自らの生を意味あるものとすることができる。逆に、宗教集団が個人に一切の判断をゆだねてしまえば、集団としての凝集性や活気が失われてしまう。プロテスタントに自殺が多い理由は、まさにその社会生活における統合性の低さにあり、自殺傾向を左右するのは社会の統合性あるいは凝集性の強さである。したがって、ユダヤ教の自殺の少なさも、同様に説明することができる。

このようにデュルケムは、宗派→自殺率という関係の比較から、その間に統合性（凝集性）という媒介変数を入れることによって、宗派→統合性（凝集性）→自殺率という因果関係を説明した。

3　ジンメル

ジンメル（G. Simmel, 1858–1918）は、ドイツのベルリンでユダヤ人実業家の家庭に生まれた。父はユダヤ教からカトリックに改宗し、母も娘時代にプロテスタントに改宗している。母の影響を受け、ジンメルもプロテスタントに改宗した。ジンメルは、ベルリン大学で哲学、心理学や歴史学などを学び、一八八一年にベルリン大学で哲学博士の学位を取得後、一八八五年、二七歳で母校の哲学科で私講師（Privatdozent）となり評判を博した。しかし、これは聴講生から個人的に聴講料をとることができる無給講師の職であり、以後、一九一四年、五六歳のとき（死の四年前）にシュトラスブルク大学で教授の職につくまで、ジンメルは正規の教授職につくことがなかった。一時、ウェーバーよりハイデルベルク大学教授への推薦を得たこともあったが、実現しなかった。この背景には、当時の反ユダヤ主義の風潮があったといわれている。

ジンメルは、「形式社会学（Formale Soziologie）」（後述）の名とともに知られているが、ウェーバーやデュルケムと比べると、その宗教社会学については、あまり着目されてこなかった。しかし、ウェーバーの『プロ倫』に先立ち、ジンメルは「宗教社会学のために」[10]（一八九八年）という論文を発表しており、その後も宗教に関する論文を継続的に発表し、一九〇六年には、これらに基づいて『宗教』[11]を刊行している。また、宗教に関する考察や宗教を理解するのに役立つような考察が、ジンメルの著作の随所に登場する。

1 「形式社会学」とは

まず、ジンメルの宗教社会学を考えるうえで重要となる、「形式社会学」の考え方について紹介する。一九〇八年に刊行された『社会学』[12]は、体系的な本というよりは断片的な考察の寄せ集めといってもよいが、そこには形式社会学の考え方が明確に示されている。ジンメルは、「多くの諸個人が相互作用に入るとき、そこに社会は存在する」[13]といい、個人間の相互作用の繰り返しと蓄積によって「社会」が成立するという。そして、相互作用から社会が形成される過程を「社会化（Vergesellschaftung）」と呼んだ。ウェーバーは人間の社会的行為から社会を考え、デュルケムは個人に外在して、個人を拘束するものとして社会を捉えたが、ジンメルは両者の立場を批判的に捉え、社会の成立をダイナミックなものと考えた。さらにジンメルは、社会化を分析する際に「内容（Inhalt）」と「形式（Form）」を区別している。相互作用は、政治目的、経済的利害や宗教心といった、様々な動機や目的によって引き起こされるが、これらは社会を成立させるいわば「素材」にすぎない。これを社会化の「内容」と呼ぶ。これに対して、相互作用には、上位と下位、支配と服従、闘争や競争、党派形成、分業など、様々な形がある。これを社会化の「形式」と呼ぶ。内容と形式は、ともに社会化にとって不可欠なものである。

ジンメルによると、従来の学問は社会化の内容に沿って展開してきたという。たとえば、経済を扱う経済学、歴史を扱う歴史学、宗教を扱う宗教学、といった具合にである。しかし、これでは明らかにならない側面がある。政治、経済、宗教といった異なる内容（素材）に着目しても、たとえば闘争という共通の現象がみられる。そこで、闘争そのものが人間にとってどのような意味をもつのかを考える必要がある。ジンメルは、このように内容を問わず、人間に共通してみられる「社会化の形式（Formen der Vergesellschaftung）」を研究することこそ、社会学の課題であると考えた。このことを示すように、『社会学』には「社会化の諸形式についての研究」という副題がつけられている。

2　『宗教』

ウェーバーやデュルケムと異なり、ジンメルは特定の宗教を対象とした考察を展開していないことと、その文体の難解さがジンメルの宗教社会学をわかりにくいものにしている。ここでは、宗教をテーマにしてまとめられた『宗教』を中心に、ジンメルの宗教社会学について簡単に紹介する。

最初の章で、ジンメルは「宗教が宗教心をつくり出すのではなく、むしろ宗教心が宗教をつくり出すのである」[14]という。つまり、はじめに客観的な宗教という実体があるのではなく、主観的かつ心理学的な宗教心から宗教が生まれるということである。このように、ジンメルは人間の内面や心理学的な側面から議論を展開する。

次にジンメルは、一般社会にみられる人々の態度と宗教にみられるそれを比較し、その形式の類似性を指摘している。ジンメルは、優越した力や存在に対する「依存」の感情に注目し、献身と受容、贈与と受領を取り上げる。宗教において、前者は犠牲に、後者は供犠に結びつく契機となる。また、一般社会にみられる「義務」の概念は、宗教においては、供物、祈り、祭祀といった宗教的義務としてあらわれる。さらに、「敬虔」という感情がある。この感情が芸術に向けられれば、それは芸術的なものになるし、神に向けられれば宗教的なものになる。このように、同じ態度や感情も、それらが向けられる対象が人か神かによって、その様相は異なるということである。

さらにジンメルは、社会的現象と宗教的現象の形式的な類似性について、「信頼＝信仰」と「統一」というテーマを取り上げる。ドイツ語の Glauben は、誰かを「信頼する」ことと、何かを「信仰する」ことの両方を意味する。子どもが両親を、部下が上司を、友人が友人を信頼することと、人間が神を信仰することは、形式的に相似形である。この「信頼＝信仰」が、社会を結合させる最も強固なつながりの一つである、とジンメルはいう。一方、「統一」については、社会生活は人々の相互作用との結合によって「統一体」として成立し、「それぞれの成員の運命が必ずや他者の運命と影響しないではすまない」[15]。宗教的現象においては、「神はいわば社会学的な統一体の名称」[16]であり、神のもとに集団が統一されるという。このように、形式的には社会的現象としての統一と宗教的現象としての統一には類似性がある。しかしジンメルは、社会一般と異なる社会の特徴として「競争の欠如」[17]を指摘する。

通常の社会生活においては、集団内部に競争が生じる。競争は、限られたポジションをめぐって争われ、他者を排除することになる。これに対し、宗教においては他者を排除することなく、平等に神の救済を求めることができる。ジンメルは、分業は競争をやわらげるものであるとし、宗教における分業現象として、聖職者制度を取り上げている。たとえば、初期にキリスト教においては、宗教的指導者は信者の模範にすぎなかった。しかし、信者集団や組織が量的に拡大すると、聖職者と一般信者の分化が起こることになる。

3　『貨幣の哲学』その他

一九〇〇年、『宗教』が発表される六年前に、ジンメルは『貨幣の哲学』[18]を発表した。一見、宗教社会学とは無関係なこの本において、ジンメルは経済活動の宗教的基盤についてふれている。

たとえば、「人間相互の信頼が存在しなければ、そもそも社会というものは崩壊してしまうように（略）そのような信頼が存在しなければ貨幣取引も瓦解してしまう」[19]と指摘する。また、「ある人を信じる」という場合、その人との関係やその人と自分を取り巻く何らかの秩序が存在するという感情を意味する。経済的信用といえども多くの場合、このような「超理論的な信仰の要素」を含んでいる、とジンメルはいう[20]。さらに『社会学』でも、「他者への人間の信用」は「宗教的な信仰のカテゴリーに入る」[21]と指摘している。このような考えは、前述の『宗教』における「信頼＝信仰」というテーマに展開したと考えられる。

『貨幣の哲学』以外にも、ジンメルは『社会分化論』[22]や『社会学』において、随所で興味深い指摘をしている。『社会分化論』では、宗教的共同体のサイズと教義の量の関係、社会の展開に伴う宗教規範の不適応や、聖職者と一般信者との分化をはじめ、社会の発展に伴う分業・分化と宗教の関係について論じている。また『社会学』では、「闘争」という形式について論じるなかで、キリスト教を例にあげ、他者との差異と類似がもたらす闘争についてふれている。たとえば、ローマ・カトリックは、改革派（カルヴァン派）のようなまったく異質な教会との接触によって、その独自性を脅かされることを恐れる必要はない。しかし、（教皇不可謬説に反対する）古カトリック主義のような近い関係にある教会との接触を恐れたという。[23] これは、まったく異質な教団よりも、類似する教団に対して敵対心をもちやすいことを示しており、キリスト教における異端の問題を考えるときのヒントとなる。

以上、ジンメルの宗教社会学について概観してきた。ジンメルの宗教による社会の「統一」に関する考え方は、デュルケムのいう宗教の社会統合機能に通じる。ウェーバーとジンメルとの関係については、ジンメルの妻ゲルトルートがウェーバーの妻のマリアンネと親しかったこともあり、両者の間には思想的交流があったことが明らかになっている。また、「ベルーフ」や「呪術からの解放」などの概念に関しても、相互に影響を受けたものと考えられる。[24]

この章では、現代の宗教社会学につながる源流として、ウェーバー、デュルケム、そしてジンメルの研究を取り上げた。ウェーバーは人間の行為に着目し、『プロ倫』をはじめとする著作のなかで合理化論を展開するとともに、世界宗教の比較社会学を試みた。デュルケムは人間に外在する社会に着目し、宗教の社会統合機能や、宗教現象を規定する重要な要素としての「聖なるもの」という概念を提示した。そして、ジンメルは人間の相互作用とその形式に着目し、形式社会学を展開し、宗教現象にみられる諸形式について論じた。

三人の研究のなかには、現代宗教を読み解くヒントが多く隠されており、古典として繰り返し読む価値があると考えられる。

【注】

(1) R・ベンディクス『マックス・ウェーバー――その学問の全体像』、折原浩訳、中央公論社、一九六六年。
(2) M・ウェーバー『プロテスタンティズムの倫理と資本主義の精神』、中山元訳、日経BP社、二〇一〇年。ほかに、長く読まれてきた大塚久雄訳（岩波文庫、改訳、一九八九年）がある。
(3) M・ウェーバー『儒教と道教』、木全徳雄訳、創文社、一九七一年。
(4) M・ヴェーバー『ヒンドゥー教と仏教』、古在由重訳、大月書店、二〇〇九年。
(5) M・ヴェーバー『古代ユダヤ教』（上・中・下）、内田芳明訳、岩波文庫、一九九六年。
(6) E・デュルケーム『社会分業論』（上・下）、井伊玄太郎訳、講談社学術文庫、一九八九年。
(7) E・デュルケーム『自殺論』、宮島喬訳、中公文庫、一九八五年。
(8) E・デュルケム『宗教生活の原初形態〈改訳〉』（上・下）、古野清人訳、岩波文庫、一九七五年。なお、山﨑亮による新訳（『宗教生活の基本形態――オーストラリアにおけるトーテム体系』（上・下）、ちくま学芸文庫、二〇一四年）もある。
(9) 同書、上、八六―八七頁。
(10) G・ジンメル「宗教社会学のために」『社会分化論　宗教社会学〈新編改訳〉』、居安正訳、青木書店、一九九八年、一六九―一八七頁。
(11) G・ジンメル『宗教の社会学』、居安正訳、世界思想社、一九八一年。
(12) G・ジンメル『社会学――社会化の諸形式についての研究』（上・下）、居安正訳、白水社、一九九四年。
(13) 同書、上、一五頁。
(14) G・ジンメル『宗教の社会学』、一一七頁。
(15) 同書、七四頁。
(16) 同書、七五頁。
(17) 同書、一二〇頁。

(18) G・ジンメル『貨幣の哲学』、元浜清海・居安正・向井守訳、『ジンメル著作集2』、白水社、一九八一年。
(19) 同書、二四一頁。
(20) 同書、二四二頁。
(21) G・ジンメル『社会学』上、三六〇頁。
(22) G・ジンメル「社会的分化論」、石川晃弘・鈴木春男訳、『世界の名著　デュルケーム　ジンメル』、中央公論社、一九八〇年。
(23) G・ジンメル『社会学』上、二九〇―二九一頁。
(24) 岡野憲一郎「ウェーバーとジンメル――二つの作品の一断面」『名古屋学院大学論集』(人文・自然科学篇)第四八巻二号、二〇一二年、一一九―一二四頁。また、テンブルックは、ウェーバーがジンメルの『貨幣の哲学』に影響を受けたことを指摘している。F・H・テンブルック『マックス・ヴェーバー方法論の生成』(マックス・ヴェーバー研究双書2)、住谷一彦・山田正範訳、未来社、一九八五年、一〇九―一一四頁。

第2章　宗教社会学の周辺

岩井　洋
岡田正彦
井上順孝

第1章では、ウェーバー、デュルケム、ジンメルなどの研究を中心に取り上げ、現代の宗教社会学へとつながる源流について紹介した。

この章では、人類学や心理学を中心に、宗教社会学に大きな影響を与えてきた周辺分野の研究を紹介する。また、フレイザーやエヴァンズ＝プリチャードをはじめとする学者の呪術論にもふれ、その宗教社会学への影響について紹介する。

1　人類学からの影響

人類学が、宗教社会学のみならず宗教研究に与えた影響は大きい。ここでは、フィールドワーク、贈与と交換、贈与と供犧、右と左の象徴性をテーマとして取り上げる。

1 研究方法としてのフィールドワーク

宗教社会学における研究方法の一つとして、研究対象となる社会や集団のなかに入って研究するフィールドワーク（参与観察）がある。この研究方法は、様々な民族の文化・社会のありかたを比較研究する人類学からはじまったものである。

人類学という学問の起源については諸説あるが、異文化や異民族に対する人間の関心が高まったのは、一五世紀にはじまる大航海時代であるといえる。その後、ヨーロッパ諸国の植民地となった地域の文化や習慣について研究する人々が現れた。当初、人類学の研究方法は、研究対象となる現地におもむくことなく、書物や現地を訪問した旅行家・探検家の報告をもとに書斎で研究するものだった。このような方法で研究する人類学者は、「安楽椅子の人類学者（armchair anthropologist）」と呼ばれた。たとえば、世界の宗教、呪術、神話や儀礼について比較研究し『金枝篇』(1)を著した、英国の人類学者フレイザー（Sir J. G. Frazer, 1854–1941）はその典型である。

このような状況のなかで、みずから研究対象となる社会に長期間滞在し、現地の人々とともに暮らすことによって、その社会の全体像を明らかにする「フィールドワーク」という方法を確立した人類学者が現れた。ポーランド出身の英国の人類学者マリノフスキー（B. K. Malinowski, 1884–1942）である。彼は、ポーランドのクラクフ大学で物理学と数学を学んだが、フレイザーの『金枝篇』を読んで触発され、人類学を志してイギリスに渡った。一九一四年、アボリジニ（先住民）を研究するためにオーストラリアに渡航するが、同年に第一次世界大戦が勃発し、ヨーロッパにもどることができず、パプアニューギニアに留まることになった。そして、一八年までトロブリアンド諸島（現キリウィナ諸島）に長期滞在して調査することになり、その成果は『西太平洋の遠洋航海者』(2)（一九二二年）として公刊された。

マリノフスキーは、この本でクラと呼ばれる交易（後述）について詳細に報告しているが、同時に先入観を排して研究対象をみることとの重要性を示唆している。当時の人類学は、ヨーロッパとそれ以外の社会を「文明／未開」あるいは「文明／野蛮」という二分法で捉える傾向があったが、マリノフスキーは、一見奇異にみえるような風俗や習慣も、よくみるとそれぞれが相互に関連して社会を成立させていることを示した。これを宗教社会学におきかえると、先入観を排して宗教現象や宗教集団を研究することを意味する。またマリノフスキーは、フィールドワークを成立させる条件として、①長期間滞在、②言語の習得、③現地の人々との信頼関係、④現地社会の一員として受け入れられること、の四つをあげている[3]。宗教社会学においては、とりわけ③が重要である。信仰という主観的かつ内面的な世界を明らかにするためには、研究対象となる人々との信頼関係の構築が重要となる。また②についても、異文化の宗教について研究する場合はいうまでもないが、特定の宗教内で使用される用語を理解することも宗教研究においては不可欠である。

２　贈与と交換

フランスの社会学者・人類学者でデュルケムの甥にあたるモース（M. Mauss, 1872-1950）は、一九二五年、贈り物のやりとり（贈与と交換）に着目し、「贈与論」[4]という論文を発表した。彼は、メラネシア、ポリネシアおよびアメリカ北西部をおもな研究対象とし、贈与の本質が互酬性（reciprocity）にあることを示した。互酬性とは、個人や集団間で（有形無形にかかわらず）何かが交換される関係が成立していることで、この関係のなかでは、何かを受け取ったら、その返礼が期待されている。

モースが贈与に着目したのは、それが社会生活を形づくる「あらゆる種類の制度が、同時に、かつ一挙に、表出されている」ような「『全体的な』社会的現象[5]」であるという理由による。そして、贈与は単なる経済的制度である以上に、宗教的、法的、倫理的、政治的な制度であるという。さらに、近代以前の社会や「未開社会」における贈与では、財や富のみが交換されるのではなく、礼儀、饗宴、儀礼や軍事活動をはじめ、様々なものが交換され、社会や集団全体での交換が行われた。モースはこれを「全体的給付の体系」と呼んだ。そして、その典型として「ポトラッチ（potlatch）」があるとして、アメリカ北西部の部族、ポリネシアのマオリ族やメラネシアのトロブリアンド諸島の事例を紹介している。ポトラッチとは、名誉や威信をかけて消費と贈与を競いあうことをさす。

トロブリアンド諸島については、前述のマリノフスキーが「クラ（kura）」と呼ばれる部族間の長距離交易について分析している。これは、白い貝の腕輪（ムワリ）と赤い貝の首飾り（ソウラヴァ）を交易するもので、これらを受け取った部族は一定期間所有し、隣りあう島々や離れた島々にいる次の取引相手にこれらを与える。これが繰り返されて、トロブリアンド諸島やニューギニア東部を含む地域に、大きな円環状のクラ交易圏が成立することになる。モースは、クラを大規模なポトラッチとして捉えた。

モースは、ポトラッチをはじめとする贈与は、贈り物やプレゼントといった自発的な形で行われるものの、実際には三つの義務によってなされているという。それは、①与える義務、②受ける義務、③返礼する義務、である。そして、これらの義務を支えるのが「マナ」と呼ばれるような呪術的・宗教的・霊的な力であるという。たとえば、ポリネシアのマオリ族で贈与される「タオンガ」（宝物）は、そこに「ハウ」と呼ばれる霊力が宿っており、タオンガはその媒介物である。タオンガを受け取った者にハウが取り憑き、取り憑くのをやめるのは、「饗宴やお祭りや贈り物をおこない、同等のもの、もしくは価値において上回るものをお返しするとき[6]」である。さらに、ハウはもとの所有者のところに帰りたがる性質があり、最初の贈り物をした人が、回りまわって最後の受け手になり、交換の体系ができあがる。このようにモースは、贈与という経済的行為の前提に宗教的な信念があるという[7]。このことは、宗教的信念と社会関係の成り立ちについて考えるときのヒントとなる。

3　贈与と供犠

フランスの人類学者ゴドリエ（M. Godelier, 1934-）は、モースが指摘した贈与に伴う三つの義務に加えて、忘れられた第四の義務として「神々や神々を代表する人間への贈与」をあげている[8]。これについては、モースも研究とデータが不十分であるとしながらも、「四つ目の主題」としてふれている[9]。

モースは、「贈り物がなされるのは人に対してでありながら、それが神々や自然の存在を念頭にしてなされる[10]」として、霊や神々、仮面をつけて霊の化身となった人々を対象とした贈与を取り上げている。ポトラッチに付随する儀式では、霊や神々に供された供犠（生け贄）の残りが海に投げすてられ、「それぞれがそのもともとの起源地に帰り、それとともに、その年殺された鳥獣たちを一緒にそこに連れ帰る。その鳥獣たちが、翌年、もう一度戻ってくる[11]」という。これは、人間同士の贈与を人間と霊や神々との贈与に読みかえたものといえる。したがって、供犠は一種のポトラッチであり、供犠を介した霊や神々との契約によって、霊や神々からのお返しが必ずある、と人々は信じている。ここに至って、贈与は供犠という観念と結びつくことになる。

モースは、一八九九年にフランスの宗教社会学者ユベール（H. Hubert, 1872-1927）とともに、「供犠の本質と機能についての試論[12]」を発表する。この論文は、デュルケムの『宗教生活の原初形態』（一九一二年）の一三年前に発表されており、デュルケム学派の宗教社会学についての最初の著作といえる[13]。

モースらは、ヒンドゥー教徒の動物供犠を中心に考察し、犠牲を捧げることにより、儀礼を行う人物や集団と、これに関わる事物の状態を変化させるような宗教的行為を供犠として定義している[14]。たとえば、家屋を建てる儀礼における供犠は、儀礼を行う主人とその家族、さらには家屋にも幸せという「変化」をもたらすことになる。モースらは、農業の収穫物を供えるような単なる献供物と区別して、「献供物の全体または一部分が破壊されたとき、それを供犠とよぶべきである」[15]という。なぜ供犠は破壊されなければならないのかについて、彼らはこう説明する。神々の宗教的な力は強く、破壊力をもつため、世俗的な人間がそれらに接触することは危険かつ不可能である。そこで、供犠を行う人間の身代わりとなって、人間の生命を贖《あがな》うのである[16]。つまり、供犠を媒介することによって、聖と俗の世界の間にコミュニケーションが成立することになる。このことは、デュルケムが繰り返し主張する、儀礼によって社会が統合されるという考え方につながる。

モースらは論考の最後で、神自身が供犠となる「神の供犠」についてふれている。彼らは、ギリシア神話をはじめ世界の神話に登場する、神の自死あるいは殺されたのちに英雄化される事例を取り上げ、神の供犠が「供犠体系の歴史的発展のもっとも完成した形態の一つ[17]」であるという。神の供犠という考え方は、キリストの磔刑とその神格化というテーマともつながる[18]。

4　右と左の象徴性

様々な宗教現象をみると、一見ありふれた事柄が重要な何かを象徴している場合が多い。右と左という日常的なものにも、重要な意味が潜んでいることを明らかにしたのが、デュルケムとモースを師とするフランスの社会学者・民族学者エルッ（R. Hertz, 1881-1915）である。

エルツは、一九〇九年に発表した論文「右手の優越」[19]で、なぜわれわれの多くが右利きで、左利きであることを好まないのか、という疑問から出発し、右手の左手の差異を解剖学的・生理学的要因ではなく、社会文化的要因から考察し、その象徴性について分析している。そして、ヨーロッパだけではなくマオリ族をはじめとする世界の民族で、右が左よりも優越するものと考えられており、肯定と否定、善と悪、男と女、聖と俗、浄と不浄などのように、両極的な社会的価値を象徴するものとして捉えられているという。エルツは、人間の左右の分け方は、社会と宇宙を二分して捉えようとする「二分法（dual-ism）」の一つであるという。

エルツの研究は、人類学の世界ではしばらく忘れられていたが、一九五〇年代に、英国の社会人類学者エヴァンズ＝プリチャード（Sir E. E. Evans-Pritchard, 1902–73）が東アフリカのヌアー族に関する研究[20]で取り上げた。また一九六〇年には、論文発表から半世紀を経て、「右手の優越」を含むエルツの論考が英国の社会人類学者ニーダム（R. Needham, 1923–2006）とその妻により英語訳され、それにエヴァンズ＝プリチャードが序文を寄せている。さらにニーダムはエルツの考えを継承・展開し、一九七三年には、エルツやエヴァンズ＝プリチャードの論考を含む論文集『右と左』[21]を刊行した。エルツからニーダムに至る右と左の象徴性に関する考え方については、研究対象となる社会の人々の思考をどの程度反映しているのか、二分法的な思考が社会のどの範囲まで適用できるのか、などの批判もある。しかし、エルツの研究は、人類学における象徴体系や認識体系の先駆的な研究として位置づけられるだけではなく、広く宗教現象について考える際の大きなヒントとなっている。たとえば、ヒンドゥー教やイスラム教では、右が清浄、左が不浄として認識されており、世界の巡礼地や聖地においても、右繞《うにょう》（時計回り）と左繞《さにょう》（時計と反対回り）のどちらで参拝するかが定められている場合があり、ここにも右と左の象徴性が存在する。

エルツは、一九一五年に三三歳で戦死したため、多くの論考を残したわけではないが、インドネシア・ボルネオ島のダヤク族の葬送儀礼を研究した「死の宗教社会学」[22]やアルプスの山間で行われる聖人ベスの祭祀を研究した「聖ベス」[23]などは、現在でも宗教研究に重要な示唆を与えるものとして評価されている。

〔岩井　洋〕

2　呪術論からの影響

「呪術」が「科学」や「宗教」と対置される概念として、明確に意識化されてくるのは一九世紀の後半から二〇世紀の初めのことである。「呪術」を研究対象とする呪術論の登場は、この時代の歴史的状況と切り離して考えることはできない。たとえば、ある種の植物を使って呪術的治療を行う治療者がいたとして、この植物の薬効などを科学的に実証できれば、これは合理的な治療法になる。しかし、近代科学の判断基準が一般化されていない時代や社会に属する人々にとっては、科学的な医療と呪術的な治療の差異を意識化することは困難だろう。

呪術をめぐる議論の展開をたどること自体が、近代史や近代社会の特質について考察するための主要なテーマの一つになるのである。

1　フレイザーの呪術論

近代的な呪術研究の先鞭をつけたのは、第1節でもふれた人類学の古典として名高いフレイザーの

『金枝篇』[24]である。イタリアの一地方に伝えられる祭祀権継承の風習を説明する過程のなかで、フレイザーは呪術の基礎となる思考の原理を「類似の法則」と「接触の法則」の二つに分け、呪術と「未開人」の関係を説明しようとした。

類似の法則に基づく「類感呪術（模倣呪術）」は、類似は類似を生むという原理によって、自然現象や生理現象に影響を及ぼす行為である。このため、恨みのある人間を模倣した木像をつくって危害を加えたり、豊漁を願って魚の形を水のなかへ入れて儀式を行ったりする。

接触の法則に基づく「感染呪術」は、かつて接触のあったものは共感的な関係を永久に保つという原理によって、人間の運命や健康状態などに作用する行為である。このため、成年式で抜かれた歯が丁重に管理されたり、臍の緒や後産《あとざん》が大切に保管されたり、足跡に釘やナイフが刺されたりするのである。これら類感呪術と感染呪術は、しばしば結合されて機能することがある。

たとえ科学的合理性の基準からすれば誤った判断であったとしても、これらの行為はある種の観念連合に基づく因果関係を基準にして遂行されている。近代科学の合理的な判断基準が一般化していない社会では、これらの「呪術的」判断は決して荒唐無稽ではなく、当事者たちにとってはある意味で合理的な説明体系であった。自然の法則と人間の行為の因果関係を合理的に説明し、自然界に働きかけるという点では、これらの「呪術」は「科学」に近い性格をもつ「擬科学」であり「擬技術」なのである。こうして「呪術」は、合理的判断を超越した信仰に基づく「宗教」とも、近代科学とも異なる「未開人」の「仮擬的な科学ないし技術」と定義されることになった。

2　呪術論の展開

フレイザーの呪術論は、同じ時期に形成された心理学や社会学、宗教学などの新たな知見と結びつきながら再評価されていく。社会学の分野では、デュルケムやモースによって、呪術は観念連合ではなく社会現象として分析されるようになる。特にモースは、呪術の起源は宗教と同じように集合表象に深く関わるが、のちにそれが個人の悟性の基礎になったとして、集合現象が個人的形態をまとうようになったのが呪術であると考えた(25)。社会現象としての呪術は、宗教とそのルーツを共有する一方で、呪術的行為が個人化・専門化してくるなかで科学や技術との親縁性が生じてくる。モースの言葉を借りるなら「宗教が抽象に向かうように、呪術は具象に向かう」のである。呪術は宗教や科学の前形態ではなく、むしろ同時代的に分析すべき社会現象なのである。こうしたフレイザーの進化論的な解釈への批判的な眼差しは、「科学の思考」に「野生の思考」を対置するレヴィ＝ストロース（C. Lévi-Strauss, 1908-2009）の議論にも継承されていくことになる。

また、人類学者のマリノフスキーは、調査対象となる地域に暮らす人々の行動や心理について、現地の人々と生活をともにしながら理解を深め、呪術の社会的・心理的機能を強調した。進化主義的な説明ではなく機能主義的な側面から呪術を分析すれば、実際に予期した成果が得られたかどうか、といった現実的な結果よりも心理的な安心感や充足感を与えてくれる呪術の機能の方が社会的な役割としては重要になる。さらにマリノフスキーは、動機の面から人に禍をもたらそうとする呪術と、雨乞いや治病のように公共の利益をもたらす呪術を区別した。

3　エヴァンズ＝プリチャードの呪術論

こうした呪術論の展開を受けて、エヴァンズ＝プリチャードは人間の社会や文化の多様性を重視し、それぞれの地域社会が構築する世界のなかで呪術の役割を素描した。特に南スーダンのアザンデ人の調査では、彼らの文化や社会、日常生活などを理解するための不可欠の要素として、きわめて詳細な呪術の分析を行っている。(26) 彼が描き出したのは、歴史的な背景をもつ特定の文化・社会構造のうちで機能する呪術の役割であった。

かつて存在した諸王国が植民地政府によって倒され王国が崩壊する状況下にあって、それでも呪術を中心にした伝統的な世界に生きる人々の生活を描き出すために、エヴァンズ＝プリチャードが採用したのは、現地の人々の語る言葉や行動を丹念に素描し、現地の人々が呪術の役割を説明する仕方をとおして彼らの生活を記述する手法であった。エヴァンズ＝プリチャード自身の言葉をかりるなら、「つねに「なぜ」ではなく「いかにして」と問いかけ」、アザンデ人の世界のなかで彼らの行動を理解しようとしたのである。

長期にわたる現地調査をとおして描き出された、アザンデ人の伝統的な生活と世界は、多彩な文献を縦横に駆使するフレイザーの文明論とも、認識の社会的な構成を緻密に分析するデュルケムの社会学とも異なる形で、呪術の存在と役割を明らかにする。

4　異文化の理解と呪術論

エヴァンズ＝プリチャードは、「妖術と託宣と呪術は三角形の三辺のようなものである」として、呪術がアザンデ人の世界に生きる人々が生活のなかで感じる、リアリティの主要な構成要素であることを詳細に記述していく。人が死ぬ原因は基本的に呪術であるとされるこの世界では、現実世界に生起する様々な出来事を理解するために、呪術の存在を前提にした判断が重要な役割を果たしている。

人間の体内に存在する妖物から生じる妖術（witchcraft）は、様々な不幸や死の原因になる。このため、何が不幸の原因であるかを確定する託宣（oracle）と不幸に対処して問題を解決する呪術（magic）は、アザンデ人の世界を構成するきわめて大切な要素になるのである。エヴァンズ＝プリチャードは、これらの相関関係を現地の人々の言葉や概念を駆使して説明しながら、異質な世界の姿を克明に描き出していく。呪術のなかには悪意に基づく邪術（sorcery）があり、これに対抗する呪術も存在する。しかし、妖術によって死んだ人の復讐のために遂行される呪術は、たとえ相手に危害を加えるものであっても手段として正当化される。ここでは、善悪の基準もアザンデ人の世界のなかで決定されるのである。

また、アザンデ人が妖術や呪術を心理的要因に還元するのではなく、物理的に存在を確認できる要因をとおして説明していることも興味深い。同時代の人類学者であるリーチ（E. R. Leach, 1910–89）は、時間意識に関する有名なエッセイのなかで、かつては抽象であった時間が時計の普及とともに具象化した一方で、体内の一物質であると考えられていた魂は、近代世界においてはきわめて抽象的な存在になったと論じている。妖術のもとになる物質が人間の体内に存在すると考えるアザンデ人の世界は、現代人が構築すると同時にそこで暮らしている世界を客体として映しだす鏡としても興味深い内容を含んでいる(27)。

異質な世界に暮らす人々の世界構築の過程を丹念に記述し、彼らの文化を人類学者の視点から翻訳するというエヴァンズ＝プリチャードの視座は、人類学の調査の枠を超えて、他者の世界や営みを理解しようとする様々な研究にとっても重要だろう。呪術論の展開過程から顕在化してきた社会学や人類学の課題は、新宗教研究や教団調査などに取り組む研究者たちにとっても、重要な方法論的課題を提供してくれるのである。

5　近代化論と呪術論

ウェーバーが西洋文化に特有の合理化の過程を「呪術からの解放」の過程と考えて、伝統的秩序からの解放と社会関係の合理化、さらには資本主義の発達といった近代化の過程を考察したように、一九世紀から二〇世紀に展開した呪術論は、宗教社会学の主要なテーマと直接的・間接的に深いつながりをもっている。ここで簡単にふり返った呪術論の展開自体が、いわゆる近代化論と表裏一体の関係にあると考えることも可能だろう。近代に固有の言説の一つである呪術論は、文明論的にもシステム論的にも、宗教社会学の主要なテーマの一つなのである。

〔岡田正彦〕

3　心理学からの影響

一九世紀末から二〇世紀初めにかけて、ウェーバーやデュルケムらが宗教社会学についての基本的な概念を提起していた頃、心理学の分野でも大きな動きが起こり、これがやがて宗教社会学にも影響を与えていくことになる。とりわけ無意識についての議論が深まり、人間がなぜ宗教というものをつくりあげるようになったかについての心理面からの研究が新たな段階へと展開していくことになる。ここで紹介するフロイト、ユング、ジェイムズの研究は広範な学問領域に影響を及ぼした。彼らの研究から生み出された視点が、社会次元、文化次元に焦点を当てた宗教研究と相互に影響を与えあい、二〇世紀の宗

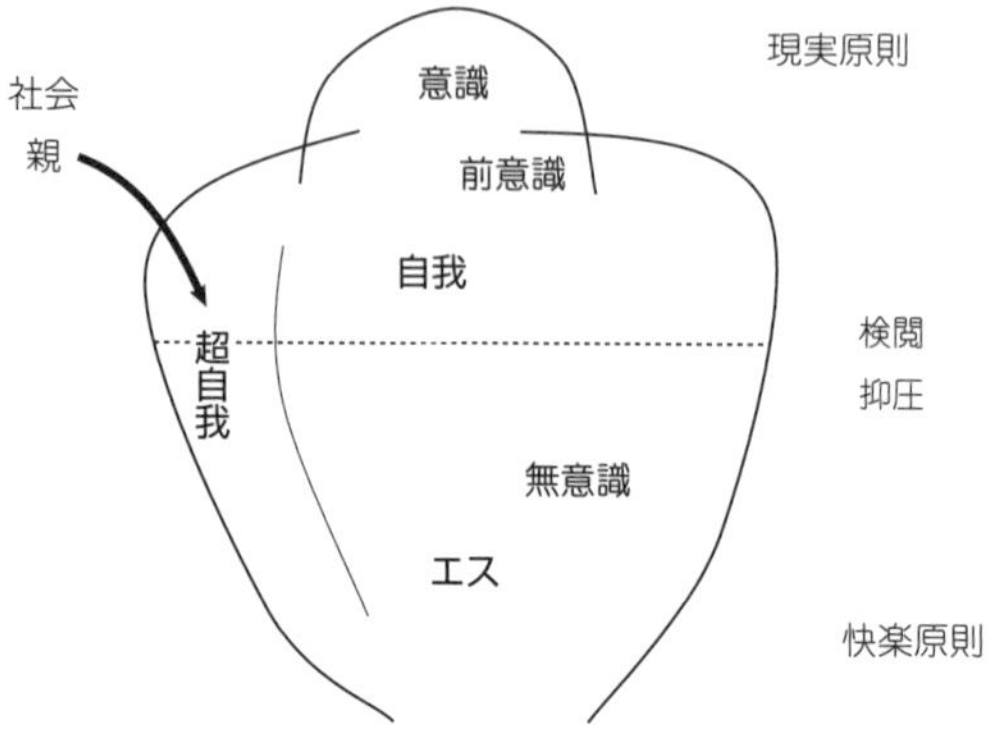

図1　フロイトによる「心の装置」

教社会学には、個人と社会の関係をきわめてダイナミックに捉えていく視点ができあがっていく。

1　エディプスコンプレックスによる一神教解釈

無意識についての研究を一挙に展開させたのは、精神分析学の創始者であるフロイト（S. Freud, 1856–1939）である。ユダヤ商人の息子として生まれたフロイトはウィーン大学で医学を学んだのち、パリの神経病学者シャルコーのもとに留学して、ヒステリーの問題に関心をもった。帰国後、神経病医として開業し、精神分析という手法で患者の治療に当たった。

フロイトは人間の意識および無意識の働きを理解するために「心の装置」というものを考えた（図1）。人間は意識、前意識、無意識という三つのレベルの意識の状態をもつ。意識は外界を知覚しそれに反応する部分である。前意識は通常は意識されないが、そういう意識があることが想起されうるものである。また無意識は通常は意識されず、その内容は知ることができない。また心の働きのいわばセクターのようなものを三つ想定した。それがエス、自我、超自我である。エスは生まれもった無意識的な欲求をなすセクターである。超自我は両親のしつけなどが内面化され、外から禁止されなくても自分で無意識のうちに禁止命令を出すようになるセクターである。エスの欲求（衝動）と超自我の禁止命令をうまく調停して適切な意識を保つのが自我というセクターの役割である。

この基本的理論が宗教という現象の理解にも適用され、そこで描かれた宗教の起源に関する説が大きな反響を呼ぶことになった。エディプスコンプレックスを一神教の成立に適用し、「父親殺し」の無意識的欲求を一神教成立の無意識的起源とみなしたからである。エディプスコンプレックスという命名は、ギリシア神話の「オイディプス王」[28]からとっている。太古に起こった（かもしれない）父親殺しの無意識的な記憶と、それに起因する罪意識が一神教を支えているという考えである。ここから宗教のもっとも古い形態はトーテム崇拝[29]であるという考えも示す。

この一見突拍子もないような主張の背後には、神経症と宗教史にアナロジーを見いだすという独特の見解がある。幼児期に受けた早期のトラウマが防衛のため抑圧され、潜伏し、発症したときに抑圧されていたものが部分的に回帰するのが神経症と考えた。そして太古の父親殺しが忘れられ、変形し、儀礼化し、父親殺しではない儀礼と教義へと変形するのが宗教史というアナロジーである。この変形した教義が一神教ということになる[30]。

2　普遍的無意識と宗教的象徴

最初フロイトを師と仰いだユング（C. G. Jung, 1875–1961）は、一九一三年にフロイトと決別する。リビドー理論に関してフロイトと意見が合わなかったからである[31]。ユングも無意識を研究し患者を分析したが、ユングの立場は分析心理学と呼ばれる。ユングは言語連想実験によりコンプレックスの概念を確立したが、個人の無意識とともに普遍的無意識または集合的無意識と呼ばれる、人類が共通にもっている無意識への関心を深めていった。アフリカを訪問し、北米の先住民と生活をともにし、さらに東洋の宗教文化への関心を深めた。特に元型（アーキタイプ）という概念によって、人類がもつ無意識の要素を取り上げようとした。元型にはアニマ（男性がもつ無意識の女性像）、アニムス（女性がもつ無意識の男性像）といった一般的な性格のものから、太母、老賢人、マンダラなどという非常に宗教に関わりの深いものまである。太母の元型が大地の女神、地母神という表象を生みだし、老賢人が老子などのイメージを生みだす。またマンダラは全体性を象徴しているとされるので、マンダラが瞑想の対象になるのは深い理由があるということになる。

ユングの宗教論の特徴は、夢の分析によく表れている。フロイトが夢をとおして抑圧の内容を知ろうとしたのに対し、ユングは夢の目的を探ろうとした。つまり宗教現象の観察をとおして人間が目指しているものを知ろうとしたということである。意識と無意識が互いに影響しあい人間として成長していく過程を個性化として捉えるので、宗教的象徴もどの段階の個性化に対応するのかという議論になる。(32)

3　ジェイムズの回心研究

ヨーロッパで深層心理学が形成されている頃、アメリカではジェイムズ（W. James, 1842-1910）が宗教心理学にとって非常に重要な研究をしていた。ジェイムズは宗教的回心に関心をもった。一九〇二年の『宗教的経験の諸相』で、歴史上の人物の宗教的な回心について手記的方法と内観法を合わせた研究法をとった。ジェイムズは、宗教現象に対する還元主義と形而上学的理解をともに批判した。還元主義とは医学的唯物論などであり、たとえば「聖パウロがキリストの幻影をみたのは、てんかん病患者であったから」とか、「カーライルが、世の悲惨を悲痛な調子で描くのは、胃腸カタルのせいである」といった解釈の仕方である。他方で資料に基づかない形而上学的な主張も斥けた。

ジェイムズは宗教家などが残した日記、あるいは随筆といった手記資料を丹念に分析した。そして宗教に関して人間には二種類あると思い至った。「健全な心（一度生まれ型）」の持ち主と「病める魂（二度生まれ型）」の持ち主である。「健全な心」の人は、神は慈悲深く、恵み深いと考えたり、宗教に入ることは幸福なことになると考える。これに対し「病める魂」の人は、「一本の鎖は、その鎖の一番弱い環ほどにも強くはない。そして人生とは要するに一本の鎖なのである」という発想をする。たとえばゲーテは「結局、私の生活は苦痛と重荷に過ぎなかったし、七五年の全生涯において、真に幸福だったのは、四週間とはなかった、とさえ断言できる」と述べたとされる。二度生まれ型の人間の宗教的回心の場合、徹底した厭世主義を通過してから幸福に至る道にたどりつくと考えた。ジェイムズは回心の結果得られる特性を「聖者性」と名づけている。

回心がどのようなメカニズムをもっているかについて、ジェイムズは「識閾下（サブリミナル）の意識の意識化」であるという見解を示した。ここでいわれているサブリミナルは、フロイトやユングの無意識に対応させられる。それまで意識されていなかった心の働きが、ある環境のもとで突然意識にのぼってきて、それまで支配的であった意識と入れ替わると考えた。これは最近の脳科学における意識の研究で論じられていることと重なる面がある。

これらの心理学的研究は、これ以後、人間の宗教行動を理解するうえで重要な役割を果たすことになった。神秘主義は合理的な解釈だけでは説明できない部分がある。宗教的感情も同様である。宗教現象をとおして個人と社会の相互関係をみていくとき、意識されていない部分をどう理解するかということの重要性に気づかせる研究が、二〇世紀初頭に相次いで出ていたのである。

〔井上順孝〕

【注】

(1) J・G・フレイザー『金枝篇』(全五巻)、永橋卓介訳、岩波文庫、一九五一―五二年。
(2) B・マリノフスキ『西太平洋の遠洋航海者――メラネシアのニュー・ギニア諸島における、住民たちの事業と冒険の報告』、増田義郎訳、講談社学術文庫、二〇一〇年。
(3) 一九六七年(マリノフスキーの死後二五年後)、もともとポーランド語で書かれていたマリノフスキーの日記が英語訳され公刊された。そこには現地の人々を蔑視するような記述もみられ、「偉大な調査者」としての彼のイメージを覆すような人類学界のスキャンダルとなった。B・マリノフスキー『マリノフスキー日記』、谷口佳子訳、平凡社、一九八七年。
(4) M・モース『贈与論 他二篇』、森山工訳、岩波文庫、二〇一四年。
(5) 同書、五九頁。
(6) 同書、九七頁。
(7) フランスの人類学者レヴィ＝ストロースは、ハウは交換の究極的な理由ではないとしたうえで、モースが原住民の説明をそのまま自分の理論に採用していると批判している。C・レヴィ＝ストロース「マルセル・モース論文への序文」M・モース『社会学と人類学Ⅰ』、有地亨・伊藤昌司・山口俊夫訳、弘文堂、一九七三年、三〇―三一頁。
(8) M・ゴドリエ『贈与の謎』、山内昶訳、法政大学出版局、二〇〇〇年、四三―四六頁。
(9) モース、前掲書、一〇八―一三〇頁。
(10) モース、前掲書、一〇八頁。

(11) モース、前掲書、一一四―一一五頁。
(12) M・モース／H・ユベール『供犠』、小関藤一郎訳、法政大学出版局、一九八三年。
(13) 小関藤一郎「訳者あとがき」、同書、二七三頁。
(14) モース／ユベール、前掲書、一七頁。
(15) モース／ユベール、前掲書、一六頁。
(16) モース／ユベール、前掲書、一〇五―一〇六頁。
(17) モース／ユベール、前掲書、八四頁。
(18) G・バタイユ『宗教の理論』（湯浅博雄訳、人文書院、一九八五年）を参照。
(19) R・エルツ『右手の優越――宗教的両極性の研究』、吉田禎吾・内藤莞爾・板橋作美訳、ちくま学芸文庫、二〇〇一年。
(20) E・E・エヴァンズ＝プリチャード『ヌアー族の宗教』（上・下）、向井元子訳、平凡社ライブラリー、一九九五年。
(21) Rodney Needham (ed.), *Right and Left : Essays on Dual Symbolic Classification*, Chicago: University of Chicago Press, 1973.
(22) エルツ、前掲書、所収。
(23) R. Hertz, "Saint Besse: Étude d'un culte alpestre," *Revue de l'Histoire des Religions*, 67(2), 1913.
(24) フレイザー、前掲書第一巻。
(25) モース『社会学と人類学I』、前掲書。
(26) E・E・エヴァンズ＝プリチャード『アザンデ人の世界――妖術・託宣・呪術』、向井元子訳、みすず書房、二〇〇一年。
(27) リーチ自身は、次のように述べている。「われわれは、時計の時刻を「みる」ことができる。だが、人々の魂はみることができない。われわれにとっては、魂は時間よりも抽象的なものなのである。しかし、時計をもたなかったギリシア人にとっては、時間は一つの全体的な抽象であった。それに反して、魂は脊椎と頭の活力を構成する一物質として考えられており、男性の精液の集合的本体の一種を形づくるものと考えられていた」（E・R・リーチ「時間の象徴的表象に関する二つのエッセイ」山口昌男編『現代人の思想セレクション3　未開と文明』、平凡社、二〇〇〇年、三一九頁）。

(28) テーベの王ライウスは、「あなたの子はあなたを殺しあなたの妻を娶るだろう」というアポロンの神託をおそれ、妻イオカステから生まれたエディプスを殺すように家来に命じる。しかし生き延びたエディプスは、コリントスの王子として育つ。やがて放浪の旅に出て、父とは知らず途中で出会ったライウスを殺害する。スフィンクスの謎を解きテーベを救い、王妃イオカステつまり実の母と結婚する。やがて事実を知ったイオカステは自殺し、エディプスは自らの目をくりぬいて、放浪の旅に出るという話である。

(29) 特定の動物、植物などを自分たちの祖先と考え、崇拝すること。フロイトは特にトーテム動物が日頃は崇拝されるが、儀礼のときに殺されるということに注目した。

(30) フロイトの理論の概説としては、小此木啓吾『フロイト』（講談社学術文庫、一九八九年）を参照。宗教に関する議論としては、S・フロイト『幻想の未来／文化への不満』（中山元訳、光文社古典新訳文庫、二〇〇七年）、同『モーセと一神教』（渡辺哲夫訳、ちくま学芸文庫、二〇〇三年）などを参照。

(31) フロイトはリビドーをもっぱら性的なエネルギーと捉えたが、ユングはあらゆる知覚、思考、感情、衝動のもとになるエネルギーと考えた。フロイトとユングの関係については、小此木啓吾・河合隼雄『フロイトとユング』（講談社学術文庫、二〇一三年）を参照。またユングの宗教についての考えを知るうえで参考になるのは、C・G・ユング『自我と無意識』（松代洋一・渡辺学訳、第三文明社、一九九五年）、同『人間と象徴――無意識の世界』（上・下、河合隼雄監訳、河出書房新社、一九七五年）などである。

(32) ユングのこうした考えに影響を受けた研究者たちには神話の分析をした人が多い。その一人キャンベル（J. Campbell, 1904-87）は一九四九年に『千の顔を持つ英雄』を著したが、このアイデアはジョージ・ルーカス監督の『スター・ウォーズ』に取り込まれた。

第3章　宗教社会学の展開

岩井　洋
井上順孝

この章では、ウェーバー、デュルケムやジンメル以降、宗教社会学がどのように展開してきたのかを概観する。特にアメリカにおける宗教社会学と機能主義の展開、宗教教団に関する理論などに焦点をあてる。また、最近の認知科学や脳科学など、宗教社会学に影響を与える新たな研究についてもふれる。

1　アメリカ宗教社会学と機能主義

ウェーバーやデュルケム以降、宗教社会学は沈滞したかにみえたが、一九三〇年代から、フランスの教会法学者・宗教社会学者ル・ブラ（G. Le Bras, 1891–1970）を中心に、教会出席率や洗礼率をはじめとする宗教実践に関する大規模な調査がはじまった[1]。ル・ブラを中心とする宗教社会学は一つの学派を形成し、その影響力は西ヨーロッパや中南米にまで広がった。この学派の担い手の多くがキリスト教の聖職者であったことから、その研究はキリスト教会のための「教会社会学」あるいは「司牧社会学」と批判されることが多い。しかし、彼らの宗教実践研究が調査データで明らかにした人々の「教会離れ」の現象が、のちの「世俗化理論」（後述）へと展開していくことは重要である。また、ル・ブラらの研究成果は、現在に至るまでヨーロッパの歴史学（とりわけ社会史）や歴史人類学にも大きな影響を及ぼしている。

さて、ウェーバーやデュルケム以降、社会学の発展と多様な研究分野の登場とともに、宗教社会学への関心が薄れていたが、第二次世界大戦後、アメリカで再び宗教社会学に対する関心が高まるようになった。その中心的な研究者が社会学者パーソンズである。

1 パーソンズの構造機能主義

パーソンズ（T. Parsons, 1902–79）は、ドイツ・ハイデルベルク大学での留学と博士号取得を経て、一九三〇年、ウェーバーの『プロテスタンティズムの倫理と資本主義の精神』の英語訳を刊行する。これにより、ウェーバーの主要文献を英語圏に紹介したパーソンズの功績は大きい。

パーソンズの社会学の方法論は、「構造機能主義（structural functionalism）」と呼ばれる。その原点は、マリノフスキーや同じくイギリスの人類学者ラドクリフ＝ブラウン（A. R. Radcliffe-Brown, 1881–1955）の人類学的機能主義にあると考えられる。「機能主義」とは、社会現象を分析する際、社会の諸要素が社会で果たす機能（役割や作用）に注目する立場である。マリノフスキーは、文化は人間の生物学的欲求を満たす装置や手段であると考えた。たとえば、トロブリアンド諸島の島民が危険な航海の前に行う儀礼や呪術は、恐れや不安を軽減する機能があるという。一方ラドクリフ＝ブラウンは、一九二二年、マリノフスキーの『西太平洋の遠洋航海者』と同年に、インド東部ベンガル湾のアンダマン諸島でのフィールドワークをもとに、『アンダマン島民』(2)を公刊した。彼は、生物の細胞や組織が生物の生命維持

A 適　応 （経済）	G 目標達成 （政治）
潜　在 （パターン維持と緊張処理） （家族・教育・宗教） L	統　合 （社会的コミュニティ） I

図１　パーソンズによる AGIL 図式

に貢献するように、儀礼や慣習が社会構造の維持に対して果たす機能について考えた。そして、マリノフスキーとは対照的に、呪術が恐れや不安を生み出し、タブーに対する意識を強化することをとおして、集団の連帯感や社会の統合をもたらすと指摘した[3]。ラドクリフ＝ブラウンは社会構造と機能の関係を意識したため、その方法論はのちに「構造機能主義」と呼ばれた。

さて、パーソンズの最も大きな関心は「ホッブズ問題[4]」と呼ばれるものである。つまり、諸個人が功利的に利害を追求した場合、どのようにして社会秩序は保たれるのか、という問いである。この問題を考える手がかりとして、パーソンズは社会を一つのシステムとして捉えた。それは、人体が様々な細胞や組織から構成され、相互の働きによって生命が維持されているような状態をイメージすればよい。さらに、パーソンズはシステムを「構造」と「機能」に分けて考える。前者は、人体の骨格や臓器の位置のように安定して変化が少ない枠組みを意味し、後者は、血液や酸素のように、構造に影響を及ぼす要素を意味する。パーソンズは、システムが存続・発展するために求められる諸要件（「機能的要件」という）を「ＡＧＩＬ図式[5]」と呼ばれるモデルとして提示した（図1）。

パーソンズによれば、社会システムの存続・発展のために、システムが四つの機能を受けもつサブシステムに分化するという。すなわち、第一にシステムが外環境に適応する「適応（Adaptation）」機能、第二にシステム全体として目標を達成しようとする「目標達成（Goal Attainment）」機能、第三にシステム内の諸部分を統合しようとする「統合（Integration）」機能、そして第四にシステム内の価値体系を維持し緊張を緩和する「潜在（パターン維持と緊張処理）（Latency）」機能である。これらの英語の頭文字をとって、「ＡＧＩＬ」図式という。四つのサブシステムの内容をあらわす名称は、パーソンズの著作によって異なるが、ここでは「経済」「政治」「社会的コミュニティ」「家族・教育・宗教」とした。各サブシステムは、さらに四つのサブシステムに分化し、入れ子構造になっているとパーソンズはいう。たとえば、経済システム自体が「資本の供給と投資（Ａ）」、「分配と販売（Ｇ）」、「組織的あるいは企業家の機能（Ｉ）」そして「物理的・文化的動機づけ（Ｌ）」などのサブシステムにさらに分化する。

さて、ＡＧＩＬ図式において、宗教は潜在機能を受けもち、社会の価値観を維持し、社会の緊張や葛藤を処理する役割を果たすとされる。晩年のパーソンズは、エネルギーが少なく情報量が多いサブシステムが、エネルギーが多く情報量の少ないサブシステムを制御するという、サイバネティックス（生物・機械における制御・情報処理についての理論）の考えをＡＧＩＬ図式に導入した[6]。そして、ＡＧＩＬに制御の位階・順序があるとして、「Ｌ→Ｉ→Ｇ→Ａ」という順番にサブシステムが制御されるとした。これによると、宗教が社会システムを制御する原点となる。

2　マートンの構造機能分析

パーソンズの構造機能主義を受け継いだのが、弟子の社会学者マートン（R. K. Merton, 1910-2003）で

		主観的な意図・認知	
		意図・認知している	意図・認知していない
社会体系の存続への貢献	プラス	顕在的機能 (manifest function)	潜在的機能 (latent function)
	マイナス	顕在的逆機能 (manifest dysfunction)	潜在的逆機能 (latent dysfunction)

図２　マートンによる四つの「機能」のパターン

ある。パーソンズが社会全体を説明できるような一般理論の構築をめざしたのに対して、マートンは、限られた個別事象を対象とした研究から得られたデータをもとに理論を構築する「中範囲の理論」を提唱した。また、構造機能主義の「主義」という呼び方に抵抗があるとして、自らの方法論を「構造機能分析」と呼んだ。

　マートンは、生物学の考えを参考に「有機体の維持に役立つという観点からみた生命的または有機的な過程[7]」を機能として捉える。これは、人類学的機能主義の考えに近い。そして、社会現象を分析する際、当事者が意図する「主観的意向」(ねらい、動機、目的)と観察者からみた「客観的結果」を区別する。この両者は、一致することもあるが、一致しないこともある。そこで、ある社会現象が当事者にとって「主観的に意図・認知されているか否か」(顕在的／潜在的)と、客観的結果として「社会体系の存続に貢献するか否か」あるいは「社会体系の適応・調整を促すか否か」(機能／逆機能)という二つの軸から、四つの「機能」のパターンを提示した(図２)。

　当事者が意図していた事柄が、客観的な結果としてもその通りになることは、あまり驚くことではない。しかし、マートンは、当事者が「意図しない」あるいは「気づいていない」という意味で、「潜在的」という概念を用いたことで、社会学の分析を豊かなものにした。マートン自身も、「潜在的機能の発見は、社会学的知識を大いに増進させる」[8]と述べている。

潜在的機能の事例として、マートンはアメリカ南西部のホピ族の雨乞い儀式をあげている。雨乞い自体は、「迷信」や「非合理的」として片づけられやすいが、雨乞い儀式をとおしてホピ族が集団としての連帯を強めていると考えられる。つまり、雨乞い儀式をとおして連帯を強めることは当事者には意図・認識されていない（潜在的）が、客観的な結果としては集団にとってプラスに働いている（機能）。

構造機能分析以外にも、マートンは『社会理論と社会構造』のなかで、宗教社会学に役立つ視点を多く提示している。たとえば、「準拠集団（reference group）」の概念（すなわち個人の物の見方・考え方や行動・態度などに影響を与える集団）や、準拠集団と比較して、自分が置かれている状況に不満や不平等を感じるという「相対的剝奪（relative deprivation）」の概念、さらには、人々の特定の状況に対する認識（予言や予測）が人々の行動に影響を与え、いわば「意図せざる結果」として、当初の予言や予測が現実のものとなる、という「予言の自己成就（self-fulfilling prophecy）」の概念などがある。

3　ベラーの市民宗教

宗教が社会統合の機能を果たすというデュルケム以来の考えは、パーソンズの弟子である宗教社会学者ベラー（R. N. Bellah, 1927–2013）にも引き継がれた。

ベラーは、「アメリカ人の大多数が共有している宗教的志向にはいくらかの共通の要素がある。それはアメリカの制度の発展において決定的な役割を果たしたし、今も政治の領域を含めたアメリカ生活の全枠組に宗教的次元を付与している。公的な宗教的次元は、私のいわゆる市民宗教と呼ぶ一連の信仰、象徴、儀式に表現されている」[9]という。「市民宗教（civil religion）」という用語は、フランスの哲学者ルソー（J.-J. Rousseau, 1712–78）の『社会契約論』にヒントを得たものとされる。ベラーは、アメリカ大統領の就任演説や独立宣言にみられるような、キリスト教の聖書を基盤とした表現や価値観（たとえば、選ばれた人々、約束の地、犠牲の死と再生など）が、アメリカ人に共通の感情と国民的な連帯を与えていると考えた。そして、市民宗教においては、大統領の就任式が重要な儀式的行事であり、それは最高の政治的権威の宗教的な正当性を再確認するものであるという。

市民宗教に関するベラーの論考が発表された一九六七年は、宗教社会学にとって重要な年であった。同年、ルックマン（T. Luckmann）が『見えない宗教』[10]、バーガー（P. L. Berger）が『聖なる天蓋』[11]を発表した。三者は、それまでのキリスト教会を中心とする教会型宗教の研究だけでは明らかにならなかった宗教意識の変化について、理論的に考察した。イギリスの宗教社会学者ベックフォード（J. A. Beckford）は、この年を宗教社会学の「認識的展開」[12]と位置づけている。

さて、ベラーは日本研究の分野でも大きな貢献をした。ベラーは、ウェーバーの『プロテスタンティズムの倫理と資本主義の精神』で提起された、宗教的倫理と資本主義の関係に関する議論、さらにはパーソンズのＡＧＩＬ図式に代表される構造機能分析をもとに、日本の近代化について論じた『徳川時代の宗教』[13]（一九五七年）を著した。この本でベラーは、江戸時代、庶民に倫理的修養を説いた石田梅岩の「石門心学」をはじめとする宗教的価値体系が、日本の近代化に及ぼした影響について論じている。

4　その他の機能主義的宗教社会学

パーソンズ以降、宗教の社会的機能についての様々な研究が現れた。一九六七年、グロック（C. Y. Glock）らは『慰めと挑戦――現代教会のジレンマ』[14]において、宗教の社会的機能として「慰め

(to comfort)」と「挑戦(to challenge)」の二つを提示した。

グロックらは、プロテスタント教会の依頼で聖職者や信者を対象とした調査を実施し、教会が人々に安らぎと慰めを与えている反面、様々な社会問題に対する現実的な解決をめざす挑戦機能については十分ではないことを明らかにした。一九六〇年代のアメリカでは、公民権、貧困、平和といった社会的問題への関心が高まったが、これらの問題に対して教会が無力であるとの批判も相次いだ。このような状況のなかで、グロックらの研究は実証的データをもって教会の現状について明らかにした。

また、マックファーランド(H. N. McFarland)は日本の新宗教運動を研究し、新宗教の「気密室(pressure chamber)」機能について指摘した。(15) 急激な社会変動は様々な圧力を生みだすが、それらは社会・経済的な恩恵を受けていない人々に深刻な影響を及ぼす。そこで新宗教は、潜水艦の気密室に似た役割を果たし、人々が新たな社会的圧力に対して徐々に慣れていくことを助けるという。気密室機能の発想は、インガー(J. M. Yinger)の「橋渡し機能(bridging function)」と同様のものといえる。(16) インガーは、急激な社会変動に伴い価値観も大きく変化するが、この変化にうまく対応できない人々に対して、旧来の価値観から新しい価値観へとスムーズに移行させる「橋渡し」の役割をするのが宗教であるという。

〔岩井　洋〕

2　宗教集団に関する理論

宗教社会学がおもな研究対象とするものは、人々の宗教行動である。宗教行動の多くは集団や組織の形で現れるため、宗教集団論という研究分野が発展してきた。ここでは、宗教集団の類型および展開に関する理論を紹介する。

1　チャートとセクト

宗教集団論の原型ともいえるのは、ウェーバーとトレルチ（E. Troeltsch, 1865–1923）が提示した「チャーチ（church; Kirche）」と「セクト（sect; Sekte）」という類型である。[17] チャーチは、社会的な支配層と結びつき、あらゆるものを包括しようとする組織であり、聖職者と一般信者といったヒエラルキー（位階的）構造をもつ。そして、様々な儀礼を司る聖職者をとおして、一般信者に恩寵や救済をもたらす制度として機能する。このタイプの集団においては、信仰は個人の選択ではなく、生まれ落ちた時点から加入が決められている。チャーチの典型とされているのは、ローマ・カトリック教会やルター派教会、一部のカルヴァン派教会など、単一の教会がその社会全体を包括するようなものである。

これに対してセクトは、社会の下層あるいは社会に対する不満をもつ層と関係があり、万人司祭主義に基づく平等主義的な結社である。それは、宗教的あるいは倫理的に資格があると認められた者だけが、自らの意志で参加する自発的結社である。セクトの典型として、バプティスト派や再洗礼派のメノナイトなどがあげられる。このような考えは、「チャーチ＝セクト類型論」として、その後の宗教集団論の原型となった。なおトレルチは二つの類型以外に、第三の類型として、個人主義的で神秘主義的な宗教体験を重視する「ミスティシズム（mysticism; Mystik）」を設定した。

2　デノミネーション

ウェーバーやトレルチのチャーチ＝セクト類型論は、ヨーロッパ社会をモデルにつくられたものであり、アメリカ社会を考える場合、そのまま適用することができない。アメリカでは、ヨーロッパのカトリック教会のように単一の教会が社会全体に影響力を及ぼしてきた歴史がなく、政教分離の原則のもと、様々な教派が共存・競合する状況である。

ニーバー（H. R. Niebuhr, 1894-1962）は、アメリカにおけるこのような教会のあり方を「デノミネーション（denomination）」と呼んだ(18)。ニーバーは、デノミネーションをセクトの発展型として捉えた。ヨーロッパからアメリカに移住した人々は、カトリックなどの伝統的な宗教集団から切り離されたセクトの成員だった。移民の第一世代以降、世代を重ねるごとに、人々は生まれたときからセクトの成員になるわけであるから、セクトの自発的入信という原理が崩れる。やがて、セクトの成員は外部の環境に溶け込み、緊張関係も緩和されていく。このように成熟したセクトは、発展したとしても、チャーチのように全体社会を包摂するまでには至らず、歴史文化的背景が異なる他の教派と共存・競合するようになる。これが、デノミネーションである。

3　類型の精緻化と類型間移動

ウェーバー、トレルチやニーバーの議論は、古典的な宗教集団の類型論といえるが、その後、セクト論を中心に、類型を精緻化する研究が多く現れた。

ウィルソン（B. R. Wilson）は、すべてのセクトが同一過程を経るわけではないとしてニーバーを批判し、世界各地の事例をもとに、①回心主義、②革命主義、③内省主義、④マニピュレーショニスト、⑤奇跡派、⑥改革主義、⑦ユートピア主義、というセクトの七類型を提示している(19)。インガーは、宗教的構造の包括度、社会の支配的価値からの分離の度合い、宗教構造の組織化・複雑化・特殊性の度合いな

		正当性に関する自己認識	
		多元的	独自的
成員資格	排他的	制度化されたセクト	セクト
	包括的	デノミネーション	チャーチ

図3　ロバートソンによる宗教集団の類型

どから、宗教集団を一〇に分類している[20]。

ロバートソン（R. Robertson）は、従来のチャーチ＝セクト類型論は、キリスト教以外の世界に適用するには不十分であるとして、二つの軸に基づいて四つの分類を提示した（図3）。一つの軸は、組織の指導者がその宗教の正当性をどう認識しているか、つまり、多元的なもののなかの一つとして認識するか、唯一独自のものとして認識するかの違いである（多元的／独自的）。もう一つの軸は、入会の際に求められる資格がどの程度厳格かである（排他的／包括的）。そして四類型とは、「制度化されたセクト」（多元的・排他的）、セクト（独自的・排他的）、デノミネーション（多元的・包括的）、そしてチャーチ（独自的・包括的）である。さらにロバートソンは、イギリスにおける救世軍（Salvation Army）を取り上げ、排他性の強いセクトからイギリス社会に寛容な「制度化されたセクト」へと変容していった道筋を確認し、宗教集団類型間の移動について論じている[21]。

4　カルト

ミスティシズムの概念を「カルト」概念へと展開させたのは、ベッカー（H. Becker）だった。ベッカーは、個人的な忘我体験や精神的・身体的な癒しを求める人々による、ゆるやかな結合形態をカルトと呼んだ[22]。ベッカーは、チャーチ＝セクト類型論に対して、普遍主義を標榜する「エクレシア（ecclesia）」、セクト、デノミネーション、カルトという類型を提示した。また、インガーは、個人の神秘体験を求め、既存の宗教伝統と断絶した新しい宗教伝統をめざすものとしてカルトを捉え、それは「宗教的突然変異（religious mutants）」であるという[23]。

スターク（R. Stark）とベインブリッジ（W. S. Bainbridge）は、カルトを「オーディエンス・カルト（audience cult）」と、「クライエント・カルト（client cult）」に分類する[24]。前者は、組織化されていないカルトで、新奇で神秘的な情報を、新聞・雑誌・テレビ・ラジオ等のマス・メディアを通じて知り、関心を寄せる人々の集まりである。これに対して後者は、セラピストと患者、あるいはコンサルタントとクライエントという関係による集団である。

カルトという用語は、本来、学術的用語として使用されてきたが、反社会的な宗教集団が登場するにつれ、ネガティブな言葉として使用されるようになった。

5　モバーグの教団ライフサイクル論

モバーグ（D. O. Moberg）は、生命体としての人間の一生にみられるライフサイクル、つまり出生・成長・成熟・老衰・死亡という規則的変化の視点を宗教運動に適用し、「教団ライフサイクル論」を提示した[25]。彼は、宗教運動のライフサイクルを以下の五段階に分けている――①萌芽的組織の段階、②フォーマル組織の段階、③最大効率の段階、④制度的段階、⑤崩壊段階。

まず、既存の教会に対する不安や不満のなかから、カリスマ的・権威主義的・預言者的指導者が現れ、集合的な興奮を伴ったセクトやカルトが出現する（萌芽的組織の段階）。次の段階では、もはや教会とは完全に独立し、信者獲得のために集団の目標が明確化され、信条やルールも体系化され、他集団との差異が強調されるようになる。この段階に至っては、扇動的な指導者は次第に影をひそめはじめる（フォーマル組織の段階）。やがて教団の実権は、カリスマ的指導者から合理的組織経営にゆだねられるようになる。教団の運営は合理的思考によって効率よく行われ、対外的にも以前のような敵対意識がなくなり、蔑まれてきたセクトの地位から、世間的に認められたデノミネーションと同等の地位に移行する（最大効率の段階）。一度組織が官僚化すると、幹部の保身や教団の維持が自己目的化し、儀礼をはじめとしてすべてが形式だけのものになる。この段階になると、外部に対する態度は寛容になり、メンバーになる資格基準もゆるやかになる（制度的段階）。最終段階において、集団内の形式主義、事なかれ主義や腐敗によって、教団はもはや信者のニーズに応えられなくなり、退会者や他の教団にくら替えする者が相次ぐ。たとえ信者がとどまったとしても、信仰に熱心ではなくなる。そして、内部からの改革（再生）運動が起こらないかぎり、教団は崩壊することになる（崩壊段階）。モバーグによると、これらの五段階はおおむねカルト→セクト→デノミネーション→チャーチという展開と対応する。

森岡清美（一九二三―）は、モバーグの教団ライフサイクル論を日本の新宗教である立正佼成会《りっしょうこうせいかい》に適用して分析した[26]。これに対して西山茂は、教団ライフサイクル論が適用できるのは大教団まで順調に発達した新宗教に限られ、教団自身の発達と、それをとりまく社会の歴史的出来事を視野に入れる必要があるという[27]。そこで西山は、教団発達と歴史的出来事の両方を視野に入れた「教団ライフコース論」を提示した。

6　オディの「制度化のジレンマ」

オディ（T. O'Dea）は、宗教が制度化、つまり集団として確立していく過程において経験するジレンマを、以下の五つにまとめている[28]――①混同された動機のジレンマ、②象徴のジレンマ、③行政的秩序のジレンマ、④限界のジレンマ、⑤権力のジレンマ。

第一に、教団成立のごく初期の段階では、その活動はカリスマ的指導者と弟子たちの一途な宗教的情熱によって動機づけられていた。しかし、ひとたび教団内に序列化が進み、信者の地位と役割が明確になってくると、人々の活動を支える動機は、威信・権力・影響力や保身への欲求へと転化していく。こういった動機は、組織の安定や存続に役立つ反面、宗教的情熱の低下を招くことにもなる（混同された動機のジレンマ）。

第二に、「聖なるもの」や宗教体験を儀礼のなかで常に表現していくことが、教団活動の中心であるが、その際に使われるのが様々な象徴である。確かに、象徴的表現は教団の持続のために必要であるが、同じ表現手段を長く使っている間に、その象徴が本来もっていた意味が失われ形骸化し、信者にとってはありふれたものとして、もはや宗教的態度や感情を喚起しないものになってしまう（象徴のジレンマ）。

第三に、様々な新しい問題に対応するために、教団内部には新しい役職ができるが、それらが高度に組織化されるにつれて、官僚制と同様の問題を抱えることになる。つまり、役職についた者は保身のために、自分たちの地位を危うくすると思われる変化や改革には抵抗するようになり、ますます組織として硬直化する（行政的秩序のジレンマ）。

第四に、宗教が影響力をもつためには、人々の日常生活や関心に関連した言葉で教義を伝える必要がある。したがって、教団は新しい環境にあわせて、そのつど教義をわかりやすく翻訳していく必要がある。しかし、その過程のなかで宗教的メッセージは原型から大きく変容することになり、かつて人々をつき動かしてきたカリスマ的指導者のメッセージは力強さを失い、教えを字義通りに受け取るファンダメンタリズム（原理主義）が登場することになる（限界のジレンマ）。

最後に、宗教体験は、人々に宗教的指導者、信仰、運動などへの自発的な帰依をうながすが、自分の信仰を揺るがすような疑問がまったく生じないわけではない。そこで宗教的指導者は、自らを正当化しようとして政治的権力と提携し、宗教は人々に服従を強制するようになる。そうなると、自発的な信仰心や宗教制度が拠り所としている宗教体験の重要性が失われていく（権力のジレンマ）。

7　世俗化理論と合理的選択理論

宗教集団の展開を社会変動との関連でみたとき、重要となるのが世俗化理論である。一九三〇年代、フランスのル・ブラを中心に始められた宗教実践調査は、人々の「教会離れ」を実証的に明らかにした（本章1節）。一九六〇年代に入って、宗教社会学者たちは、この教会離れ現象を社会変動とりわけ近代化との関連で説明しようと考え、「世俗化（secularization）」という概念を使いはじめた。

研究者によって定義や研究対象が異なるため、世俗化を一言で表現することは難しいが、あえて諸説の最大公約数をとれば、世俗化とは「近代化、合理化あるいはそれに伴う社会の機能分化によって、制度的宗教が社会に及ぼす影響力を次第に喪失し、宗教が公的領域から私的領域へと移行していく過程」といえる(29)。これはヨーロッパにおける宗教状況から導きだされた理論であるが、一九八〇年代後半から九〇年代にかけて、アメリカの宗教社会学では、これに異を唱える動きがでてきた。それが「合理的選択理論（rational choice theory）」と呼ばれるものである。

合理的選択理論は、古典派ミクロ経済学の考えを社会現象に適用し、人間は予測されうるコスト（費用）とベネフィット（利益）を計算し、コストを最小化し、ベネフィットを最大化するように、合理的な選択に基づいて行動すると考える。この理論を宗教社会学に導入した先駆的研究者として、先述のスタークとベインブリッジがあげられる。彼らによると、人間は常に報い（reward）を求め、そのための犠牲（cost）を少なくしようとするが、報いは希少であり、この世で手に入るとは限らない。そこで、そのかわりに、死後の救いや人生の意味など、何らかの約束や埋め合わせ（compensator）を得ようとする。宗教はそれらを供給する制度なのだという[30]。

もともと経済学者であるヤナコンニ（L. R. Iannaccone）は、合理的選択理論をさらに展開し、「宗教経済学（economics of religion）」を提唱した[31]。これによると、宗教の選択は自由主義市場における商品選択と同様であり、宗教を合理的に選択する人々の需要と、そのニーズにあった宗教を供給する教団によって、宗教市場が形成されるという。そして、市場の独占や国家による規制は宗教市場を停滞させ、逆に、多元的な競争状態が宗教市場を活性化させるという。したがって、アメリカの宗教状況を考えた場合、ヨーロッパの状況とは異なり、競争的な宗教市場が成立することで、宗教は衰退するどころか活性化している、というのである。

〔岩井　洋〕

3　宗教社会学に影響を与える新たな研究

一九九〇年代以降、新たな展開をした認知科学やニューロサイエンス（脳科学、脳神経科学）は、人間の思考や行動をめぐる議論に新しい光を投げかけることになった。認知科学と総称される研究は、現在に至るまできわめて学際的に行われてきているが、当初最も関わりがあったとされる学問領域は、哲学、心理学、人工知能、ニューロサイエンス、言語学、人類学の六つである。心理学、人類学はもともと宗教社会学と深い関わりがある領域なので、認知科学は宗教社会学の関連分野といっていい。

認知科学は一九六〇年代前後から発展するが、米国議会が一九九〇年に「脳の十年（Decade of the Brain）」を決議したことで、関連する研究のために莫大な予算が支出され、米国をはじめ各国で脳科学が飛躍的に発展した。自然科学の分野を中心に起こったこの出来事は、やがて必然的に宗教研究にも影響をもたらすこととなった。脳の研究は人間の心の研究に及ぶからである。脳神経細胞の働き、相互の関係、脳全体で生じていることについての研究は、人間の意識はどうやって生じるのか、意思はどうやって決定されるのか、心とは何か、その働きはどのようなものか、という問題に展開する。

また一九七〇年代頃から、進化論に基づきながら幅広い視野を有する進化生物学、進化心理学といった研究分野で興味深い研究が出てくる。そこには宗教社会学が注目すべき点が少なくとも二つある。一つは人間ないし人間社会以外に対象が広がっていることである。人間（ヒト）の思考や行動の特徴を考えるに際し、霊長類の行動を参照している[32]。これが実は宗教文化の特質を考える研究にも関わりをもってくる。もう一つは一挙に時間的広がりが生じていることである。現代の人間の思考や行動の特徴を考えていくにあたって、先史時代の人類が置かれていた環境の影響まで考慮に入れようとする。これもまた宗教現象の新しい理解の糸口となりうる。

1　進化生物学と進化心理学

ヒトゲノムの解析は、一九九〇年代に本格化し、二〇〇三年四月には完全解読が宣言された。ワトソ

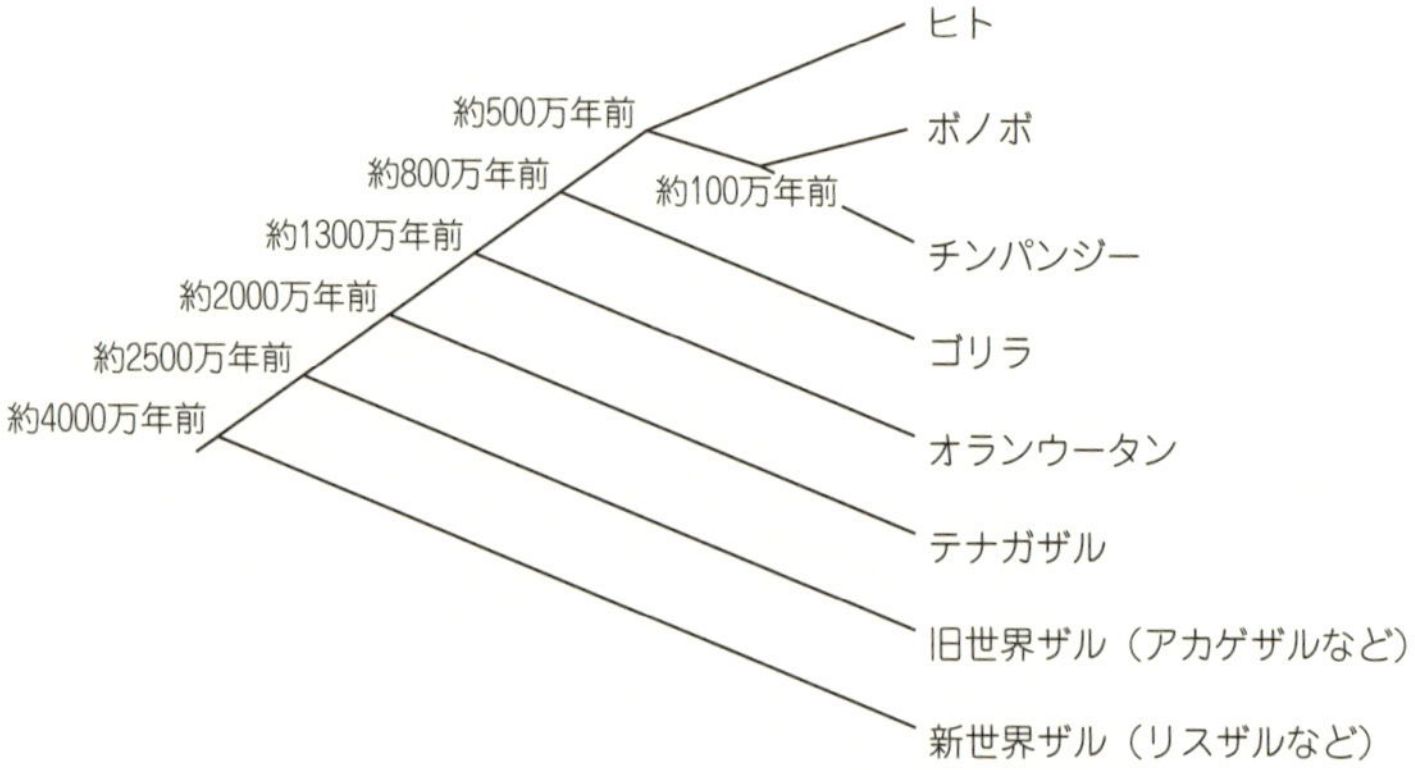

図４　遺伝子に基づく霊長類とヒトとの関係

ンとクリックがＤＮＡの二重らせん構造を発見してから、ちょうど五〇年後のことである。ＤＮＡ研究の飛躍的発展で、霊長類とヒトの遺伝子がきわめて近い関係にあることがわかってきたので（図４）、ヒトの研究に霊長類の行動を参照する研究が盛んになった。ヒトにきわめて近い霊長類であるボノボ、チンパンジーの遺伝子をヒトの遺伝子と比較すると、その違いは二％未満である。人間の行動と霊長類の行動の比較は、配偶者の選択、家族形態、育児、教育（ルールの伝達）など、様々な視点から行われるようになった。それが人間の道徳や宗教に関する議論につながられるようになったのである。

これらの研究の基盤にはダーウィンの進化論の考えがある。人間の体のつくりはもちろんのこと、心の働きや行動様式が、自然淘汰を受けて生き延びて、現在のものになったと理解される。この考えはアブラハムの宗教（ユダヤ教、キリスト教、イスラム教）における創造説とはまったく異なる考えである。原理主義的な創造説では、人間の現在の姿は、神が創造したそのままであるとされる。それゆえ進化論に対して一部の原理主義的な立場から強い批判が向けられている。[33]

動物と人間との連続性に着眼することで、進化心理学、進化生物学といった分野で、宗教研究にとっても興味深い見解が次々と出されている。たとえば進化心理学者のドゥ・ヴァール（F. de Waal）は『道徳性の起源』[34]において、ボノボの行動を観察しながら、人間の道徳性の起源を探っている。宗教の前に道徳があったという見方を示している。

動物との比較ではなく、われわれ人類（ホモ・サピエンス）がアフリカで生活していた頃の環境への適応が、現代人にも残っているという観点が、ボールビィ（J. Bowlby）らが説くＥＥＡ（進化的適応環境）という考え方である。この考えによると、現在の人類の認知能力は一〇〇万年〜一万年前の時期（更新世、石器時代）に形成されたが、この時期は環境の変化が激しく、自然淘汰が強く働いた時代である。その頃は、おそらく一〇〇〜二〇〇人程度の規模の集団で生活していたので、小規模の集団の解決のモデルがそこで形成されたとされる。[35]人間が文明社会においても繰り返す原初的と思われる行動、たとえば暴力や縄張り争いや配偶者をめぐる闘争などを、一〇〇万年にわたる狩猟・採取時代に適応して形成された脳の反応パターンによって説明しようとする。農耕牧畜が開始されたのは約一万年前で、文明社会が築かれたのは数千年前である。こうして一〇〇万年ほどかかって獲得された認知の仕組みを、まだ数千年程度の期間しかない文明社会で形成されてきた認知の仕組みが、なかなか凌駕できないという考え方を提示する。

現代世界においても、近隣集団あるいは集団内においても暴力が絶えることがなく、宗教の違いが関係する紛争も頻発している。ＥＥＡの考え方に依拠すれば、それは避けえない面があることになる。

2　ミームという概念

遺伝子の研究が進む過程で、人間が主体であるというこれまでの人間研究の考えとは大きく異なる発想が出てきた。その火付け役はドーキンス（R. Dawkins）であり、『利己的遺伝子』（一九七六年）で示された利己的遺伝子およびミームという考えである。人間は遺伝子にとっての「乗り物（ビークル）」であるとみなされ、利他的行動はひたすら存続しようとする遺伝子の戦略だと説明される。またミームという概念により、文化伝達の過程で起こる仕組みへの仮説が提示される。「神のミーム」というのも想定されている。ドーキンスは、神のミームは生存価が高く、あらゆる文化に神の観念が見いだされるが、その理由はこれがもつ強力な心理的魅力にあるとしている。

ミームの働きは遺伝子との比較において説明されている。遺伝子は遺伝型と表現型の二面で捉えられる。遺伝型はＤＮＡに刻まれており、表現型は実際に生長してあらわれる。これに対応させてミームを「行動のレシピ（ルール）」と「行動そのもの」の二面で捉えられるとした。遺伝子では実際に伝わっていくのは遺伝型であり、ミームでは行動のレシピとなる。宗教を例にとるなら、たとえば教義の伝承を途中で守らない人（行動そのもの）がいても、教義自体（行動のレシピ）は長く伝えられていくという現象の説明に適用できることになる。

ミーム論は科学的な議論には耐えうるものではないとする研究者もいるが、心理学者のブラックモア（S. Blackmore）は、人間を遺伝子の乗り物とみなすドーキンスの立場を強く支持している。『ミーム・マシーンとしての私』（一九九九年）で、一人の人間は複数のミームからなる複合体とみなせるとしている。[36] またそれぞれのミームが複製されるに際して、「指示のコピー」と「産物のコピー」があるという区別をした。「指示のコピー」は楽譜を写したり模倣したりするタイプのものであり、「産物のコピー」

は演奏法や演奏スタイルをまねるタイプである。これを宗教の展開に適用すると、たとえば教典の内容を伝えていくのは前者であり、題目の際の抑揚を伝えていくのは後者となる(37)。

3　二重継承説と二重過程モデル

人間の意識や行動は外なる環境と内なる環境に、絶えず影響を受けている。外なる環境は五感（視覚・聴覚・触覚・嗅覚・味覚）で感知する。そして内なる環境は脳の中に存在するが、脳幹や小脳などには遺伝的に継承された反射的な仕組みというものがあり、大脳皮質には小さいときから蓄積された様々な記憶がニューロンのネットワークとして格納されている。こうした考えのもとに遺伝子が人間の行動に与える影響を環境との相互関係で捉え、それが文化の継承にどう作用するかを考えていく研究が出てきた。

ＤＩＴ（二重相続理論）はＲ・ボイドとＰ・Ｊ・リチャーソンが唱えた。ある世代から次の世代への行動パターンの受け渡しは二重になっていて、一つは遺伝的相続、もう一つは文化的相続である。この二つは独立しているのではなく、文化的相続のパターンは、遺伝的要因、特に学習能力や各種の心理的バイアスによって規定されるとしている。遺伝的相続と文化的相続というのは、従来の生得的と習得的という区分にほぼ対応するが、両者の関係を具体的に論じようとし、二つの要素は共進化するとみなす点に新しさがある。特に継承されるときのバイアスという問題が重要である。

バイアスという観点は、なぜある特定の宗教の教えや儀礼が広まったり、継承されたりするのかという議論に応用できそうである。バイアスの一つに服従バイアスが想定されているが、これはその社会に平均あるいは平均以上に広がっているものを選択する傾向である。宗教習俗の多くは、それを強制するような主体がなさそうにみえる場合にも、世代から世代へと継承されていく。よく「社会の力」「社会の影響」などと呼ばれていたものが、バイアスの一つとして規定されると、存続の理由がわかりやすくなる。

スタノヴィッチ（K. E. Stanovich）の二重過程モデルもミーム論を踏まえている。二〇〇四年に刊行された『心は遺伝子の論理で決まるのか』[38]の原題を直訳すると『ロボットの反乱』となるが、この書では人間をロボットにたとえつつ議論が展開されている。人間の行動、思考を左右するものを、遺伝子的レベル、ミーム的レベル、前頭葉における思考のレベルという三層で考えている。人間が遺伝子とミームの二重の操作を受けながら、それでも理性的に判断するにはどうすべきか問うている。

人間という乗り物が遺伝子とミームの相互作用によって二種類の制御を受けることが二重過程という意味である。その制御のあり方の特徴から、一つをＴＡＳＳ、もう一つを「分析的システム」と名づける。ＴＡＳＳとは自動的に作動する認知機構である。分析的システムは論理的、記号的思考に適した強力なメカニズムだが、文脈から離れた認知様式であるため演算能力への負担が大きい。それゆえ日常的な決断にはＴＡＳＳが力を発揮するが、このことがときに個体を危険な方向、あるいは好ましくない方向に導くことがあるというのがポイントである。これは従来の合理性・非合理性についての議論を再構築するやり方でもあり、「適応的合理性」という概念が提示される[39]。宗教はミームの一種としてみなされているが、同時に遺伝子的レベルの命令にも関係するとされている。カトリックやイスラム教信仰は単純なミームではなく、ミーム複合体であるとしている[40]。

4　宗教社会学の理論への波及

認知科学の成果を宗教研究に積極的に取り込んでいこうとする動きは、欧米ではすでに本格化している。二〇〇六年にIACSR（国際認知宗教学会）が設立されている。この学会の主要メンバーは認知科学と宗教研究を様々に結びつける試みを行っている。たとえばホワイトハウス（H. Whitehouse）は、認知科学の応用として二つの宗教性のモードという視点を提起している。二つの宗教性のモードとは、「教義的モード」と「写象的モード」である。教義的モードは、意味的記憶に依存し、より冷静で組織的で言語的である。したがって、言語的形態による宗教的教義を頻繁に繰り返すことで特徴づけられる。典礼、説教、讃歌、読誦、決まった身体的運動などは、主としてこのモードで継承されやすい。

一方、写象的モードはエピソード記憶に依存し、感情的で個人的な考えははるかに非言語的に伝えられる。まれにドラマチックな衝撃的な出来事をめぐって組み立てられる。トラウマになるようなイニシエーション儀礼などはこれに属する。ホワイトハウスは宗教人類学者で、パプアニューギニアにおける現代宗教運動を研究テーマにしているが、この二つのモードを自分の調査対象だけでなく、広く宗教史一般に適用しようとしている。

認知科学・ニューロサイエンスにおける議論を宗教社会学に取り込むとすると、とりわけどのような研究に参照していけるであろうか。宗教行為には非合理的要素が強いことは従来から議論されてきた。それは合理性の基準、あるいは自然科学的なアプローチでは十分解明できないというような意味であった。だが、ここで示したような研究を取り込むと、「非合理的」とされていた現象を人間の認知の仕組み、脳の働きによって説明する試みが展開できる。

二、三具体的な例をあげると、カリスマ論、入信論、カルト問題などへの適用である。カリスマを「神の賜物」にとどめず、なぜ人間がある特定の人物にのみ強い帰依心を示すかという問題として展開できる。入信の過程に関する議論では、心理バイアスという視点を取り込むことで、相対的剥奪理論をさらに精緻なものにできそうである。カルト問題については、カルト視される団体では、しばしば恐怖心を植えつける手段にたけている理由が、脳科学である程度根拠づけられる可能性がある。

脳科学の最先端は意識の問題と取り組んでいる。意識とは何か、ニューロンの間における物理的化学的反応がどうして意識という心の次元に転換するのか[41]。ここには自由意思の問題、意思決定のプロセスという問題が含まれているので、宗教現象全般はむろんのこと宗教社会学が扱う諸テーマにも関わりをもつのは明らかである。認知科学・ニューロサイエンスの展開には目を配らざるをえない状況になってきたのである。

〔井上順孝〕

【注】

（1）ル・ブラの宗教社会学については、その集大成が二冊（未邦訳）にまとめられている。G. Le Bras, *Études de Sociologie Religieuse*, t. 1-2, Paris: P. U. F, 1955-56.

（2）A. R. Radcliffe-Brown, *The Andaman Islanders : A Study in Social Anthropology*, Cambridge: Cambridge University Press, 1922.

（3）A・R・ラドクリフ＝ブラウン『未開社会における構造と機能』、青柳まちこ訳、新泉社、一九七五年。デュルケムが、儀礼の社会統合機能について分析したことと関連する。デュルケムは、自らの方法論を機能主義と呼んだことはないが、機能主義のさきがけとしてみることができ、また彼の機能の概念をマリノフスキーやラドクリフ＝ブラウンが継承、発展させたといえる。

（4）一七世紀に活躍したイギリスの哲学者・思想家ホッブズが、『市民論』や『リヴァイアサン』で論じた問題。

（5）T・パーソンズ／N・J・スメルサー『経済と社会』（Ⅰ・Ⅱ）、富永健一訳、岩波書店、一九五八―五九年。
（6）T・パーソンズ『宗教の社会学――行為理論と人間の条件第三部』、徳安彰ほか訳、勁草書房、二〇〇二年。同『人間の条件パラダイム――行為理論と人間の条件第四部』、富永健一ほか訳、勁草書房、二〇〇二年。
（7）R・K・マートン『社会理論と社会構造』、森東吾ほか訳、みすず書房、一九六一年、一八頁。
（8）同書、六二頁。
（9）R・N・ベラー『社会変革と宗教倫理』、河合秀和訳、未来社、一九七三年、三四八頁。
（10）T・ルックマン『見えない宗教――現代宗教社会学入門』、赤池憲昭／ヤン・スィンゲドー訳、ヨルダン社、一九七六年。ドイツ語版は一九六三年に出版。
（11）P・L・バーガー『聖なる天蓋――神聖世界の社会学』、薗田稔訳、新曜社、一九七九年。
（12）J・A・ベックフォード「宗教社会学の半世紀（一九四五～一九八九）」『東洋学術研究』第二九巻二号、一九九〇年、七九頁。
（13）R・N・ベラー『徳川時代の宗教』、池田昭訳、岩波文庫、一九九六年。
（14）C. Y. Glock, B. B. Ringer & E. R. Babbie, *To Comfort and to Challenge : A Dilemma of the Contemporary Church*, California: University of California Press, 1967.
（15）H・N・マックファーランド『神々のラッシュアワー――日本の新宗教運動』、内藤豊・杉本武之訳、社会思想社、一九六九年。
（16）J. M. Yinger, *Sociology Looks at Religion*, NY: Macmillan, 1963.
（17）M・ウェーバー「プロテスタンティズムの教派と資本主義の精神」中村貞二訳、『ウェーバー　宗教・社会論集〔新装版〕』、安藤英治ほか訳、河出書房新社、一九八八年。E・トレルチ『キリスト教と社会思想』、『トレルチ著作集』第七巻、住谷一彦ほか訳、ヨルダン社、一九八一年。

(18) H・R・ニーバー『アメリカ型キリスト教の社会的起源』、柴田史子訳、ヨルダン社、一九八四年。
(19) B・ウィルソン『宗教セクト』、池田昭訳、恒星社厚生閣、一九九一年。
(20) J. M. Yinger, *The Scientific Study of Religion*, NY: Macmillan, 1970.
(21) R・ロバートソン『宗教の社会学――文化と組織としての宗教理解』、田丸徳善監訳、川島書店、一九八三年。
(22) H. Becker, *Systematic Sociology : On the Basis of the Beziehungslehre and Gebildelehre of Leopold von Wiese*, NY: John Wiley & Sons, 1932.
(23) Yinger, *op. cit.*
(24) R. Stark & W. S. Bainbridge, *The Future of Religion : Secularization, Revival and Cult Formation*, California: University of California Press, 1985.
(25) D. O. Moberg, *The Church as a Social Institution : The Sociology of American Religion*, Englewood Cliffs, N. J.: Prentice-Hall, 1962.
(26) 森岡清美『新宗教運動の展開過程――教団ライフサイクル論の視点から』、創文社、一九八九年。
(27) 西山茂「内棲宗教の自立化と宗教様式の革新」沼義昭博士古稀記念論文集編集委員会編『宗教と社会生活の諸相』、隆文館、一九九八年。
(28) T・オディ『宗教社会学』、宗像巌訳、至誠堂、一九六八年。
(29) 世俗化理論については、K・ドベラーレ『宗教のダイナミックス――世俗化の宗教社会学』（J・スィンゲドー／石井研士訳、ヨルダン社、一九九二年）を参照。
(30) R. Stark & W. S. Bainbridge, *A Theory of Religion*, NY: Peter Lang, 1987.
(31) L. R. Iannaccone, "The Consequences of Religious Market Structure: Adam Smith and the Economics of Religion," *Rationality and Society*, 3(2), 1991. 宗教の合理的選択理論については、以下を参照。岩井洋「宗教の合理的選択理論についての覚書」『國學院大學日本文化研究所紀要』第八六号、二〇〇〇年。沼

尻正之「宗教市場理論の射程――世俗化論争の新たな一局面」『社会学評論』第五三巻二号、二〇〇二年。

（32）脳の研究においては、人間の脳の理解のために動物の脳を実験に用いたりする。脳に直接電極を埋め込むような侵襲的測定は倫理的問題から人間には許されない。人間に対しては頭皮に電極を置くような非侵襲的測定にとどまる。

（33）神による創造が否定される進化論の考えに脅威を覚えて、神の名を出さない創造説が主張されるようになった。これが一九九〇年代後半以降に米国で起こったＩＤ（インテリジェント・デザイン）論である。

（34）Ｆ・ドゥ・ヴァール『道徳性の起源――ボノボが教えてくれること』、柴田裕之訳、紀伊國屋書店、二〇一四年。原著は F. de Waal, *The Bonobo and the Atheist : In Search of Humanism Among the Primates*, W. W. Norton & Company, 2013.

（35）われわれ人類（ホモ・サピエンス）は、約七万年ほど前に東アフリカを出てアラビア半島から世界各地に広がったというのが定説になってきている。

（36）Ｓ・ブラックモア『ミーム・マシーンとしての私』（上・下）、垂水雄二訳、草思社、二〇〇〇年。原著は S. Blackmore, *The Meme Machine*, Oxford: Oxford University Press, 1999.

（37）ブラックモアはミームの下位区分として、テクノロジーの発達が生み出したテーム（teme）という概念も提示している。テームはテクノ・ミームの略で、ウェブ情報のように、テクノロジーによってコピーされていくものである。

（38）Ｋ・Ｅ・スタノヴィッチ『心は遺伝子の論理で決まるのか――二重過程モデルでみるヒトの合理性』、椋田直子訳、みすず書房、二〇〇八年。原著は Keith E. Stanovich, *The Robot's Rebellion : Finding Meaning in the Age of Darwin*, Chicago and London: University of Chicago Press, 2004.

（39）合理性の問題は、行動経済学者のカーネマンによるプロスペクト理論によって、人間の認知バイアスに焦点があてられた。スタノヴィッチもカーネマンの理論にかなりの頁を割いてふれている。

（40）この節で説明されていることをより詳しく述べたものとして、井上順孝編『21世紀の宗教研究――脳科学・進化生物学と宗教学の接点』（平凡社、二〇一四年）を参照。

（41）　脳神経学者により意識の問題がどのように扱われているか、またそれが宗教研究にどう影響するかを考えていくうえで、C・コッホの次の著作は必読書である。『意識の探求――神経科学からのアプローチ』（上・下）、土谷尚嗣・金井良太訳、岩波書店、二〇〇六年。『意識をめぐる冒険』、土谷尚嗣・小畑史哉訳、岩波書店、二〇一四年。

第4章　日本の宗教社会学

磯岡哲也
井上順孝
弓山達也

1　伝統宗教・民俗宗教の研究

日本の宗教社会学は、他領域の社会学と同様、欧米宗教社会学の影響のもとで、発達してきた。それは、古くはウェーバーやデュルケム、そしてそれ以降の宗教社会学理論の紹介や検討といった理論研究から始まった。他方、宗教社会学の周辺に位置する民俗学や宗教史では、日本の伝統宗教や民俗宗教に関心をもち、日本の宗教社会学の独自の領域を形成するのに寄与してきたといえる。日本民俗学を樹立し、常民への聴き取りによって日本人の先祖観を明らかにした柳田國男、村と神社との関わりを実態調査により考察した原田敏明がその代表であるといえる。宗教社会学プロパーとしては、欧米の家族理論を下敷きにして真宗教団の本末関係を家制度から考察した森岡清美、アメリカ流の世俗化・近代化論の脈絡で日本のキリスト教団を分析した井門富二夫、パーソンズの機能主義を背景に、地域の祭や新しい文化を祭のアナロジーとしてみた柳川啓一があげられよう。本節では、これら五名の研究者の業績を紹介しながら、日本の宗教社会学における伝統宗教・民俗宗教の研究を概観する。

1　柳田國男

「柳田国男の中心思想はなによりも祖先崇拝であって、その民俗学は宗教社会学と接触するものを含んでいる」（『柳田国男の思想』）という中村哲の言説に端的に示されるように、日本では宗教社会学と民俗学とは隣接学である。実際、柳田（一八七五―一九六二）の学説や膨大な収集資料は、宗教社会学で参照されてきた。ことに、地域社会で伝承された宗教習俗を聴き取り、伝承の要因を考察する点で宗教社会学と民俗学は重なっている。

「日本民俗学」の創始者柳田國男は、明治八年に兵庫県の農村医・国学者松岡操の六男として出生。幼少期に見聞した飢饉や間引きの悲惨さから「経世済民の学」を志向、東京帝国大学で農政学を学ぶ。卒業後、農政官僚となり、視察で各地の実情にふれ、庶民文化への関心から、文書中心の歴史学を批判、常民文化の探究と郷土研究を志す。重出立証法（比較研究法）として全国各地の民俗を比較するなかで、その例示として周圏論が導出された。

老年期、太平洋戦争末期に執筆された『先祖の話』では、日本人の先祖観を明らかにするとともに、家の重要性と先祖祭祀との関連が強調されている。文字によって先祖を知ったのではなく、幼少時から先祖という言葉を聞いて内面化している者にとっては、先祖は自分たちの家でまつるべきもの、ほかではまつる者のない人の霊のことで、各々家々に伴うとされているとする(1)。そして死霊は、そんなに遠くには行かず国土のうちにとどまっており、三十三回忌や五十回忌の弔い上げ以降は、個性を失い、上の世代の先祖と融合して先祖霊になるとした。それは、正月の年神、田植えの時期に地域の山から下りてきて稲作を見守る田の神、収穫後に山に帰る山の神となって子孫に現れるとする。日本ではこのように先祖霊こそが、家の行事の対象となっている。そして、これらの見方に導かれて、多くの民俗調査が次世代の研究者によってなされた。

2　原田敏明

戦前に宮座の実証的研究をした肥後和男を戦後引き継いだのが原田敏明（一八九三―一九八三）である。原田は、若くしてデュルケムに親しみ、デュルケムと共通の視点で社会と宗教との関連を捉えた。すなわち、日本農村の社会生活を規制する拘束力が、一種の権威をもった伝統として、ますますその社会生活を支配する力となる。原田は、かかる伝統は、神聖なもので、それを村の神の働き、支配、神そのものであると考えた(2)。

原田は、宇野円空、古野清人らとともに、一九三六年に、現在に通じる実証的な方法で、「本邦に於ける農耕儀礼の調査」を行っている。この調査の方法は、まず予備調査として質問状を現地の役場や学校に送り、その後現地に入り、文献資料の収集と民間信仰の観察および古老からの聴き取り調査という手続きを踏んだものであった(3)。さらに原田は、村と神社の関係を宮座や氏神祭祀の観点から調査した。そして、本来一つの共同体には一つの氏神社しかないという仮説を提示した。すなわち、氏神は、まつるものが血縁集団であると否とにかかわらず、地縁的に結合された地縁的集団を基盤としてまつられるものであり、したがって同一の地縁集団には、一つの氏神があり、二つ以上の氏神があるのではない(4)、としている。そして、かかる氏神理解は、柳田國男の先祖霊の考え方とは異なる。

原田は、村の祭祀の変化を「町の宗教」との対比として捉えている(5)。村から町への変化に合わせて、男性的な権威が強く女性の参加を拒むことが一般的な宮座の制度が、村単位から家単位、個人単位になるにつれ女性の参加を認めるようになるとする。仏教宗派の伝播でも、町では、個人の信仰に地域的な拘束がないので、一宗派のみではなく人々が多様な信仰をもつようになる。祭礼も、村の場合は社会生活にほかならなかったが、町方では祭それぞれの個性を発揮して娯楽的な傾向が強くなり、神仏の崇敬にも個性が表れてくるとした。

3 森岡清美

森岡清美（一九二三―）は日本の社会学的宗教社会学の開拓者として、仏教、キリスト教、神社神道、新宗教など広い範囲の教団研究を探求した。森岡の研究目的の特徴は、宗教の社会的存在形態の分析を通じて、広く社会集団に内在する実証可能な法則を理論化することにあり、そのために教団研究を意図した点にある。なかでも『真宗教団と「家」制度』は、実証的宗教社会学の金字塔といえ、わが国最大の教団である真宗系諸教団の構造を「家」制度の視点から分析したものである。[6] すなわち、有賀喜左右衛門らの研究を踏まえ、家・同族団理論を真宗教団に適用している。真宗教団を、本山住職家を棟梁とする譜代の主従的家連合として捉え、それぞれの寺院を、住職家を中核とする檀家群の家連合として把握する。研究方法として、一一年に及ぶ門徒団への実態調査と、大坊から本山については文書資料による歴史研究を併用してモノグラフにまとめている。

解明された問題を、章の順に簡潔にあげると、まず真宗寺院の全国的分布を示し、門徒の宗教的非寛容と習俗の門徒化、教団内婚制、広域門徒集団の存在と、門徒は本山自体の門徒であることが指摘される。次に寺檀関係の成立とその具体相、本山末寺という重層的寺檀関係の存在が明示される。次に末寺関係における組寺結合に、組結合、主従結合、与力結合の三類型があり、従属関係に、上寺・下寺、本坊・寺中下道場の二類型があることが解明される。また、本山の構成解明に資するケーススタディとして、福井県の大坊をめぐる合力組織を、本山―末寺―寺中下道場というタテの構造に対応して重層する法主権、住職権、住持権の構造を解明している。そして、中世と近世の事例から本山の権威の由来とその諸条件を分析し、明治初年の本山改革や戦後改革による本末関係の変化を述べている。さらに、真宗寺院の世襲相続制や本末、寺檀のオヤ・コ的家関係がなお維持されていること、「家」制度と真宗教義は本質的に結びつかないこと、「家」制度からまったく自由なアメリカ真宗教団の事例を傍証としてあげている。

その後も真宗教団の研究は継続され、仏光寺派、興正派、浄興寺派について、近世の本山の山内院家との関係、辻本や毛坊主といわれる末端道場の存在形態、近代の本山住職家の家憲、中本寺の一派独立などの事例研究がなされている(7)。

ほかに、森岡清美には、明治期キリスト教の、信徒個人―教会―教派の三層の相互関連的形成に着目して、日本への受容と定着を考察した研究がある(8)。

4　井門富二夫

井門富二夫（一九二四―）は、一九五〇年代後半にシカゴ大学に留学し、欧米の社会科学理論を日本に紹介した、戦後の代表的な宗教学者の一人である。井門は、大きな流れとなった宗教現象の解釈学的方向を採らず、あくまでも社会科学的宗教研究の立場に立って戦後日本の伝統宗教、特にキリスト教会の分析を行った。

代表作である『世俗社会の宗教(9)』では、まず、H・コックス、R・ベラー、H・R・ニーバー、T・ルックマン、B・R・ウィルソンなどの理論を紹介しながら、教団組織論、デノミネーション論、世俗化論といった宗教変容の理論を、近代日本の宗教状況と併せて論じた。たとえば、都市化・流動化といった産業化にあって、伝統教団が構造的にはチャーチからデノミネーションへ、布教技術が信徒中心主義へ変容するとした。次にアメリカのプロテスタント教会が、明治期の日本へ伝播・浸透してどのような信徒構造を形成したかについて、外国人宣教師から日本人指導者による大衆教育への変化やキリスト教主義学校の役割に着目している。また各種調査結果を用いてプロテスタント信徒が都市ホワイトカラー層またはインテリ層に偏っていることを、他教団のデータとの比較をとおして指摘した。さらに、デノミネーションという政教分離社会における宗教集団の課題について、アメリカを典型とし、その歴史的背景や大衆の信仰の特徴、宗教放送の利用や教団経営などを論じた。

井門によれば、世俗化は宗教の衰退ではなく、社会の機能分化にしたがって、ルックマンの「見えない宗教」と同意の「文化宗教」、都市社会で自由に結成される「組織宗教」、組織宗教が制度化してチャーチ的な存在となった「制度宗教」へと分化して存続するという。

ルックマンの議論を受けて、井門は、都市部の宗教的アソシエーションが、共同体の解体とともに失った自然発生的生きがい感や宇宙観を、個々人の内心に自覚的に再構成する役割を果たしているとし、このような生きがい化を「内心倫理化」と名づけた[10]。

5 柳川啓一

柳川啓一（一九二六―一九九〇）は、記述的・科学的な宗教学の体系を打ち立てた岸本英夫の次世代を代表する宗教学者で、理論面ではT・パーソンズの機能主義に関心をもち、これに依拠して宗教社会学の体系化を試みた[11]。実証研究としては、一九五三～五四年に「山岳宗教の会」調査に加わり、青森・山形県下全町村に講の有無を問うアンケート調査を実施した。また、山形県の村落社会と出羽三山信仰の関係をみるために山形県内三村落と、岩木山や御嶽信仰の講組織とを比較している[12]。

柳川は、講、山岳信仰、新宗教、祖先崇拝、宗教周辺の文化など多様な現象を研究の対象としたが、主な関心は祭と儀礼にあり、各地の祭の実証的研究を行った。それは、東大助教授時代に体験した大学紛争のデモにおいて、行列、旗、かけ声や、終了後世俗生活に戻る点で、祭との類比を行い、日本人の生き方の解明に資すると感じたことが祭研究の契機だったとされる[13]。柳川は、「祭の宗教学[14]」のなかで、祭の定義を試み、会津田島祇園祭と秩父神社夜祭を詳細に記述し分析している。そのなかで、祭が、社会集団、社会組織、社会構造との関連において、人々のつながりをよみがえらせる機能をもつと述べている。

また、二つの相反する作用をはらみながら、たとえば非合理性と合理性や非日常性と日常性といった「聖と俗」という二領域を宗教思想の特色に据える聖俗論に関わって、人間の生活は、第一に非合理的な聖に基礎づけられていると考えた。このように、「聖と俗」がそれぞれ「優と劣」に位置づけられる点に着眼して、このような二分法を「不均等二分法」とした。

〔磯岡哲也〕

2　民衆宗教研究と新宗教研究

1　戦前の神道一三派の比較研究

戦前における神道系教団に関する研究は、明治中期から昭和前期にかけてしだいに増えてくる。一九〇八年に天理教が一派独立し、神道一三派となると、これらを教派神道と総称し、各派を比較研究する書が刊行されるようになる。各教派によって刊行された教典、教義書、教祖の伝記、さらに教団概説書の類が、ある程度蓄積されたことが研究を促進する大きな要因となった。戦前における教学的な研究は、教派ごとに相当の隔たりがある。天理教が最も熱心であり、それに次ぐのは金光教である。ほとんどなされない教派もあった。なお、教派神道の展開はかなり複雑であるので、図1に示しておいた。

東京大学、國學院大學、神宮皇學館大学において神道の講義や講座が創設され、神道研究が次第に本格化したことも、教派神道研究の展開を推進する要因となった。東京大学では、一九二〇年に神道講座が設けられた。この神道講座のスタッフの何人かは、教派神道を研究対象にしている。とりわけ、田中義能は教派神道に関する研究を本格的に開始した。戦前に教派神道を正面から扱った研究者の代表として、この田中義能と、中山慶一、鶴藤幾太の三人があげられる。三人は基本的に教派神道を評価する立場である。(15)

① 田中義能

田中義能は、一九二六年九月に、上田万年を会長とし、自らを主事とする神道学会を設立し、機関誌『神道学雑誌』を創刊した。この雑誌に一九三二年以降、教派神道についての論文を寄稿する。三七年までの五年の間に、一三派に関する論文を次々と発表した。それぞれの教派のよって立つ哲学や理念の説明に頁を割いているのが特徴である。比較的中立的な立場から記述しており、信徒の立場から、過度にこれを礼讃するものではなく、反対者の立場から、極力これを非難しようとするものでもない、とその基本的姿勢を述べている。

② 中山慶一

中山慶一は天理教の信者の家に生まれ、天理教の二代真柱中山正善と同様、宗教学者姉崎正治の指導

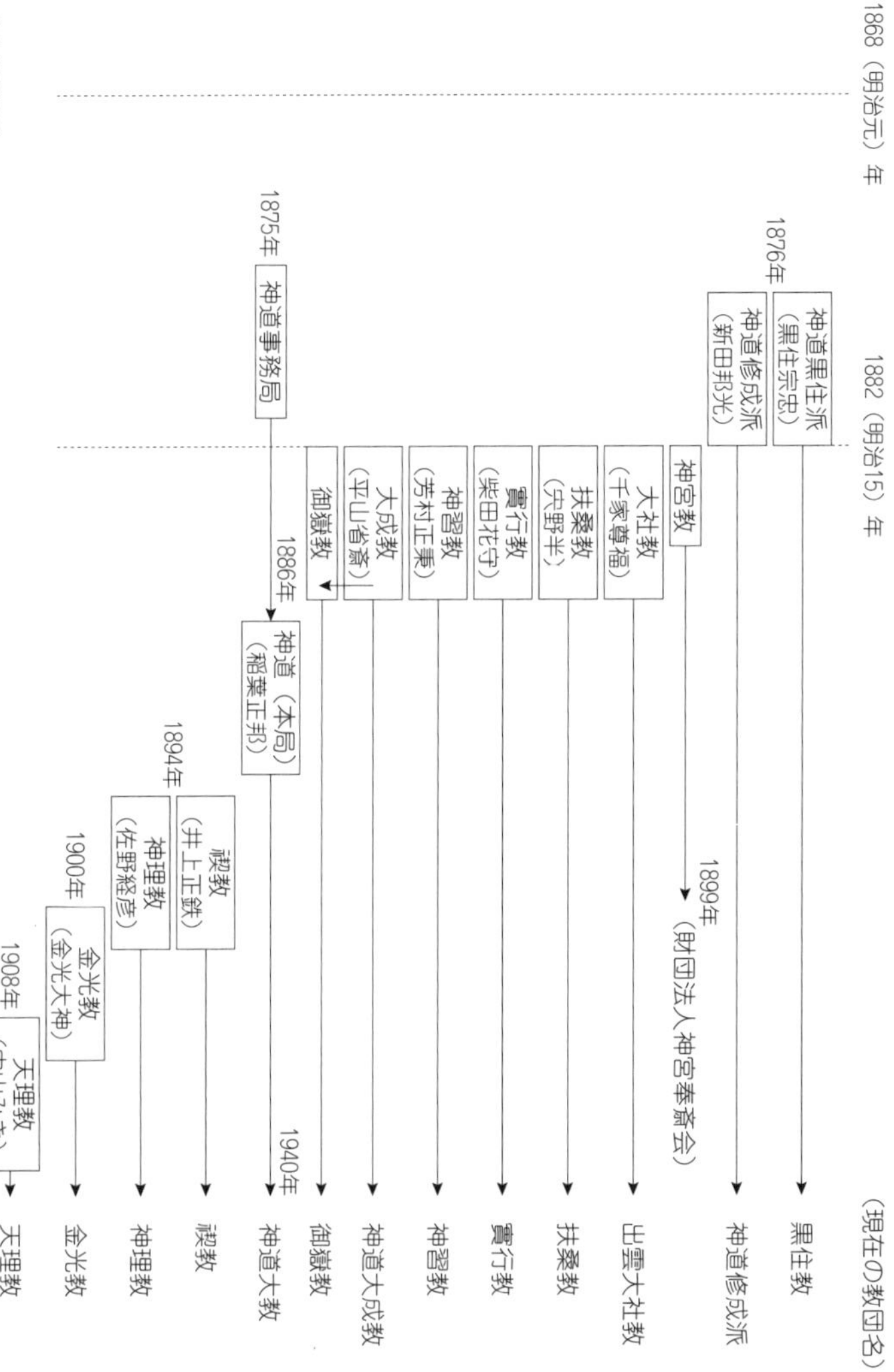

井上順孝作成

図1　教派神道の展開

を受けた。そのときの研究の成果をまとめたものが、一九三二年に刊行された『教派神道の発生過程』である。同書は、天理教を中心とした記述ではあるが、教派神道の歴史的意義を広い視野から論じている。教派神道の発生基盤を説明しようとし、教派神道の類型化においても先駆的な試みである。発生基盤については、江戸末期の宗教界の状況と、維新期の宗教政策の二方面から論じている。幕末の状況については、仏教の形式化と堕落が進行し、神仏道とも、宗教の第一義である民衆の教導を忘れていたので、民間信仰のなかにみられる真摯なる宗教的欲求を醇化教導するものが起こったとする。他方、明治政府の宗教政策による影響については、神仏分離によって、従来神社のもっていた宗教味が取り去られ、神社を信仰の標的としていた国民の信仰が宙に迷い、ここに教派神道勢力の伸長する機会があったとみなしている。

中山は教派神道を次の三つに類型化している――①山嶽宗教（實行教、扶桑教、御嶽教）、②村落宗教（黒住教、金光教、天理教）、③其他の諸教派（残る七教派）。中山の力点は、村落宗教として特徴づけられた三教派の宗教史的な意義を評価するところにあったから、神習教、神道修成派、神理教などの教派は、「其他の諸教派」と一括りにされ、あまり詳しく分析されていない。

③　**鶴藤幾太**

鶴藤幾太は戦前において教派神道研究を最も体系的に行った。一九三九年に刊行された『教派神道の研究』では、教派神道の発生する基盤を分析したうえで、各教派を個別に概説するとともに、複数の視点から比較検討している。その研究視点の特徴は次の三つにまとめられる。①民間信仰との関わりにおいて、教派神道を眺めた。②教派神道の類型化を、複数の視点から試みた。③各教派の比較を神観、霊魂観などについて多面的に行った。

鶴藤は、民間信仰を大衆的と習俗的という二つの要素において捉えている。また、教派神道の類型化は、①教団組織の純・不純による分類、②表面の形の上からの分類、③思想の独創性・伝統性で分けたもの、④教祖の宗教体験を基準に分けたもの、という四つの視点からなされている。神観の比較においては、オランダの宗教学者であるC・P・ティーレの神人懸隔教と神人同格教の区別を参考にしている。加藤玄智はこの説に影響を受け、キリスト教は神人懸隔教であり、仏教や神道は神人同格教とする論文を明治末に発表している。鶴藤は、さらに自論を展開し、教派神道には神人一致観が共通しているが、同時に一神教的傾向も有するとしている。教派神道が神社神道よりも宗教的に発展した形態という立場になろう。

２　戦後の民衆宗教研究

戦後は宗教団体法に代わり、宗教法人令、次いで宗教法人法が施行され、神道教派という行政上の区分はなくなった。教派神道研究もこの影響を受け、神道系の教団を教派神道という視点から分析する研究は相対的に少なくなっていった。新宗教研究、あるいは神道教団の一つのサブカテゴリーとしての教派神道という捉え方が主流になっていく(16)。

村上重良は、一九四五年の敗戦による国家神道体制の崩壊によって、教派神道はその歴史的役割を終えたとする立場をとった。村上はやがて、幕末から明治期にかけての宗教運動に対し、教派神道という観点からではなく、民衆宗教、あるいは新宗教という捉え方をするようになる。具体的には黒住教、天理教、金光教などの宗教運動を研究対象に据えた(17)。民衆宗教という性格が強調される場合は、この三教のほか、如来教や丸山教、そして大本も含まれている。宗教運動が創始される基盤は民衆にあったという点を重視する。

民衆宗教として近代の新しい宗教を捉える視点は安丸良夫に顕著である。民衆の思想を「通俗道徳」という言葉で捉えたことが、以後の民衆思想研究に影響を与えた[18]。通俗道徳とは、近世後期以降に日本社会に形成されたもので、勤勉・倹約・和合に要約されるような、共同体における きわめて実践的な内容をもつものであった。これが近代の民衆宗教の一つの苗床としてみなされている[19]。また個別の教団の分析にあたっては、特に戦前に二度弾圧された大本の二人の創始者、すなわち出口なおと、出口王仁三郎の思想に着目している。

創唱宗教的な性格をもち、かつ社会改革的な要素を含む日本近代の新しい宗教を民衆宗教としてみていく研究は、村上や安丸の影響を受けた研究者によって継承されていくが、これは宗教社会学というよりも、宗教史、思想史の立場からの研究が多いことが特徴である[20]。

3　新宗教研究の興隆

一九六〇年代から七〇年代にかけて盛んになった新宗教研究は、日本の宗教社会学を特徴づけるものの一つとなった。この研究の展開に重要な役割を果たすことになったのが、宗教社会学研究会（略称「宗社研」）と、その解散後この研究会を母体に一九九三年に組織された「宗教と社会」学会である。

①　宗教社会学研究会

宗社研は、一九七五年に結成され、一九九〇年に解散した。若手研究者が中心になって運営されたこの研究会には、宗教社会学だけではなく、社会学、心理学、人類学、民俗学、歴史学、医学、哲学、文学などの研究者が入り交じって参加していた。また関西では宗社研とメンバーがかなり重なる形で一九八〇年に「宗教社会学の会」が結成された。こちらは宗社研の解散後も活動を継続している。

宗社研の研究成果のなかでも、日本の宗教社会学にとって影響が大きかったのは、一九八一年に刊行された『新宗教研究調査ハンドブック』（雄山閣出版）と、九〇年に刊行された『新宗教事典』（弘文堂）である。この二書は新宗教研究という分野を日本に確立し、また世界的にも日本の新宗教研究が注目される契機をつくった。

『新宗教研究調査ハンドブック』では、新宗教の研究視点が九つの章において論じられているが、その視点は次の四つにまとめられる――①新宗教発生の社会史的研究、②新宗教の運動論と組織論、③新宗教の受容と態度変容の社会学的アプローチ、④社会のなかの新宗教。

第一の社会史的研究とは、新宗教の発生・展開を、日本社会の変化と対応させて考えるものである。第二の運動論・組織論は、新宗教の運動の発生・展開、あるいは組織の特徴を新宗教全体または個々の教団へ注目して研究するものである。第三の受容と態度変容の研究は、信者が入信する過程、またどんな年齢、社会階層の人々が、その教団に入信しているか、入信後、一般的にどのような態度変容が観察されるか、などの分析を行う。第四の社会のなかの新宗教という研究は、新宗教と国家あるいは地域社会との関係などを調べる。

『新宗教事典』では、新宗教研究のカバーする範囲がさらに拡充し、次の八つが示されている――①発生と展開、②教祖、③教団、④教えと思想、⑤実践、⑥施設、⑦新宗教と社会、⑧新宗教と異文化。それぞれにさらに細かいテーマがある。たとえば「分派と影響関係」「教祖の周辺」「教師と霊能者」「布教と教化」「教団経済」「法と新宗教」「マスコミと新宗教」「社会活動」「外来の新宗教」などである。

②「宗教と社会」学会

宗社研の解散の三年後に、「宗教と社会」学会が設立された。「宗教と社会」学会という名称が示すように宗教と社会の関係を研究することがポイントであり、その研究方法は宗教社会学にとどまらず、宗社研同様、多様な研究分野にわたっている。学会設立記念のシンポジウムのテーマは「〝ファンダメンタリズム〟への視点」であり、現代的な宗教の問題が様々な宗教史、宗教研究の視点から議論された[21]。その後も、「情報時代と宗教」「宗教とナショナリズム」といった現代的研究が続けられている。

この学会が設立された二年後の一九九五年三月にオウム真理教による地下鉄サリン事件が起こった。これにより「カルト」という言葉がマスメディアで頻繁に用いられるようになった。この影響を受け、従来の宗教社会学の教団類型論における「カルト」ではなく、社会的に多くの問題を頻発している新しい運動や団体という意味での「カルト」についての研究が出てきたが、「宗教と社会」学会においても、カルトについての議論の占める割合がしだいに多くなった[22]。これにより新宗教研究が扱う領域が少し広くなったといいえる。

〔井上順孝〕

3　スピリチュアリティ研究

1　スピリチュアリティ

スピリチュアリティ（一般に「霊性」と訳される）をめぐる研究は医療や看護の分野で始まった。そもそもこの用語が注目されるきっかけの一つは、一九九八年の世界保健機関（ＷＨＯ）執行理事会において、ＷＨＯ憲章全体の見直し作業のなかで、従来の肉体的（physical）、精神的（mental）、社会的（social）により良い状態という健康の定義に、スピリチュアルを加えるかどうかが議論されたことに求めることができる（結果として定義改正には至らなかった）。

スピリチュアリティは、こうした非宗教的セクターで議論されたという経緯もあって、それ自身は宗教用語であるものの、宗教教団や伝統に拘束されない個人的・非制度的な宗教意識を指し示す用語として理解されてきた。この新しい宗教意識を標榜する文化現象は、一九六〇〜七〇年代にアメリカに起きたカウンターカルチャー、ヒューマンポテンシャルムーブメント、ニューエイジ運動の影響を受け、現在、世界的に進行しつつある。そのためスピリチュアリティに関する研究も、宗教研究だけでなく、医療・看護・教育といったヒューマンケアの諸分野など多岐にわたっている。

2　スピリチュアリティの研究分野

▼宗教と社会との関連から

前述のように宗教教団や伝統に拘束されない個人的・非制度的な宗教意識への注目は、スピリチュアリティという語が術語として定着する前から注目を集めてきた。たとえばルックマンやバーガーの宗教の機能主義的な定義に影響を受け、井門富二夫は、こうした宗教意識を文化宗教・組織宗教・制度宗教に対する「個人宗教」と名づけた[23]。そこではSF小説や漫画などが、新しい宗教意識として想定されていたが、その後、日本での研究展開は十分ではなかった。

日本においてニューエイジの思想や実践が一般化するのはシャーリー・マクレーン『アウト・オン・ア・リム』の翻訳[24]や高次の霊的生命体との交信であるチャネリング（実践者のダリル・アンカは一九八七年に来日）やアメリカでヒューマンポテンシャルムーブメントの影響下で開発・商品化された自己啓発セ

ミナーが日本で紹介されるようになった一九八〇年代後半とみてよい。「癒し」「ヒーリング」が人口に膾炙しだすのも、またスピリチュアリティを学術的に研究する潮流としてトランスパーソナル心理学[25]が提唱されはじめるのも同時期である。

こうした動向を宗教社会学の立場から議論の俎上にのせたのは島薗進『現代救済宗教論[26]』である。同書ではスピリチュアリティへの関心の高まりをその特徴の一つとする諸動向を「新霊性運動」（のちに「新霊性運動＝文化」と表記）としてくくる。島薗は後続の『精神世界のゆくえ[27]』で、既述のチャネリングや自己啓発セミナーのほか、いわゆる精神世界と呼ばれるジャンル、さらに心理療法や新宗教の一部、民間療法や自然食などの代替知運動、スピリチュアリティという語を使わないまでもこうした考え方に強い親和性をもっているオピニオンリーダー（霊性的知識人）などを射程に収める。こうして研究対象を拡大しつつも、新しい霊性文化という同時代性の指摘は、次世代の研究を強く刺激した。たとえばNRCS（New Religious Consciousness and Spirituality）研究会は、その成果を樫尾直樹編『スピリチュアリティを生きる[28]』や伊藤雅之・樫尾直樹・弓山達也編『スピリチュアリティの社会学[29]』などにまとめている。前者では「絆」「場」「生」をキーワードに、断酒会、漫画、見世物小屋興業などが、後者ではグローバル化するスピリチュアリティの拡散性と共同性、さらにはそこにみられる負の側面も含めて、ニューエイジ、新宗教、カルト運動などが扱われている。

▼大衆文化との関わりから

スピリチュアリティをめぐる文化現象は広範囲に及ぶ。また一九八〇年代のスピリチュアリティをめぐる運動の当事者が翻訳や出版に関わるなど、強い発進力を有していたこともあって、当該分野の研究や論説の裾野は広い。アカデミズムだけでなく、広くジャーナリズムでもスピリチュアリティについては論じられてきた。朝日新聞の記事データベースを検索すれば「スピリチュアル」に関わる記事数は二〇〇〇年に入り増加し、二〇〇六年をピークに後は下降線をたどっている。その中心にいるのはテレビ番組「オーラの泉」（二〇〇五―〇九年）で有名となったスピリチュアルカウンセラーの江原啓之であり（たとえば朝日新聞の二〇〇七年元旦の新年別冊の第一面ほぼ全部を使って「めざせ！　カウンセラーの伝説　テレビ朝日系「オーラの泉」」という特集を行っている）、その他の記事としては土地の霊性や観光とスピリチュアリティに関わるものが目立つ。後者は二〇一〇年から「パワースポット」として人気を博する。この時期になるとスピリチュアリティの語は後退し、同系統の内容でありながらスピリチュアリティのブームがパワースポットのブームにとって代わったとみてよいだろう。

「スピリチュアルの時代」（『読売新聞』二〇〇六年一一月二七日・二八日）とも「空前のスピリチュアル・ブーム」（『毎日新聞』二〇〇六年一一月二九日）とも評されたスピリチュアリティへの関心がピークを迎えた二〇〇六年から翌年にかけて、こうした大衆文化のなかにみられるスピリチュアリティが、その新奇性やブームの原因とともに盛んに雑誌の特集となった。たとえば『中央公論』二〇〇六年一二月号（特集：スピリチュアルって何？）、日本共産党中央委員会の『女性のひろば』二〇〇七年四月号（特集：スピリチュアル・ブームを考える）、『ニューズウィーク』二〇〇七年五月一六日号（特集：スピリチュアルと日本人）、創価学会の『第三文明』二〇〇七年一一月号（特集：スピリチュアルを考える）、『文藝春秋 special』二〇〇七年夏号（特集：心の時代を生きる／小特集：日本人はなぜスピリチュアルにはまるのか）などである。同様の単行本も香山リカ『スピリチュアルにハマる人、ハマらない人』や磯村健太郎『〈スピリチュアル〉はなぜ流行るのか』がみられる[30]。

▼ヒューマンサービスとの関連

本項の冒頭でも述べたように、スピリチュアリティをめぐる議論はＷＨＯの健康定義の見直しもあって、医療・看護・教育といったヒューマンサービスとの関連が強かった。とりわけ医療・看護分野では身体的・精神的・経済的な苦痛とは異なるスピリチュアルペインのケアについて研究が進められてきた。スピリチュアルケアに関して、村田久行はスピリチュアルペインを「自己の存在と意味の消滅から生じる苦痛」と定義し、「傾聴」と「共にいる」という基盤から、「生の回顧」と「本来の自己の探求・発見」を手がかりにし、ケアの実践を模索するものだという。さらに村田はスピリチュアルケアにおいて、死を次の世界への旅立ちと考えること、残していく人への別れと感謝、先に逝った人とのコミュニケーションに意識を向けさせることが患者の心の平安と安定に寄与するとする。(31)

もともと欧米では一九七〇年代のホスピス運動のなかでスピリチュアリティへの注目が叫ばれていたが、日本では医療・看護の従事者や患者家族、ボランティアなど幅広い層が関わる学会、研究会、市民グループといったターミナルケアの研究実践領域で一九九〇年代後半になってスピリチュアリティの語がみられるようになった。代表的なものとしては日本死の臨床研究会（一九七七年設立）があり、設立当初から「宗教的痛み」「霊的痛み」「宗教的ケア」といった用語で、当該問題が議論され、九〇年代に入って英語かカタカナ表記に落ち着いてきている。(32)

研究・教育機関もこれに続く。一九九八年にカトリックのワルデマール・キッペス神父によって久留米で臨床パストラル教育研究センターが、二〇〇二年に高野山真言宗のスピリチュアルケア・ワーカー養成講習会が、それぞれ開設された。その後、こうした様々な潮流を糾合する形で二〇〇七年には日本スピリチュアルケア学会が設立されて、二〇一二年度から人材養成プログラムや資格者の認定を行っている。

一方、教育分野においては、一九八〇年代末に北米ではじまり、九〇年代後半から吉田敦彦や中川吉晴らによって日本でも理論展開されたホリスティック教育がスピリチュアリティにウエイトを置いている。青少年の生きがいや道徳性の涵養に、宗教教育とは異なるレベルの内面重視の教育が求められているのだ。中川吉晴はスピリチュアリティに関わる教育のルーツを、シュタイナーをはじめとする神秘主義な教育思想、クリシュナムルティを代表とするスピリチュアルな教師たちの思想と行動、ヴェーダンダ哲学やスーフィズムや禅などの様々な神秘主義の伝統に整理している(33)。ホリスティック教育は、子どもの全人的な存在に関わろうとする教育を目指すが、そこではスピリチュアルな次元は無視できない。

また日本では一九八〇年代に「死の準備教育」「デス・エデュケーション」の議論が知られるようになり、九〇年代末になると「いのちの教育」が教育界でクローズアップされる。教育実践の現場では霊性やスピリチュアリティの語が使用されることは少ないが、たとえば『中学校学習指導要領解説　道徳編(34)』で語られる「生きとし生けるものの生命の尊厳」「生命あるものは互いに支え合って生き、生かされている」「自分が今ここにいることの不思議」「生命はずっとつながっている」といった、いのちの目にみえないつながりをスピリチュアリティと理解するなら、ホリスティック教育と同様、いのちの教育もスピリチュアル教育と密接に関わるものとみなしてよいだろう。

3　スピリチュアリティ研究のゆくえ

スピリチュアリティはヒューマンサービスの分野において「生きる（拠り所・力・意味・目的）」と結びつけられて捉えられている。典型的かつ当該分野で支持されている定義として窪寺俊之の「スピリチ

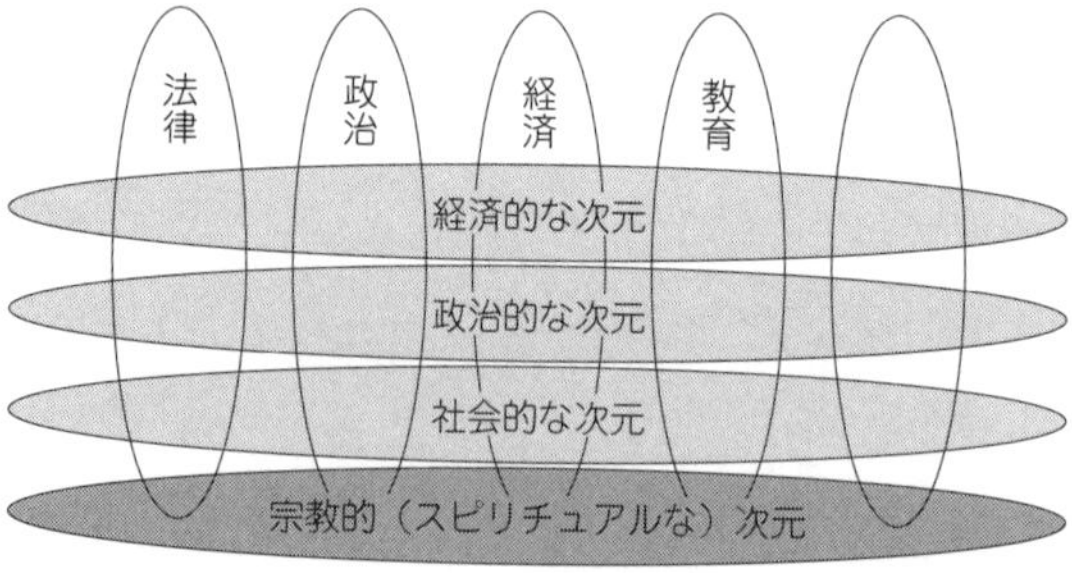

出典：伊藤雅之『現代社会とスピリチュアリティ――現代人の宗教意識の社会学的探究』（溪水社，2003年），157頁の図に弓山が加筆・削除を施した。

図2　よこ割の宗教社会学

ュアリティとは人生の危機に直面して生きる拠り所が揺れ動き、あるいは見失われてしまったとき、その危機状況で生きる力や、希望を見つけだそうとして、自分の外の大きなものに新たな拠り所を求める機能のことであり、また、危機のなかで失われた生きる意味や目的を自己の内面に新たに見つけだそうとする機能のことである」がある(35)。そのためスピリチュアリティ研究はQOL（Quality of Life）やwell-beingや生きがい（PIL＝Purpose in Life）の測定とともに、計量的研究も進んでいる。

またスピリチュアリティは、職場の従業員の心理的問題とからめて、経営学でもスピリチュアルマネジメントとして論じられつつある。このほか、平和や環境や農業といった分野でもスピリチュアルな次元からの考察が開始されようとしている。その一方でスピリチュアリティを分野ごとの縦割りに理解するのではなく、横断的に捉えようとする見方もある。伊藤雅之は「宗教の断片化、拡散、浸透を理解するためには、宗教を機能的に捉え広義に規定する必要がある」として、「その一つの手段が、「よこ割の宗教社会学」であるとし、図2のような見取り図を示す(36)。

伊藤は、法律や政治といった宗教以外の諸制度においても、目標達成や存在意義を根拠づける意味の基盤が不可欠であり、それが宗教的次元によって構成されていることを指摘し、さらにその宗教的次元には教団のような制度宗教から横溢する宗教性の領域、つまりスピリチュアリティを見いだす現場があり、それを研究調査することが宗教社会学の課題の一つだという。

本項でみてきたブームとしてのスピリチュアリティは終息したようにもみえる。しかしヒューマンサービスの分野では、ブームゆえの忌避感もありながら、スピリチュアルケアやスピリチュアリティの教育に関する研究が求められているのも事実である。もちろん宗教研究においても、教団の外側の宗教性という意味だけでなく、教団の内側から教団を活性化させる信仰的原動力として、また宗教文化の基底にあるものとして、さらには鈴木大拙[37]が「霊性」を宗教思想、宗教儀礼、宗教秩序等の土台と呼んだ「宗教経験それ自体」として、スピリチュアリティの研究は要請されている。

〔弓山達也〕

4　「カルト問題」研究

1　カルトと新宗教批判

カルトの定義は、セクト―チャーチ論の観点からトレルチの神秘主義（mysticism）が、カルト概念の嚆矢にあたるとされる。これによれば神秘主義とは、世俗社会の制度を包含し、自らの価値や規範をそのなかに具現しようとするチャーチとは異なり、また世俗的権威を認めず個人の信仰の自発性と実践を重視するセクトより派生した第三の項、すなわち世俗からの逃避と神秘体験への傾斜を旨とする集団となる。

　だが、現在一般に使われているカルトという語はこれとは異なっている。むしろ本来の語義である特定の人物や事物への「祭祀（cult）」に近い意味で、ファナティックな崇拝やこれを行う集団に対して侮蔑的な意味を込めて、この用語は使われている。一方、カルトという語には「正しい宗教」に対する「間違った宗教」というニュアンスもつきまとう。しかしカルトをこのように実体として捉えると、宗教だからこそ引き起こされるカルト問題（強引な布教・勧誘や宗教の教義を信じての医療拒否など、他者を救いたいという実践がかえって他者を傷つけることとなる）や、社会的に信頼を得ている宗教でもカルト問題を引き起こすことがあるという事実を捉えづらくする危険性がある。ここではマーガレット・シンガー（M. T. Singer）の「カルト的関係」に注目し、「人生における重要な決断すべてをこのわたしにまかせなさいと言って、本当にそうさせてしまったり、自分は特殊な能力、天才、知識などを有しているのだと信者に信じこませたりする教祖とその信者との関係[38]」によって引き起こされた精神的・肉体的・経済的・霊的被害を「カルト問題」と捉え、論じていきたい。

　日本においては宗教文化の有する多元主義、現世主義、低い原理主義ゆえに、カルト問題がその他の社会問題（たとえば貧困、差別、環境）に比して、恒常的・国民的な議論になりづらかった。例外的なものは新宗教に対する言論で、長らく「カルト」という語が用いられないものの、宗教だからこそ引き起こされた問題に対する言及が行われてきた。武田道生と弓山達也は国会図書館に収蔵されている新宗教批判書をもとに一覧を作成した[39]。これをみると、対象とされる教団は、その影響力などから創価学会、天理教、統一教会が目立つ。執筆者ではジャーナリスト、宗教者、特定の政党、教団の内部告発者が多い。井上順孝は明治以降最近に至るまでのジャーナリズムによる新宗教批判（淫祠邪教観）を検討し、「淫祠邪教の具体的な内容は（略）①性的ないかがわしさ、②金銭面でのあくどさ、③病気治しのイン

チキ性」とする。(40)

一方、アカデミズムによる批判的研究としては、明治末から大正期にかけて中村古峡が変態心理学、森田正馬が精神医学の立場から迷信、新宗教、憑依などを扱っている。こうした立場は戦後も吉野雅博(41)、小田晋(42)、宮本忠雄(43)、大宮司信(44)、野田正彰(45)などによって引き継がれている。その多くは社会問題というより精神病理現象に関する研究であるが、そこには教団の関与も指摘されている。たとえば、三五の症例を分析した新井治美によると、症例には現代日本の宗教の多様性と新宗教の抬頭が反映されるという(46)。大宮司信(47)は新宗教教団の医療批判が信者の葛藤を呼び起こし、儀式による暗示や催眠が信者の精神状態を悪化させているという。これらは、教団の教えの拘束性と信者の信仰が織りなすカルト問題の研究に示唆的といえよう。

2　社会問題としてのカルト問題

▼カルト問題への実践的対応

いうまでもなく日本においてカルト問題が社会問題の一角に位置づけられたのはオウム真理教による地下鉄サリン事件の起きた一九九五年以降であり、カルト問題研究は量・質ともに大きく進展した。ここでいう社会問題としてのカルト問題とは当該分野において発言力のある浅見定雄(48)によれば「人権と民主主義の問題」であり、同じく当該研究を牽引してきた櫻井義秀(49)は、こうした問題に対して「問題の当事者、問題に関与する専門家、行政・司法担当者やマスメディア、一般市民の各層においても議論されるもので」、「カルト問題を論じるものは（略）論争や社会問題に身を委ね投じているとみなされる」と述べる。そして「研究者には、立場性の明確な自覚が要求される」という。

こうした立場性の明確さのため、カルト問題研究には実践家が多く関わってきた。たとえば一九八七年には全国霊感商法対策弁護士連絡会が結成され、年に二回の全国集会を開催し、弁護士のほか、宗教者、研究者、ジャーナリストらが集まり情報交換や裁判対策を行っている。また日本弁護士連合会は一九九五年に報告書「宗教活動名目の各種資金獲得活動に関わる実態と問題点」を広く公表し、法曹界、宗教界、行政、研究者も交え三年間の議論を行い、一九九九年に消費者問題対策委員会「宗教と消費者部会」として「反社会的な宗教活動にかかわる消費者被害等の救済の指針」という意見書を採択し、そこで「宗教的活動にかかわる人権侵害についての判断基準」を示している。[50] さらに一九九五年には日本脱カルト研究会（現在は日本脱カルト協会）が発足し、心理学者をはじめとする研究者、弁護士、宗教者などから構成されているネットワークで、カルト問題やカウンセリング経験についての交流およびカルト予防策や社会復帰策等の研究を行っている。[51]

こうした実践には立場性の相違から異論も出される。たとえば先の「判断基準」に対しては宗教界から懸念が表明され、また日本脱カルト協会が依拠するマインド・コントロール論にも批判がなされる。以下ではこうした議論を紹介する。

▼カルト問題の議論

マインド・コントロールとは西田公昭[52]によれば「他者が自らの組織の目的成就のために、本人が他者から影響を受けていることを知覚しないあいだに、一時的あるいは永続的に、個人の精神過程（認知、感情）や行動に影響を及ぼし操作すること」とされる。一九九二年から翌年にかけておきた新体操選手の山崎浩子や歌手の桜田淳子らの統一教会入信と合同結婚式参加をめぐる騒動、さらに一九九五年のオウム事件もあって、この用語は広く知られるようになった[53]。

しかしマインド・コントロール論については批判もみられ、櫻井義秀[54]は、「宗教上の入信行為の説明として不十分であること」「価値中立的な認識ではないこと」などをあげて、「人間の宗教的行為、宗教集団の多面性を理解する上で力がない」とする。様々な思惑や働きかけの末の入信を本人の意思／教団の詐術のどちらかに帰することは不可能であり、また教団や勧誘の良し悪しを区別することは恣意的だとする宗教社会学の立場からするとマインド・コントロール論は受け入れがたい。同じようにマインド・コントロール論に批判的な論考として島薗進「マインドコントロール論を超えて[55]」があり、これらの議論を踏まえた櫻井自身の整理もある[56]。

マインド・コントロール論だけでなく、社会問題化する教団からの脱会をめぐっては、かつては反カルトを推進していたジャーナリストからも批判が寄せられる。室生忠は「報道されない統一教会事件判決（一）～（六）」や『大学の宗教迫害』で特定の教団をターゲットにした脱会推進の違法性を告発し[57]、米本和広は『我らの不快な隣人[58]』で脱会させられた元信者の心的外傷後ストレス障害を指摘している。これらに関しても櫻井の整理がある[59]。

3　カルト問題と宗教社会学

社会問題としてのカルト問題に対して宗教社会学は必ずしも十分に研究展開をしてこなかった。それは先にもふれた教団や勧誘方法の善悪を問うことをしない価値中立性の原則と、特に新宗教研究にみられる当事者の論理に従って信仰過程・状況に迫る内在的理解の立場が大きく影響している。しかし当該問題に対して関接的・直接的な取り組みも行われている。その一つは一九九八年一一月に財団法人国際宗教研究所によって設立された宗教情報リサーチセンターである。同センターは神道・仏教・キリスト教・新宗教などの宗教界の協賛を得て、宗教社会学者を中心とする学識経験者によって運営され、宗教相談等のカルト問題に対する直接的な関わりはもっていないものの、新聞（全国紙・地方紙）や雑誌の宗教関連記事の収集と公開、教団情報・教団刊行物の収集と公開などを通じて、現代宗教に関する幅広い情報の収集、および分析を行う現代宗教に特化した専門図書館の性格を有している。同センターで収集したオウム真理教関連の資料とセンター研究員の分析によって、同センター編『情報時代のオウム真理教』と『〈オウム真理教〉を検証する』が刊行されている(60)。

こうした基礎資料の収集・分析だけでなく、宗教社会学が培ってきた新宗教研究の蓄積、たとえば、原理主義研究、教団論、宗教運動論、千年王国論などには、カルト問題の分析に援用できる知見が豊富である。こうした基礎研究（理論）と応用研究（実践）とは排他的ではなく、前述のような精神医学などの他分野からの研究やジャーナリズム(61)の優れた取材も含むネットワークを通じて、豊かな研究がなしうると考えられよう。

〔弓山達也〕

【注】

（1）柳田國男「先祖の話」鶴見和子編『近代日本思想大系14　柳田国男集』、筑摩書房、一九七五年、一六七頁。

（2）原田敏明「村の祭祀の対象」同『村の祭と聖なるもの』、中央公論社、一九八〇年、一三九―一四〇頁。

（3）原田敏明「部落祭祀における政治の関係」『季刊宗教研究』第一一五号、一九四三年、一二三―一四八頁。

（4）原田敏明「村の祭祀と氏神組織」同『村の祭祀』、中央公論社、一九七五年、一四三―一四四頁。
（5）原田敏明「村の宗教と町の宗教」同『宗教と社会』、東海大学出版会、一九七二年。
（6）森岡清美『真宗教団と「家」制度』、創文社、一九六二年。
（7）森岡清美『真宗教団における家の構造』、御茶の水書房、一九七八年（増補版二〇〇五年）。
（8）森岡清美『明治キリスト教会形成の社会史』、東京大学出版会、二〇〇五年。
（9）井門富二夫『世俗社会の宗教』、日本基督教団出版局、一九七二年。
（10）同書、四七頁。
（11）柳川啓一「宗教社会学における機能主義理論（上）」『宗教研究』第一六一号、一九六〇年、五三―六七頁。同「宗教社会学における機能主義理論（下）」『宗教研究』第一六七号、一九六一年、七〇―九〇頁。
（12）柳川啓一「村落における山岳信仰の組織」『宗教研究』第一四三号、一九五五年、四一―六四頁。
（13）柳川啓一「祭りの感覚」同『現代日本人の宗教』、法蔵館、一九九一年、七八―七九頁。
（14）柳川啓一「祭の宗教学」同『祭と儀礼の宗教学』筑摩書房、一九八七年、七七―一四三頁。
（15）ただし、同時期に批判的視点からの研究もあった。明治中期に刊行された、伊東洋二郎『淫祠拾壱教会』は、その代表例である。また昭和初期の森田正馬『迷信と妄想』は精神医学の立場から教祖たちを批判的に扱っている。ただし、宗教的信念を全面的に否定しているわけではない。
（16）井上順孝『教派神道の形成』（弘文堂、一九九一年）では、教派神道を戦前の神道一三派を示す用語ではなく、新しい定義づけを試みている。神道系新宗教と対比しつつ近代に生じた神道教団の一つのタイプとして捉えている。
（17）この視点からの研究として、村上重良『近代民衆宗教史の研究』（法蔵館、一九五八年）を参照。
（18）安丸良夫『日本の近代化と民衆思想』、青木書店、一九七四年、参照。
（19）安丸良夫『出口なお』、朝日新聞社、一九七七年、参照。
（20）桂島宣弘『幕末民衆思想の研究――幕末国学と民衆宗教〔増補改訂版〕』（文理閣、二〇〇五年）、浅野美

和子『女教祖の誕生——「如来教」の祖・媹姾如来喜之』（藤原書店、二〇〇一年）などはこうした研究に含められる。

(21) このシンポジウムの結果は、井上順孝・大塚和夫編『ファンダメンタリズムとは何か——世俗主義への挑戦』（新曜社、一九九四年）として刊行された。日本におけるファンダメンタリズム（原理主義）研究としては早い時期のものである。

(22) こうしたカルト研究の動向は、櫻井義秀『「カルト」を問い直す——信教の自由というリスク』（中公新書ラクレ、二〇〇六年）、同『カルト問題と公共性——裁判・メディア・宗教研究はどう論じたか』（北海道大学出版会、二〇一四年）を参照。またオウム真理教事件を緻密に分析したものとして、宗教情報リサーチセンター編／井上順孝責任編集『情報時代のオウム真理教』（春秋社、二〇一一年）、同『〈オウム真理教〉を検証する——そのウチとソトの境界線』（春秋社、二〇一五年）を参照。

(23) 井門富二夫「秩序への挑戦」、井門富二夫編『講座宗教学3　秩序への挑戦』、東京大学出版会、一九七八年。

(24) シャーリー・マクレーン『アウト・オン・ア・リム——愛さえも越えて』、山川紘矢・山川亜希子訳、地湧社、一九八六年。

(25) 吉福伸逸『トランスパーソナルとは何か』、春秋社、一九八七年。岡野守也『トランスパーソナル心理学』、青土社、一九九〇年。

(26) 島薗進『現代救済宗教論』、青弓社、一九九二年。

(27) 島薗進『精神世界のゆくえ——現代世界と新霊性運動』、東京堂出版、一九九六年。

(28) 樫尾直樹編『スピリチュアリティを生きる——新しい絆を求めて』、せりか書房、二〇〇二年。

(29) 伊藤雅之・樫尾直樹・弓山達也編『スピリチュアリティの社会学——現代世界の宗教性の探求』、世界思想社、二〇〇四年。

(30) 香山リカ『スピリチュアルにハマる人、ハマらない人』、幻冬舎新書、二〇〇六年。磯村健太郎『〈スピリチュアル〉はなぜ流行るのか』、ＰＨＰ新書、二〇〇七年。

(31)　村田久行「スピリチュアルケアの原理と実際」日本死の臨床研究会編『スピリチュアルケア』、人間と歴史社、二〇〇三年、一七〇―一七三頁。

(32)　神谷綾子「スピリチュアルケアということ」Ｃ・ベッカー編『生と死のケアを考える』、法蔵館、二〇〇〇年、二三四―二三九頁。

(33)　中川吉晴『ホリスティック臨床教育学』、せせらぎ出版、二〇〇五年、六二頁。

(34)　文部科学省『中学校学習指導要領解説　道徳編』、二〇〇八年、五一頁。

(35)　窪寺俊之『スピリチュアルケア入門』、三輪書店、二〇〇〇年、一三頁。

(36)　伊藤雅之『現代社会とスピリチュアリティ――現代人の宗教意識の社会学的探究』、溪水社、二〇〇三年、一五六―一五八頁。

(37)　鈴木大拙『日本的霊性』、岩波文庫、一九七二年、一九―二〇頁。

(38)　Ｍ・シンガー『カルト』、中村保男訳、飛鳥新社、一九九五年、二七―二八頁。

(39)　武田道生・弓山達也「批判書一覧」井上順孝ほか編『新宗教事典』、弘文堂、一九九〇年、五五四―五六九頁。

(40)　井上順孝『新宗教の解読』、ちくま学芸文庫、一九九六年、二一九頁。

(41)　吉野雅博「感応性精神病と祈祷性精神病」懸田克躬ほか責任編集『現代精神医学大系』第六巻Ｂ、中山書店、一九七八年。

(42)　小田晋「女性教祖の宗教病理――その憑依体験と社会的背景」『臨床精神医学』第八巻九号、一九七九年。同編『現代のエスプリ』第二九二号（特集：宗教・オカルト時代の心理学）、一九九一年。

(43)　宮本忠雄監修『こころの科学』第四三号（特集：癒しとしての宗教）、一九九二年。

(44)　大宮司信『憑依の精神病理――現代における憑依の臨床』、星和書店、一九九三年。同『宗教と臨床精神医学――心の「やまい」と心の「いやし」』、世界書院、一九九五年。

(45) 野田正彰『泡だつ妄想共同体——宗教精神病理学からみた日本人の信仰心』、春秋社、一九九三年。
(46) 新井治美「病的宗教体験の研究」『杏林医学会雑誌』第一四巻三号、一九八三年。
(47) 大宮司信『宗教と臨床精神医学』、前掲書、一七七—一七九頁。
(48) 浅見定雄「カルト問題をどう克服するか」『消費者法ニュース』二〇〇三年三月別冊（特集：宗教トラブル）、八〇頁。
(49) 櫻井義秀「「カルト」問題研究の展開と課題」『宗教と社会』第一三号、二〇〇七年、二五六頁。
(50) 以下を参照。日本弁護士連合会消費者問題対策委員会編『宗教トラブルの予防・救済の手引——宗教的活動にかかわる人権侵害についての判断基準』、教育史料出版会、一九九九年。同編『宗教トラブルはいま——判例と報道から見えてくるもの』、教育史料出版会、二〇〇三年。山口広・平田広志・中村周而・紀藤正樹『カルト宗教のトラブル対策——日本と欧米の実情と取り組み』、教育史料出版会、二〇〇〇年。
(51) 日本脱カルト協会編『カルトからの脱会と回復のための手引き——〈必ず光が見えてくる〉〔改訂版〕』（遠見書房、二〇一四年）のほか、ビデオ「カルト——すぐそばにある危機！」、「家族がカルトに入ったとき」、「幻想のかなたに」を販売。
(52) 西田公昭『マインド・コントロールとは何か』、紀伊國屋書店、一九九五年、五七頁。
(53) 一九九三年にはS・ハッサン『マインド・コントロールの恐怖』（浅見定雄訳、恒友出版）が、翌年には山﨑浩子『愛が偽りに終わるとき』（文藝春秋）が出版された。
(54) 櫻井義秀「オウム真理教現象の記述をめぐる一考察——マインド・コントロール言説の批判的検討」『現代社会学研究』第九号、一九九六年。
(55) 島薗進「マインドコントロール論を超えて——宗教集団の法的告発と社会生態論的批判（一）・（二）」『精神医学』第四〇巻一〇・一一号、一九九八年。
(56) 櫻井義秀『カルト問題と公共性——裁判・メディア・宗教研究はどう論じたか』、北海道大学出版会、二〇一四年、一八二—一八五頁。

（57）室生忠「報道されない統一教会事件判決（一）～（六）」『創』第三〇巻二―七号、二〇〇〇年。同編『大学の宗教迫害――信教の自由と人権について』、日新報道、二〇一一年。
（58）米本和広『我らの不快な隣人――統一教会から「救出」されたある女性信者の悲劇』、情報センター出版局、二〇〇八年。
（59）櫻井義秀『「カルト」を問い直す――信教の自由というリスク』、中公新書ラクレ、二〇〇六年、七八―一一七頁。
（60）宗教情報リサーチセンター編／井上順孝責任編集『情報時代のオウム真理教』、前掲書。同『〈オウム真理教〉を検証する』、前掲書。
（61）たとえば、降幡賢一『オウム法廷』（全一五巻、朝日文庫、一九九八―二〇〇四年）や藤田庄市『宗教事件の内側――精神を呪縛される人びと』（岩波書店、二〇〇八年）など。

第Ⅱ部

現代社会と宗教社会学

第5章　近代化と日本の宗教

磯岡哲也
弓山達也

わが国の近代化と宗教との関連を考察することは、日本の宗教社会学の重要なテーマの一つである。本章では、近代化過程の諸局面が、宗教の社会的存在形態にどのような影響をもたらすかという視点から、国家体制、都市化、家族、宗教法人法などの社会変動と宗教との関連についてみていく。

1　国家体制の変動と宗教

1　政教関係のタイプ

まず、国家と宗教、政治と宗教の関係のタイプについてみていく。政教関係については、藤井正雄が「便宜上」とことわったうえで、次のような三つのタイプを提示している。(1) すなわち、①宗教と政治とが融合同体をなすタイプ、②宗教と政治とのいずれかが一方を利用ないし支配下におくタイプ、③宗教と政治とが緊張ないし対立関係をなすタイプ、の三型である。藤井によれば、①は未開社会や日本古代にみられるような祭政一致や、ヨーロッパにおける国家教会主義が該当し、②は政治の宗教化、宗教の政治化の形態で、伝統的カトリシズムのように、教会が国家を指導し国家に奉仕と従属を要求するという見方である。そして、ヨーロッパにおける教会と国家との相克によって、③のタイプが合一、離反を繰り返すなかで、政教分離や信教の自由の思想が生まれたとしている。

このように、歴史上、国家と宗教との関係は一様ではない。しかもその関係は、国家体制の変動によって変化しうるものである。井上順孝は、近代において国家が宗教をどう処するかによって、特定の宗教を保護する国教主義のタイプと、政教分離を原則とするタイプに分けている。前者の典型としては、国家が特定の宗教を保護したり公認したりする国教制度や公認宗教制がある。

国教制度は、キリスト教が四世紀前半に、ローマ帝国の国教となったのを嚆矢とする。その後、キリスト教がヨーロッパ各地に浸透し、イギリス国教会、アイスランド、ノルウェー、フィンランド、デンマークにおけるルター派教会などが国教として継続している。また、アルゼンチン、コスタリカにおけるローマ・カトリック教会、ギリシアにおける正教会などがそれぞれのキリスト教を国教としている。イスラム圏においては、サウジアラビア、イラク、エジプト、ヨルダンなどのスンニー派イスラム教、イランのシーア派イスラム教などが国教となっている。このうちヨーロッパでは、国家によって国教が優遇され奨励されているわけではなく、他宗教の信教の自由も保障されている。

公認宗教制は、国教と政教分離との中間形態とされ、国家が複数の宗教団体を公法人として公認、保護、監督し、他の宗教団体へは私法人として活動を認める形態である。たとえば、国家は、宗教団体への活動経費や建造物の維持保存への財政支援や教会税などの課税権付与のような保護や特権を与える反面、財産取得や処分の際には政府の認可を要求する。(2)

政教分離の場合は、理念型的に次の三タイプに分けられる。(3)

①アメリカに代表されるもので、宗教に友好的なタイプ。アメリカ合衆国建国に際してはイギリスのピューリタンの宗教思想が大きな影響を与えている。合衆国は多民族国家であるので、政教分離の原則をもちつつ、多様な宗教を公平に扱っていくことで文化的バランスを保とうとしている。

②フランスに代表されるもので、宗教に中立または非友好的なタイプ。ローマ・カトリック教会の政治的影響を弱めるために、ライシテ（政教分離）という発想が生まれた。一七八九年の人権宣言以来の信教の自由が徹底され、一九〇五年の政教分離法により、政治の場からの一切の宗教的影響が排された。ライシテは、教育の場にも徹底され、一九八九年には学校での「スカーフ事件」などの論争が生まれた。

③旧ソ連や旧東欧諸国、現在の北朝鮮にみられる、宗教に敵対的なタイプ。唯物論のイデオロギーと超越的存在を信じる宗教との葛藤が根底にある。また、旧ソ連や毛沢東時代の中国などでは共産主義のイデオロギーが疑似宗教的機能をもち、宗教と機能的な競合をみせた側面もある。

これらはあくまでも理念型であり、前記の諸タイプが多様な歴史上の事象と複雑に絡まりあってきた。それではわが国ではどのような変遷を経てきたのか。以下、日本の場合について述べていく。

2　国の基本方針の影響

歴史的には、国家による宗教統制は、幾度かの変遷を経てきた。古代では大化改新後の律令体制により、畿内を中心に国家の祭祀としての神祇制度が比較的整い、国分寺を中心とする仏教の統制もある程度なされていた。これは、当時の国家が中国や朝鮮から国家体制とともに大乗仏教を受容し、それに付随する文化や芸術、医術などを移入した結果であるといえる。たとえば遣隋使、遣唐使を通じて、仏教や仏教文化の受容は国家主導でなされた。仏教以外にも、儒教のもつ支配者の思想、道教の呪術的・儀礼的側面も日本の政治思想や宗教儀礼に大きな影響をもたらした。

しかし、律令体制の崩壊とともに、国家による宗教の統制は形骸化し、国家とは独立した形で、鎌倉新仏教と呼ばれる新しい仏教運動が展開された。鎌倉新仏教の宗祖のなかには、幕府の権力とは距離を置き、あるいは対峙し、弾圧される者も出現した。戦国時代は、権力者たちの宗教への姿勢はやや複雑であった。加賀一向一揆による加賀国の支配、織田信長と一向一揆との戦い、信長による比叡山焼き討ち、豊臣秀吉のキリシタン禁教など、権力者と宗教勢力をめぐる外在的な社会的要因による葛藤と戦いの歴史をみることができる。近世になり、徳川幕府による檀家制度などの強力な宗教統制が実施されると、宗教界、特に仏教は封建的「家」制度の枠組みのなかで、制度化・習俗化の傾向が強くなり、新たな宗教運動が生じてもそれが大規模に展開することはないまま幕末を迎えた。

幕末以降の近代化の過程では、国家による宗教統制は、強化したり弱化したりしながら、一種の試行錯誤を繰り返してきた。第二次世界大戦後は、日本国憲法、宗教法人法の原則により、宗教統制はまったくといってよいほどなくなり、歴史上未曾有の信教の自由が保証される新しい状況を迎えた。近代では一貫して多様な宗教の変化が観察されるが、その内実を細かくみていくとき、国家が宗教をどのように扱ったかが、重要な意味をもつことがわかる。近代における国家の宗教に対する姿勢は、戦前と戦後において大きく異なるという点が、第一に重要である。次いで戦前には、さらに細かないくつかの節目が観察されるということにも留意しておきたい。

3 戦前の体制

戦前の体制の基本路線は、明治維新期に形成されはじめた。明治政府は当初、復古神道を中心とする国民教化を政府主導で行う方針をもっていた。一八六八年の神仏分離令、翌年の宣教使設置、次いで一八七二年にはそれに代わる教導職の設置という一連の政策がそれである。宣教使とは、国学者・神道家を中心とする国民教化の制度であったが、うまくいかなかったので、教導職の制度に代えられたのである。教導職は、国学者・神道家以外に僧侶や一般人も加えた、大教正から権訓導に至る一四等からなる国民教化の制度であった。一八七二年には、近代史上唯一の宗教省といえる教部省が設置された。

しかし、教部省は一八七七年には廃止となり、教導職も一八八四年には全面廃止となった。この頃から政府は、一定程度の政教分離策を目指すようになる。それが今日の政教分離と大きく異なるのは、神社神道が「国家の宗祠」として他の宗教とは異なる扱いを受けたことである。神社は国がまつるべき施設とされ、国家が護持する体制ができたのである。これに対し、他の宗教については公認制度のもとでの一種の自由競争ということになっていった。神社神道とは別に、布教活動ができる神道教派が設けられ、最終的に一三派が公認された(4)。以前からの仏教各宗派も一三宗五六派（宗教団体法では一三宗二八派）が公認された。キリスト教も一八九九年七月の内務省令（内務省令第四一号のこと。「神仏道以外の宗教の宣布者および堂宇説教所講義所の設立、移転、廃止等に関する届け出規定」で、これにより、所定の事項を地方長官に届ければ、キリスト教の布教も正式に認められることとなった）の適用により、正式に行政の対象となっていった。

各教団にとっては、国家により公認されるかどうかが大きな問題となり、そのために教義を整え、活動にも自己規制を行うようになる。このようにして国家による宗教統制は間接的に実現された。ところが、明治後期以降は、公認された教派・宗派以外に、いわゆる疑似宗教・類似宗教と呼ばれる運動が続出した。これは大日本帝国憲法が一定の信教の自由をうたっていたことを反映しているし、国家の宗教統制が江戸時代ほど厳しいものでなかったことを示す。布教の自由競争原理が一応作動していた証拠でもある。

しかし、大正末から昭和前期にかけては、急速に国家主義が高まり、その過程で天皇制を否定したり、それと競合したりするような教義を説く宗教運動は容赦なく弾圧された。不敬罪が新宗教やキリスト教の関係者を中心に適用された事例が数多くある。信教の自由や政教分離の観点からすれば、逆行の時代であるといえよう。

4　戦後の体制

こうした戦前の体制は、戦後に一変する。ＧＨＱという外圧が介在することによって、信教の自由、政教分離が実現されたのである。戦後直ちに、それまでの宗教団体法が廃止となり、一九四五年に宗教法人令が、次いで五一年に宗教法人法が公布され、今日に至る基本的な体制が確立した。

これにより、宗教法人の設立、活動のあり方は、戦前と大きく異なる状況となった。この点については、本章４節でふれるが、一般的にいえば、神社神道をも含めて、信教の自由ばかりでなく、宗教団体間の自由競争が促進され、新しい運動の展開、新しい法人の設立がきわめて容易となった。ことに新宗教にとっては、格段に布教がしやすい状況が生まれることになった。

このように、国家の体制が、宗教活動のあり方に大きな影響を与えることは明らかである。では具体的には、それはどのような影響として表れたか。神社神道、伝統仏教、新宗教（教派神道を含む）、キリスト教について、その特徴的な面についてのみ述べる。

5　伝統宗教の対応

神社神道は、明治維新以後、国家的な祭祀の対象となったため、近世に比べて安定した存在になった。すなわち官国幣社の制度が整備されたことにより、神社の序列化が進み、国民すべてが、神社の氏子であるという観念が全社会的に浸透することとなった。神社神道は宗教ではなく、国民皆が加わるべきまつり事として位置づけられた。しかし、戦後は、GHQが神社神道に厳しい態度をとったことがあり、一時期は活動面で不利な時期があった。その後、宗教法人法体制がゆきわたるにつれ、神社神道の形態は近世以前のものを再び吸収する傾向もみせている。

伝統仏教宗派は、明治のごく初期には、神仏分離令や廃仏毀釈の影響で逆風を経験したが、教導職の制度により、神仏合同の国民教化策がとられた頃から、それほど布教の条件は悪くなくなった。しかし、檀家制度のなかで培われた体制は容易には変わらず、一部には刷新運動が起こったりしたが、大きな変動は観察されなかった。戦後の新しい体制のなかでも、檀家を基盤とする基本構造に変化はない。「葬祭仏教」と呼ばれるように、葬儀や年忌法要を中心とする儀礼中心の宗教という性格を維持している。これは近世の檀家制度が、仏教の地域的定着のうえで果たした力の大きさを物語っている。

6　新宗教とキリスト教

新宗教は、幕末期以降近代特有の宗教形態であるが、それらが出現した背景を考えるうえでは、近代国家が信教の自由をある程度認める体制を築いたことを見逃してはならない。つまり、江戸幕府のように、新たな教義解釈や新しい宗派の形成を認めないという体制のもとでは、新しい運動の展開は困難になるからである。明治初期から末期にかけて政府により公認された教派神道一三派の展開は、信教の自由を背景にした例といえよう。大正末期から昭和初期にかけての国家主義の時代には、宗教運動もかなりの制約を受けたが、それでもこの時期も数多くの小さな宗教運動が生まれている。つまり建前としての信教の自由は、一定程度は機能していたといえる。戦後はいうまでもなく、新宗教の布教にとっては、完全に自由な体制となった。新たな教団が法人化されたのは、第一に、この新体制ゆえである。

キリスト教は、明治初期においては、国家から積極的排除、次いで消極的排除の態度をとられた。神道を中心とした国民教化策には、明らかにキリスト教の影響を阻止するという明治政府の意図が働いていた。一八七三年に切支丹禁制の高札が取り除かれ黙認されたのちも、キリスト教排除の姿勢が直ちにはなくならなかった。明治中期以降は、布教そのものを排除する体制はなくなったが、内村鑑三不敬事件に代表されるように、天皇制との衝突という形での国家の介入があった。しかし、国家主義の時代になると、他宗教と同じく国家目的のために動員するという方針へと変わっていく。キリスト教会の側も、一部の例外を除いて国家主義に飲み込まれ、戦時体制を翼賛していった。第二次大戦後は、GHQの意向もあって、キリスト教の布教条件は格段に好転した。キリスト教に関心をもつ若者が一時的に増加したかにみられたが、体制好転にもかかわらず、その後、信者数はさほど伸びていない。欧米文化をたずさえて伝播してきたキリスト教は、先祖祭祀や神仏の重層信仰という日本人の基層となっている宗教性に対応しきれずに、日本の文化的土壌に根づくことができなかったものと考えられる。

〔磯岡哲也〕

2 都市化と宗教

1 都市化とは

都市化は、社会変動のなかの明確な地域社会的概念であり、それは近現代社会に広くみられる現象である。農耕社会から産業社会への推移は、工業化といった基本的動因によってなされ、都市化は工業化とその社会的影響の空間における変化であるといえる。以下、都市化が指し示す変化として、人口、生活様式、および人間の結合様式とその考え方などの局面について具体的に述べる。

人口に関しては、都市地域への人口の集中がある。わが国においては、都市人口と農村人口が逆転した時期は、人口三万人以上の都市人口でみると、一九五五年（五八・五％）、五万人以上の都市人口でみると六〇年（五二・〇％）であった。

しかし、五三年の町村合併促進法、五六年の新市町村建設促進法により、多くの町村が近隣の市に合併し、また市制を施行するようになって、新たな市域内に村落的色彩の強い地域が多くみられることになった。つまり、行政上の市域が必ずしも都市部とはいえない。そこで総理府統計局（現総務省統計局）では、一九六〇年の国勢調査の際に、都市的地域の人口の実態を明らかにする統計資料を提供するため、統計上の地域単位として「人口集中地区」（Densely Inhabited District　以下ＤＩＤ）を市区町村内に設定し、ＤＩＤについても国勢調査結果の集計を始めた。

ＤＩＤ設定の基準は、国勢調査の調査区（居住世帯数が五〇程度の区域）を基礎単位として、①原則として人口密度が一平方キロメートル当たり四〇〇〇人以上の基礎単位が市区町村の境域内で互いに隣接

表1　DID人口および面積の推移

年	人口（万人）（%）	面積（km²）（%）
1960	4,083（43.7）	3,865（1.03）
1965	4,726（48.1）	4,605（1.23）
1970	5,600（53.5）	6,444（1.71）
1975	6,382（57.0）	8,275（2.19）
1980	6,993（59.7）	10,016（2.65）
1985	7,334（60.6）	10,571（2.80）
1990	7,815（63.2）	11,731（3.11）
1995	8,126（64.7）	12,261（3.24）
2000	8,281（65.2）	12,457（3.30）
2005	8,433（66.0）	12,561（3.32）
2010	8,612（67.3）	12,774（3.37）

出典：総務省統計局「国勢調査」より。

して、②それらの隣接した地域の人口が国勢調査時に五〇〇〇人以上となる地域をいう。二〇一〇年の国勢調査の結果では、全国一七二八市町村の四八パーセントにあたる八二九市町村で、一三一九地区がＤＩＤに設定された。ＤＩＤ人口とその割合は表1のとおり一貫して増加している。また、二〇一〇年現在でＤＩＤ面積は国土総面積の三・三七％にすぎず、都市部の高密度状況を表している。

生活様式の面では、いわゆる都市的生活様式が浸透して在来の村落生活慣行が変質・解体し、生活様式の均一化がみられる。人間の結合様式と考え方については、村落の因習的・集団本位的・身分本位的なものが、合理的・個人本位的・能力本位的なものへと移行するという形で変化している。都市化とはこのような各局面における複合的な変化の表れであるといえる。

2　人口移動と宗教

わが国における人口の大都市集中は、産業革命の進展に伴い明治中期以降からみられた現象であるが、一九六〇年代の高度成長期以降のそれは特に急激で大規模なものであった。このような人口移動は、都市の側からみれば人口流入となるのであるが、それは地域社会の宗教にどのような影響を及ぼしたのだろうか。結論からいうと、キリスト教会の場合は信徒の増加をみ、神社神道の場合は神社信仰が脱地域化し、地域の鎮守から広域の崇敬社へと変化することになった。森岡清美の調査結果から東京周辺の日本基督教団所属の教会の例でみると、牧師や指導的信徒の牧会伝道の努力度や巧拙を一定とした場合、地域への人口の流入はその地域の教会員の数を増加させる基本的な要因となり、それも流入が多いほど教勢を大きく伸長させることとなった[5]。同様に六〇年代の東京都下の神社では、近郊化により氏子人口は増加したが、来住時期によって自らを氏子であるとする意識や、祭への参加、初詣でといった氏子としての行動に差異がみられた。すなわち、来住時期の新しいグループほどそれらの意識や行動が希薄になり、地元の神社祭祀や仏教儀礼から離脱する傾向にある。そこに、明治神宮などの有名神社への初詣でが顕著になったり、新宗教に吸収されたり、宗教無関心層が出現したりしているのである[6]。

さて、六〇年代からの「向都離村」現象の特徴として、従来からの個人離村に加えて出稼ぎをきっかけとする一家をあげての離村が急増したことがあげられる。これらの都市転入者の多くは、故郷の寺檀関係や氏神氏子関係を喪失しており、新しい宗教帰属をもっていない。藤井正雄は、このような伝統宗教の枠外におかれた大量の人口を宗教浮動人口と呼んだ。宗教浮動人口は、心理的には村落共同体からの脱出と個人の解放、経済的には所得の向上、生態学的には交通、情報、教育機関の集積による合理化、機械化された生活への志向という生活意識、価値意識、宗教意識の変化を伴っているところに特徴がある[7]。彼らが転出先の寺院と特定の関係を結ぶきっかけは家族の葬儀・回向《えこう》である。以前と同じ宗旨の寺院を選んだのが二％にすぎず、大部分が紹介者によっている。このように、宗教浮動人口の宗派への帰属意識は希薄で、寺との結びつきが仏教教義ではなく先祖祭祀を媒介としている点で、伝統的慣行の枠内にあるといえる。また、転居や世代の交替によって寺との関係は流動的であるとされている。

3　都市化と住民の宗教的態度

宗教社会学では、宗教現象との関わりで都市化理論を検討するために、社会調査で得られた住民の宗教意識や宗教行動に関するデータを考察した研究群がある。そこでのテーマは、たとえば伝統性や聖的観念に支配される宗教意識や態度がどれほど都市化の指標になるかといったものであった。まず川崎恵璋は、都市化の指標としての宗教意識を検討するために名古屋市と広島県の一農村でのデータを比較した(8)。それによれば、宗教環境や宗教施設への参詣などの宗教的行為は、都市と農村ではかなりの差異がみられるものの、宗教的態度といった意識的な反応にはさしたる差異は認められなかった。したがって都市化という生活の外部的状況と内部的状況には一種のずれがあり、都市化を簡単に「郷土的伝統、慣習、信念、信仰を平均化」するというように割り切ることはできない、とした。高橋勇悦は、ワース（L. Wirth, 1897–1952）が提出した都市住民の非人格性、一時性、間接性、匿名性、合理性、功利性、専門性といった都市的パーソナリティは宗教意識調査で明らかになるか、といったテーマを解明するため、一九六三年に東京下町住民四五〇名に面接調査を行った(9)。信仰する宗教の宗派、信仰の程度、入信の動機、邪教意識、御利益信仰をめぐる諸事実が、日蓮宗系宗教とりわけ創価学会によって左右されており、それはこの地域が日蓮信仰との関わりが深いからであることが指摘されている。

その後一九八九年に磯岡哲也が、同一地域を対象に無作為抽出をし、ほぼ同一のクエスチョネアで配布回収法による意識調査を実施した(10)。結果は、全体の傾向は似ていたが、先行調査では仏壇保持率六一

%で、「拝む」四四%であったのに対して、八九年調査では仏壇保持率六六%、「毎日拝む」三九%、「ときどき拝む」一八%で、やや増加した。また、青年層よりも壮年層さらに中高年層と年代が上がるにつれて礼拝頻度が高くなるなどの知見を得た。

芹川博通は、東京府中市の住民約一〇〇〇世帯の世帯主に対して留置法によって、生活構造と生活意識、特に家の宗教や盆行事、地域の寺社への関心などを調査した(11)。その結果、戦後の居住世帯が連帯性を欠き、地域の慣習や行事から疎外されている一方、戦前からの居住世帯の間では、従来どおりの日程の盆行事やその他の仏教行事、神社の祭などの伝統的行事が消極的にではあるが継続されていることが判明した。そして、都市化の進行地域において単なる伝統的宗教行事を消極的に継続することは、むしろ社会統合に逆機能を促すことも考えられ、都市化への適応には地域の合理的な組織化が先決であるとした。そして、そのなかで連帯性を高揚させ、地域社会の統合的機能をもつ行事の積極的継続を行うべきことを説いている。

都市部と農村部の住民への無作為抽出による郵送法調査としては、渡部美穂子・金児曉嗣による調査がある(12)。渡部らは、先述したワースの都市的パーソナリティを内容とするアーバニズム理論を念頭に、都市化が人々の行動様式や価値観にどのような変容をもたらしたかを、大阪市と近畿の農村地域の住民への質問紙調査によって明らかにしようとした。たとえば、村落住民は都市住民よりも仏壇・神棚の所有率が高く、年中行事や習俗など伝統を遵守している。村落部では慰霊的な行動が目立つのに対し、都市部では現世利益的な行動が顕著であった。また、宗教が肯定的な死観を促進し、否定的な死観を抑制する役割をもつことが示されたが、かかる宗教観が都市化によって希薄化していることを明らかにしている。

４　人口減少と消滅可能都市

地域社会と宗教集団の考察は、とどのつまり人口の増減に関わる考察であるといえる。日本国というマクロなスケールでみた場合、わが国の人口は平成二〇年から、明らかに減少期に入った[13]。

平成二六年五月、「日本創成会議」（座長・増田寛也元総務相）が発表した消滅可能都市とは、少子化と人口減少が止まらず存続が危ぶまれる八九六市区町村（全国の四九・八％）のことである。これらは、平成二二年以降三〇年間で、二〇歳から三九歳の女性の人口が五割以下に減少する自治体で、人口二〇万人規模でも秋田市や青森県八戸市、東京都豊島区、大阪府寝屋川市などが指定されている。同会議の推計によると、青森、岩手、秋田、山形、島根の五県では半数以上の市町村に消滅可能性があるとされ、人口一万人未満の市区町村は「消滅可能性が高い自治体」とされている[14]。

一般的に、地域社会の人口減少は、宗教団体へ集う人数の減少、宗教団体の財務状況の悪化、宗教指導者の兼務・兼業化や後継者不足、同一教団内の寺院や教会など宗教団体の統廃合などの現象を招来し、宗教への影響は少なくない。

５　村落の変化と宗教

都市化に伴う全国規模の人口移動は、必然的に農山村の過疎化・人口流出現象を招いた。特に経済高度成長は大量の労働力の需要を生み、このことが人口受け入れ側に存在するプル（引っ張り）要因となって村内の労働力を吸収する役割を果たした。加えて地域の第一次産業の衰退とその帰結である村内就労機会の現象という人口送り出し地域に働くプッシュ（押出し）要因は、学卒者の村外就職や青壮年層の出稼ぎ・離村に拍車をかけた。このように人口の流出は、村落レベル、親族レベル、家族レベル、その他の社会関係レベルの儀礼、行事、祭礼等の人的・経済的基盤を弱化させ、簡略化、小規模化、個人化などの変化を強いることになった。

過疎化はまた、家族や村落共同体の成員の結合にも深刻な影響を与えた。家族において青壮年層が減少したことは、家族員の結合度を弱め、先祖祭祀を実際に担う家族内の伝承者が欠けることを意味し、さらに共同体の連帯性や統合性を低下させ、祭礼執行に関わる規範が弱まるという結果をもたらした。このように過疎化がもたらす村落の宗教施設に対する目にみえる形での影響は、神社の維持困難と宮司の不在化や、寺院の住職の兼業化となって表れている。

生活様式の変化と村落レベルの変化を組織的に調査したものに成城大学民俗学研究所による山村における文化変化についての研究がある。[15] これは、一九三四年から三七年にかけて柳田國男らが行った全国約六〇ヶ村の山村調査の結果をその後の変化の基準点（ゼロ・ポイント）として、同一の二一ヶ村を同一の調査項目で追跡調査したものである。項目は生活万般にわたったが、すべてについてなんらかの変化がみられた。変化要因としては、①過疎化、②道路整備・自動車の普及、③農林業の機械化・化学肥料や薬剤を使用する化学化の三つがともに一六ヶ村の報告で指摘された。そして、エネルギー革命（一四ヶ村）、村内におけるサラリーマンなどの常用勤務的雇用形態の増加（一一ヶ村）と続いた。また一〇〇項目のうち、人生儀礼や祭祀、俗信など宗教関係の項目は四三に及ぶが、それらは社会組織、生産・消費、外社会との交渉などの項目に比較して変化が少なかった。たとえば、人生儀礼のうち婚姻・産育儀礼で変化が激しい反面、葬送儀礼・先祖祭祀はあまり変化がなく、超自然的な現象に関わるものを除いて祭祀や俗信は総じて同じように持続している。変化要因も細かく検討すべきで、たとえば、過疎化は明らかに伝統的祭祀の変化を生んでいるが、他面でその持続に関わることもある。生活様式の近代化受容層である青壮年層の村外流失は、村落全体の近代化受容能力低下を意味し、残った中高年層は新しい文化要素を受容しない層であった。このことは彼らの加齢に伴う宗教心の顕在化とあいまって、伝統的信仰が持続される結果をもたらした。

６　過疎化と宗教

二〇一〇年代に入ると、過疎化と新宗教をテーマとする宗教社会学的研究がみられるようになった。渡辺雅子は、全国展開している立正佼成会と金光教を対象に、統計資料や教団の協力を得て、新宗教における過疎の実態とそれへの対応を考察した。それによれば、佼成会は教会道場所在地の九〇％以上が非過疎地である反面、包括する拠点の半数以上が過疎地域であり、金光教は、教会所在地の二〇％以上が過疎地域であった。また、日本全体の過疎化・高齢人口の増加は、都市型宗教である新宗教にも大きな影響があること、過疎地域の新宗教が、高齢信者のコミュニケーションや見守り等セーフティーネットの役割を果たしていることが示された(16)。

三重県内など過疎地域の宗教のあり方や高齢宗教者の実証的研究をすすめている川又俊則によれば、宗教の別を問わず過疎地域における宗教集団は一定の機能を有し、それぞれ、地域のネットワークとなる可能性があるという。また、高齢宗教者やその家族の過疎地域での存在は、地域住民に宗教的影響を与えており、地域外でも活動する高齢宗教者は、同時に地域内でのネットワークの中心かつ地域内外の結節点の役割を果たしているという(17)。

〔磯岡哲也〕

3　家族の変動と宗教

1　家族の変動とは

家族の変動とは、家族が歴史的な時間経過のなかで変化する過程およびその結果をいうが、狭義には家族類型の歴史的変化をさし、特に日本の場合には直系家族制（「家」制度）から夫婦家族制への変化として捉えられている。このような家族の変動は、家族形態と家族機能の両面について考えられている。[18]

家族形態面については、家族構成の変化すなわち核家族化と、家族規模の縮小すなわち小家族化の進行が国勢調査の結果から検証されている。家族機能の変化については、オグバーン（W. F. Ogburn, 1886-1959）が指摘したように、経済・地位付与・教育・保護・宗教・娯楽・愛情という七つの機能を果たしていたものが、今や愛情以外の機能は企業・学校・政府などの専門機関に吸収されて衰弱してきたとされる。日本の場合でも、主として労働力の再生産といった経済機能を担った戦前の家族から、生きがいを支える愛情機能を中心とした現代家族への変化をみることができる。

日本におけるこのような家族変動は、「家」の崩壊と深く関わっている。「家」とは、家長の統率のもとに代々相続によって受け継がれてきた家産と家業を営み、非血縁者を跡取り養子にしてでも先祖から子孫へと、世代を越えて家系が存続繁栄することに重点をおく制度であった。伝統的に「家」は社会構成の基礎的単位であり、近世ならびに近代社会の典型的な家族形態であった。その特色は、家長を継承すべき一組の子夫婦が親夫婦と同居して家族生活を維持したことにみられる。

では、わが国におけるこのような家族の変動の主要因は何であろうか。それは、産業化と夫婦家族制理念の浸透であると考えられている。産業別就業者割合をみると、わが国では一九五〇年から一貫して、第一次産業比率の低下と第三次産業比率の上昇がみられ、両者が逆転したのが五〇年代の後半であった。このような産業構造の転換は、労働力の産業間移動ばかりでなく、労働力の地域移動を促進させ、勤労者の所得水準の上昇をもたらした。このことによって、子の家族からの他出が早まり、就職先の都合により世代ごとの別居が促されることになる。このようにして、都市部に小規模な核家族形態の新しい世帯が創設されるようになった。また、民法改正によって促された夫婦家族制理念の浸透により、世代を越えて継承されるべき「家」の観念は希薄化し、親や祖父母との別居が正当化されるようになった。一九六〇年では核家族世帯率は六三・五％であったが、その後この比率は一貫して上昇し、七〇年に七一・四％、八〇年に七五・四％、九〇年に七七・六％、九五年には七九・二％に達している。このように、家から現代家族への変化は、直系家族の減少と夫婦家族の増加といった現象として理解できるのである。

２　家の宗教性とその変化

家はまた、日本の宗教の社会的基盤の一つであった。神棚をはじめとして、数々の屋内神が家単位でまつられてきた。特に仏教は、檀家制度のもとで家の宗教として機能してきた。だが仏壇においてまつられ礼拝されてきたホトケは、仏教的な意味での救済者としての仏ではなく、死者または先祖の霊であった。わが国の伝統的な家の信仰として、家の先祖信仰があり、そこでは先祖は家の守護神または守護仏と考えられていた。このように家は、そのもののなかに宗教性を有していたといえる。竹田聴洲によれば、これは、先祖のまつりを絶やさないことのなかに表れる家永続の規範からの必然であり、特定の宗派の教義以前の最も広い意味における宗教性そのものであった[19]。

ところが、このような家の宗教性も、家の崩壊によって変化を余儀なくされてきた。たとえば、系譜的な直系制家族から一代的な夫婦制家族への変化は、家の永続期待を喪失させ、親の財産や地位に依存する相続家族から夫婦の業績に依存する創設家族への変化は、世代間の相互依存を縮小させた。また、別居により親子の運命共同感は減退し、運命を共同するのはもっぱら夫婦のみとなり、家族を含む全体社会の宗教性は世俗化により社会の周辺におしやられた。このように、家の宗教性は社会的な条件によって変化、消失するものとして捉えることができる[20]。

3 先祖祭祀とその変化

家の宗教性は、先祖祭祀と関連して成立していた。先祖祭祀とは、先祖が子孫およびそれを取り巻く社会集団と死後も関わりをもち続けるという信仰に基づく儀礼の総体である。日本における先祖祭祀の機能としては、①家長が先祖から社会的地位を正当に継承したことを証拠だてる地位正当化の機能と、②家長後継者である子の、親に対する尊敬と対立といったアンビバレントな感情を統制する孝の倫理を親の死後にも拡大する世代関係安定の機能をまず指摘することができる。また、③親族糾合の機能や、④先祖の恩徳に感謝し冥助を祈念することによる家の維持への動機づけの機能、⑤個々の子孫を社会的に根拠づけ、実存的位置づけをもたらす自己認識の機能などがあげられる[21]。

日本人は、伝統的に仏壇を拠点に先祖祭祀を行ってきた。したがって先祖祭祀の実修は、仏壇の礼拝の頻度と関わると考えられる。これについての代表的な調査として、ＮＨＫ放送文化研究所が参加する国際比較調査グループのＩＳＳＰ（International Social Survey Programme）で二〇〇八年に実施した「Ｉ

ＳＳＰ国際比較調査（宗教）」がある。これは、無作為抽出した全国一六歳以上の国民一八〇〇人を対象に配付回収法により調査し、有効数一二〇〇人（六七％）を得たものである。それによれば、仏壇を「毎日」または「ときどき」拝む人がいずれも二三％で、「拝むこともある」人は二一％だった。これを性別、年齢層別にみると、「毎日拝む」と「ときどき拝む」をあわせた回答は、一六～二九歳で男性一九％、女性二八％、三〇～三九歳で男性二五％、女性三四％、四〇～四九歳で男性二八％、女性三七％、五〇～五九歳で男性五〇％、女性五八％、六〇歳以上で男性五八％、女性六九％であり、年齢層が上がるにつれて拝む人の割合が増え、どの年齢層も女性の方が多くなっている。[22]このように年齢層による相違を含みつつ先祖祭祀が存続していることをうかがうことができる。

家の崩壊にもかかわらず先祖祭祀が存続しているという事実は、かえって先祖祭祀の変質を暗示している。それは伝統的な家観念に基づいた先祖観の退化と変質した家観念に基づいた先祖観の登場、すなわち直系出自を中心とするものから、双系的な志向をもったものへの変化である。その変化は伝統的な社会におけるよりも、新宗教におけるものに顕著である。たとえば、都市化の過程で急成長した霊友会系諸教団においては、夫方妻方、父方母方双方の血統上の先祖が考えられ、所定の方法で先祖供養が行われている。また、先祖祭祀は子孫の義務で、それによって先祖は成仏し子孫に冥加《みょうが》を垂れるとみる観念から、先祖は子孫の追憶のなかにあるとみて記念祭を営むという観念への変化も認められる。これに関連して、祭祀機能の面では、前述した①から④の社会的・公的な機能が減退し、死者の追慕・慰霊、死者との交流による心的緊張の解消という個人的・私的な機能が強まっている。このような変化の傾向は森岡清美のいう先祖祭祀の「私化」として理解することができる。[23]

4　核家族化と先祖祭祀の変化

核家族化により、日本人とりわけ都市家族における先祖祭祀および先祖観はどのような方向に変化したのだろうか。孝本貢の岡山市における墓地購入世帯の調査によれば、先祖観は家の創設と継承を基軸にする先祖観に代わって、過去のすべての成員を先祖とみなし、母方、妻方なども取り込む多様性をもっていることが実証された。また、都市に新たに墓地を求めることは都市への定着志向性と符合し、墓地においてはその家族で祭祀すべき被祭祀者を継承して祭祀している。そして、郷里からの断絶や生家の廃絶を伴った都市家族においては、この先祖祭祀観は新たな家郷創設の精神的拠点としての象徴的意味をもつ。しかし、墓地での祭祀は跡取りが継承すべきであるという「規範的要請」は失われており、祭祀の永続的保証のための合理的処理方法の帰結として、可能なものが祭祀を継承するという「状況的要請」の要因が働いている。一方仏壇での祭祀の場合は、夫婦を単位として最も親しい関係にある者が祭祀するという縁的先祖祭祀観がみられるとしている(24)。

一般に核家族は、親族や近隣などの伝統的な紐帯をもたず、砂のようにばらばらに存在することが多いので、危機に対する抵抗力に乏しいという面をもつ。一方、新宗教は都市部において婦人層を中心に急激に浸透したが、入会者の多くは貧・病・争といった家族内の問題の解決を願っていた。これは、孝本が指摘するように、新宗教側が危機対応能力を付与する機能を有したことを意味する。たとえば、双系的先祖祭祀観をもつ霊友会系諸教団では、先祖供養とからめて家庭内の苦悩の意味づけや、解決のための行為規範を提示した。これは、直系制家族よりも夫婦制家族観、核家族に適合しやすく、教団で教えられた規範は家庭で応用されることにより、家族的・近親間の情緒的紐帯を強化させていく社会的機能をもっていた。

５　国際結婚と宗教

最近の家族の変動としては、グローバル化による国際結婚がある。国内で届け出された婚姻届で夫婦の一方が外国人である件数は、一九六五年の四一五六件から二〇〇五年の四万一四八一件で一〇倍になっている。ことに一九八五年あたりから一万件を超え、九〇年二万五〇〇〇件、二〇〇〇年三万五〇〇〇件と急増している。これは人口移動機会の増加が主たる要因であるが、さらなる背景として、家族社会学者の施利平は、農村部にあって老親の介護や次世代の再生産の担い手を求める男性と、国家間の経済格差のもとで経済的劣位にあるアジアの女性の双方においての合理的選択があるとする。(25) 国際結婚の増加は、外国人の流入増加と関連する社会変化であることから、地域社会での多文化共生といった文脈で、宗教文化共生の現象が生起していることは想像に難くない。ただこの領域での宗教社会学的研究はいまだ少ないといわざるをえない。

一方、信仰を契機に特定の国民との国際結婚をする事例を扱った実証的研究として、中西尋子と櫻井義秀の統一教会の在韓日本人女性信者への調査がある。韓国では、一九八〇年代以降、七〇〇〇人にも及ぶ日本人女性信者が、教祖のマッチングによる祝福を受けて主として農村部の韓国人男性と国際結婚をしている。中西は、日本人信者の入信・回心・祝福の経緯について三八名の事例でイベントヒストリーを調査している。それにより、嫁不足に悩む農村部にあって、彼女らの妻としての献身的な結婚生活の背景には、韓国への贖罪意識を内包した信仰があったことが示されている。(26)

６　無縁社会と葬儀の変化

戦後、核家族化と小家族化が進行し、近年では高齢家族や高齢者の単身世帯が増加するようになった。

高度経済成長期に多く建設された、大都市郊外の公団住宅などの大規模団地では、子どもが巣立って空の巣になった高齢の夫婦のみ、または高齢者の独居世帯が目立つようになり、そのなかには、いわゆる孤独死の事例が報告されるようになった(27)。ことに二〇一〇年一月にＮＨＫで放映された「無縁社会～〝無縁死〟三万二千人の衝撃～」は、家族の絆を失った無縁死の実態を描き、社会的な話題となった(28)。無縁社会は、すぐさま宗教学者や社会学者の考察の対象となった。たとえば、島田裕巳は、無縁社会の出現について、それまでの有縁社会のしがらみを逃れ都市的自由を得るためには必然であったという(29)。また石田光規は、無縁社会の問題は、労働や家族・住居などからの社会的排除の問題と、血縁、地縁、社縁といった中間集団の崩壊からくる親密圏の変容の問題であるとしている(30)。

無縁社会は、葬儀の変容をもたらした。引き取り手がいない無縁死は、行旅死亡人として当該自治体で荼毘に付され、一定期間遺骨を保管したのち、無縁墓地に合葬され、官報で公告される。家族以外に縁が薄かった人の葬儀は、家族だけで弔う家族葬が多くなった。遺体の引き取り手がいる場合でも、遺体をそのまま火葬場に移して荼毘《だび》に付す直葬も増えてきた。直葬は、経済的に安価で、親族や関係者に参列の労をかけなくてすむといった特徴があるが、ここでも人間関係の希薄化が見え隠れする。葬儀には葬祭業者が介在するが、直葬は店舗型ではなく、インターネット型業者の介在が圧倒的に多いという。もっとも、葬祭業者によって直葬の定義が異なり、僧侶など宗教家がまったく関与しない形態、火葬場でのみ読経を依頼する形態など多様である(31)。

これらの社会変化は、伝統的な規範にとらわれない、死や葬儀の個人化、多様化をもたらした。エンディングノート作成や自宅死・尊厳死希望などの終活、もやいの碑などの合葬墓、散骨・自然葬などが一部でブームになり、宗教の側でもそれらへの対応が望まれている。

〔磯岡哲也〕

4　宗教法人法と宗教教団

この節では日本の宗教法人法に規定された宗教教団（宗教団体や宗教法人）や所轄庁が把握している信者数などを確認するとともに、宗教教団とは異なる次元の宗教（生活のなかの宗教と私事化された宗教性）についても言及していく。

1　宗教法人法

宗教団体や宗教法人とは具体的にどのようなものであろうか。日本では、一九五一年に公布された宗教法人法が法的な規定をしているが、第二条で宗教団体は次のように定義されている。

この法律において「宗教団体」とは、宗教の教義をひろめ、儀式行事を行い、及び信者を教化育成することを主たる目的とする左に掲げる団体をいう。
1　礼拝の施設を備える神社、寺院、教会、修道院その他これらに類する団体
2　前号に掲げる団体を包括する教派、宗派、教団、教会、修道会、司教区その他これらに類する団体

つまり「教義」「儀式行事」「信者を教化育成する（略）団体」の三つが宗教団体の条件とされている。E・デュルケムは「宗教とは、神聖な物、いいかえれば、隔離され禁止された物に関する信仰と行事と

の体系である。信仰と行事とは、これに帰依するものをすべて教会と呼ばれる一つの道徳的共同社会に結合する[32]」と述べており、「教義」「儀式行事」「信者を教化育成する（略）団体」は「信仰」「行事」「教会」といいかえてもいいだろう。

こうした要件を満たした宗教団体は、①規則の制定、②設立の公告、③所轄庁の認証、④設立の登記の手続きを経て宗教法人となる。所轄庁は主たる事務所の所在地の都道府県知事、施設などが複数の都道府県にまたがる場合は文部科学大臣が所轄庁となる。また「認証」とは宗教法人法の要件が備えられていることを所轄庁が確認することで、学校法人や福祉法人など、所轄庁の「認可」とは意味合いが異なる。それは宗教法人法には、宗教法人の公共性を維持しつつ、その一方で、信教の自由を妨げないよう、法人の自主性を極力尊重するという特徴があるからである[33]。

だが宗教法人法に先立つ宗教団体法と宗教法人令では事情は異なっていた。明治以来の宗教に関する法令を整理統一して一九三九年に公布された宗教団体法では、宗教法人の設立に関しては認可主義をとり、宗教団体は国家（文部省）の統制・保護・監督のもとに置かれ、必要とあれば、その認可を取り消される可能性があった。それに対して、一九四五年公布の宗教法人令は準則主義を採用した。設立の登記をすれば、宗教法人になることができ、所轄庁へは設立届けを、規則・主管社の氏名・住所とともに提出すればよく、所轄庁の宗教法人に対する監督規定はほとんどなかった。しかしその結果、宗教法人が収益事業として飲食店や旅館や金融業を営み、脱税を企てるなどの事件が起き、宗教法人令に代わる新たな立法措置を考慮する必要があるという気運が高まってきた。こうしてできたのが現在の宗教法人法である。

なお、一九九五年に起きたオウム真理教の地下鉄サリン事件を受けて、同年、宗教法人法が改正された。これには大きな議論が伴ったが、改正のポイントは、①複数の都道府県に施設を有する宗教法人の所轄庁を文部科学大臣にすること、②備付け書類の見直しと所轄庁への提出、③信者その他の利害関係人による財産目録等の閲覧、④宗教法人審議会の委員の上限を一五人から二〇人に増員、⑤宗教法人に問題があるときは必要に応じて所轄庁が宗教法人審議会に意見を聞いたうえで宗教法人に報告を求め、質問ができること、である。(34)

2　『宗教年鑑』の見方

▼宗教団体の数

こうした宗教教団は日本にいくつくらいあるのだろうか。文部科学大臣・都道府県知事所轄のものに関しては、毎年『宗教年鑑』が文化庁から刊行されており、その数を知ることができる。図1のように、宗教法人の大部分を占める神社や寺院や教会は、多くの場合、都道府県知事の所轄の宗教法人で、もっと大きな宗教教団に所属している。たとえば「とげぬき地蔵」で有名な東京巣鴨の高岩寺は曹洞宗に、また伊勢の神宮は神社本庁に属している。この場合、高岩寺や伊勢神宮を被包括宗教法人、曹洞宗や神社本庁を包括宗教法人という。前述のように複数の都道府県にまたがって宗教法人（団体）を擁する包括宗教法人は文部科学大臣の所轄になり、三七四ある。また一つの都道府県にしか所属する宗教法人（団体）をもっていない包括宗教法人は、その都道府県知事の所轄となり、これは二五ある。京都の清水寺の北法相宗やカトリックの地方司教区の一部などはここに含まれる。このほか、それ自身は宗教法人になっていないが、そこに包括される寺院や神社が宗教法人になっている包括宗教団体もある。浅草寺の聖観音宗や室生寺の真言宗室生寺派など七六教団は、それ自身は宗教法人ではないが、末寺などの

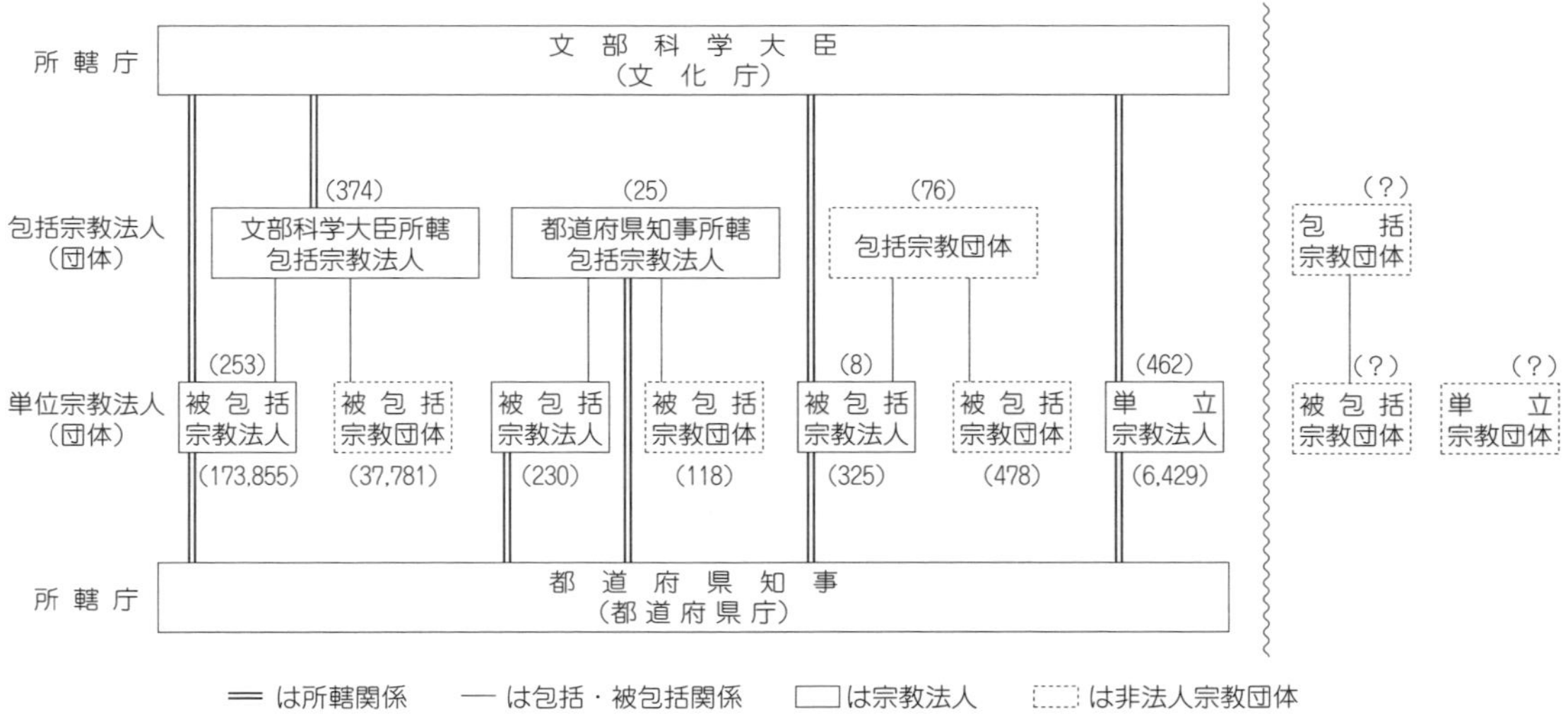

注：被包括宗教法人および単立宗教法人の上段の数字は文部科学大臣所轄宗教法人数，下段の数字は都道府県知事所轄宗教法人数である。

出典：文化庁編『宗教年鑑　平成26年版』，2015年、28頁。

図1　宗教団体（法人）の数と所轄庁

関連付属施設が宗教法人になっているケースである。

このように地域の神社や寺院や教会は被包括宗教法人（団体）、宗教法人（団体）を傘下に入れると都道府県知事所轄の包括宗教法人、そして広い範囲に宗教法人（団体）を有するものは文部科学大臣所轄の包括宗教法人と一般にはいえる。どこの宗教法人（団体）の傘下にも入っていないものを単立宗教法人といい、六八九一教団がこれにあたる。そのほとんどは小規模宗教教団だが、例外もあり、幸福の科学や創価学会や世界平和統一家庭連合（統一教会）は全国に支部をもっていながら包括—被包括の関係ではなく、本部のみが宗教法人になっているため、文部科学大臣所轄の単立宗教法人となっている。

▼信者の数

文部科学大臣所轄の包括宗教法人三七四のうち、一〇〇万人以上の信者を擁する教団は表2のようになっている。『宗教年鑑』では宗教法人（団体）を神道系、仏教系、キリスト教系、諸教に分類している。神道系の総信者八五六六万五五〇九人のうち、神社本庁が信者数八一八一万八七三七人と独占状態であるが、これは神社本庁が神社の約九九％を傘下に収めていることによる。仏教系が四九〇九万九人。キリスト教系が九六万五七七五人、そのうち旧教（カトリック中央協議会と日本ハリストス正教会教団）が四五万四五八二人で、新教（主にプロテスタント諸教派）が五一万一一九三人である。諸教が五二〇万六七三〇人。諸教には新宗教が名を連ねるが、表2をみてもわかるように、立正佼成会や霊友会のように、一般には新宗教に分類される宗教教団のいくつかも神道系、仏教系、キリスト教系に含まれている。

本書付録の基本統計と見比べると、神道系が日本人の約七割を、仏教系が約四割をカバーしていることに違和感を覚えるかもしれない。これは宗教教団によって信者の捉え方の基準が異なるために生じた

表2　信者数100万人以上の文部科学大臣包括宗教法人

	宗教法人名	信者数	分類（下位分類）
1	神社本庁	81,818,737	神道（神社神道系）
2	浄土真宗本願寺派	7,935,382	仏教（浄土系）
3	浄土宗	6,021,900	仏教（浄土系）
4	日蓮宗	3,916,559	仏教（日蓮系）
5	高野山真言宗	3,835,310	仏教（真言系）
6	曹洞宗	3,619,593	仏教（禅系）
7	真宗大谷派	3,223,041	仏教（浄土系）
8	立正佼成会	3,089,374	仏教（日蓮系）
9	天台宗	1,534,729	仏教（天台系）
10	真言宗豊山派	1,374,188	仏教（真言系）
11	霊友会	1,369,050	仏教（日蓮系）
12	出雲大社教	1,260,943	神道（教派神道系）
13	佛所護念会教団	1,214,118	仏教（日蓮系）
14	天理教	1,169,275	諸教

出典：文化庁編『宗教年鑑　平成26年版』（2015年）をもとに作成。

現象である。つまり伝統的な仏教であれば、ある家が寺に墓をもっていて、そこの住職に葬式を頼んでいれば、その家の世帯全員が信者（檀家）ということになる。これは檀家制度と呼ばれ、キリシタン禁制を契機に、幕府が一六三五（寛永一二）年に寺社奉行を設置し、全国の寺院に地域住民がキリシタンでない証として寺請証文を作成するように命じたことに始まる。各村単位で宗旨人別帳がつくられ、人々は自ずと特定寺院に所属することとなり、やがて寺墓や法要を介して、寺院との関係は固定化していった。

一方、封建体制が整うと村は自助的で閉鎖的な共同体の性格を強めていった。そこでの氏神をめぐる祭祀は、季節の祭や冠婚葬祭をとおして、村人の連帯性・凝集性の一つの中心となっていった。こうして一村一社の氏子制度が確立していった。そのため今も、神社であれば、ある一定地域に住む人全体が信者（氏子）とみなされる。日本では葬式は仏教で、初詣では神社に行くという人が多く、そうすると一人で仏教と神道の二つの教団の信者になる場合もある。信仰率の数と信者数の総和の齟齬の一つは、こうした理由による。

3　生活のなかの宗教

▼共同体の宗教

本節でこれまで述べてきたのは、あくまでも宗教団についてであるが、これは宗教のある一面を指しているにすぎない。たとえば正月や盆や春秋などの季節の祭や、初宮、七五三、結婚式などの人生の節目に行うセレモニーは宗教教団が関与する部分もあるが、関わる人々の意識（その宗教教団への帰属意識）の面では宗教教団とは切り離して考えられうる。そしてこれらの祭や行事は家族や地域共同体などが主体の信仰形態であり、直接宗教教団が関わってこなくても、やはり宗教のある側面を示しているといえよう。

宗教の共同体的側面、特にその統合機能に注目したのは先のデュルケムであった（宗教の定義の「道徳的共同社会に結合する」の部分）。そして成員の社会化がはかられ、社会秩序が維持されるという宗教の統合の機能は、多くの学者によって指摘されてきた。つまり伝統的社会、特に明文化された法が発達していないような未開社会では、宗教的行事をとおして人々は一体感や連帯感を体験し、社会の成員として自覚を共有する。また、共同体の成り立ちにまつわる先祖や神々の話が長老によって語り継がれ、ここで村の掟や習わしが教えられ、人々は神話的伝承によって社会的規範を学ぶという理解がなされてきた。

日本でも伝統的村落社会の成立・維持に、宗教は大きな役割を果たしてきた。古来、日本社会の結合原理は地縁であり、血縁であり、これら地縁・血縁を表象するものが、シンボルとしての産土神《うぶすながみ》や氏神にほかならなかった。地縁・血縁を同じくする人々にとって共通のシンボルが、これらの神々であり、その祭や具象化された杜《もり》・社《やしろ》・祠《ほこら》は人々に共通の出自を観念せしめ、集団の構成員としてのアイデンティティをもたらしてきた。

▼行事と儀礼を貫く「家」原理

共同体の宗教は、儀礼をとおして信仰を維持する点が特徴的である。先の季節の祭は一般には年中行事と呼ばれるが、日本では多くの場合、稲作における豊作、そしてそれを保証する先祖への信仰と結びついている。春秋の祭は稲作の予祝（豊作の祈願）と収穫祭であり、盆はもちろん、大晦日から正月にかけても「ほとけの正月」「暮の魂祭」などといって、本来は先祖の祭としての性格を有していた。こうした年中行事によって、人々は稲作の共働作業に関わる一員としての自己、そして先祖から自己に連綿と連なる血の流れを再確認することになる。

一方、人生の節目で行われるセレモニーは人生儀礼・通過儀礼（rites of passage）と呼ばれるが、ここでも個人の社会集団への加入・離脱が象徴的に示される。たとえば、生まれて初めて神社に参る初宮は、同じ氏神の信者（氏子）として家族、共同体の一員となる儀式であり、成人式も本来は、親の庇護のもとから離れ、義務と責任を果たす一個の人格として社会的に認知される儀式である。すなわち年中行事や人生儀礼は、一方では個人に共同体の一員としての自覚を促し、他方、共同体の成員として広く知らしめる機能を有しているといってよいだろう。

こうした共同体を基盤とする宗教の在り方を貫くものとして、「家」原理があげられよう。ここでいう「家」とは、単なる社会集団の基本単位としての家族や家庭を指すだけではなく、「家族員の出生・

死亡・婚姻などによる変動にもかかわらず、各世代を貫く一種の自己同一性の観念を以て、過去から不断に連続してきた直系の系譜体」である。[35]

戦前まで日本人の社会生活はすべて「家」を基盤とし、「家」を離れて個人の幸福はありえなかった。個人にとって自分の代で家系を絶やすことや、家名を汚すことは慎むべきこととされてきた。祖先が「家」を創始したからこそ、今の自分があるのであって、しかも「家」は祖先に見守られているからこそ繁栄が約束された。そこでは祖先をめぐる祭祀や信仰が不可欠のものとされた。すなわち日本人にとって祖先崇拝は強い規定力を有していたのである。たとえば、親類の法要、墓参り、家の相続などが時として極端なまでに強調されるのは、規範としての祖先崇拝の性格を如実に物語っている。

４　宗教の私事化

以上のように日本の宗教は宗教教団のレベルとともに、生活のなかの宗教のレベル、つまり「家」原理を中心とした共同体的性格が強いことがわかる。しかしながらこの日本宗教の性格も現代においては弱くなってきているのも事実である。それにはいくつか原因があるだろうが、日本の宗教を支えてきた基盤である「家」や村自体が変化してきたことが決定的であろう。まず戦後の一九四七年の民法改正により長男の家督相続を軸とした家族制度が法律的には効力を失い、核家族化が進行したことが見逃せない。農村から都市への人口流出も、やはり村的人間関係を弱める原因となった。またそれに伴う人々の意識の変化も無視できない。本章でこれまでみてきたように、社会変動によって日本の宗教の基盤である共同体が「家」レベルでも、地域社会レベルでも急激な変化にさらされ、その結果、宗教の在り方自体も変貌を余儀なくされていることは、もはや疑いもないことである。農村から都市へでてきた者にとって、まつるべき先祖の墓も氏神の鎮《しず》まる社も、もはや身近にはない。過疎化の進んだ村々では若者をはじめとする人口流出のため、氏神の祭で神輿の担ぎ手がいなくなっているという。

しかしながら昔日の宗教の基盤が崩れてきたからといって、宗教が消滅すると考えるのは、いささか早計であろう。むしろ問題は宗教の変貌にあり、それは宗教の私事化（もしくは私化）といいあらわせる。つまり人々が氏子や檀家として、生まれ落ちた家族や地域社会を基盤とするものを自明のものとしていた宗教のあり方から、個々人が主体的に選びとる宗教のあり方に変化してきたのである。

たとえば、二〇〇五年頃から急速にブームとなったスピリチュアリティ、それに続くパワースポットに対する関心の高まりは、そのことをはっきりと示している。神職の勉強をし、神社でも講習会を行うスピリチュアルカウンセラーの江原啓之のもとに集う、また多くは宗教施設であるパワースポットをめぐる現代人にとって、会場が宗教教団、さらにいうとそれが宗教であるかないかは、さほど大きな問題ではない。重要なことは自己の苦しみや悩みの解消や超自然的な力にふれることそのものにある。鈴木大拙は『日本的霊性』で「霊性とは宗教意識と言ってよい[36]」とし、「一般に解している宗教は、制度化したもので、個人的宗教経験を土台にして、その上に集団意識的工作を加えたものである。（略）宗教的思想、宗教的儀礼、宗教秩序、宗教的情念の表象などというものがあっても、それらは必ずしも宗教経験それ自体ではない。霊性はこの自体と関連している」と続ける。つまり宗教と霊性とを分けたうえで、前者を制度化された思想・儀礼・秩序とし、後者をその土台となる個人的体験とする。

『日本的霊性』は一九四四年の著作であるが、霊性とスピリチュアリティを同義と捉えると、見事に現代の宗教の変貌した姿を言い当てている。現代人は本節の冒頭でみた宗教団体の「教義」「儀式行事」「信者を教化育成する（略）団体」（大拙のいう「思想」「儀礼」「秩序」）とは別の次元の宗教性（霊性／スピリチュアリティ）を求めている。それは檀家・氏子制度を基盤とした生活のなかの宗教とも関係なく、個々人が自分の関心や体験に応じて、宗教的要素をパッチワークのように組み合わせて自分なりの「宗教」をつくりだす私事化（私化）された宗教のレベルであるといえよう。

〔弓山達也〕

【注】

（1）藤井正雄「現代日本宗教と政治との構造的かかわり――アプローチのための構造的素描」笠原一男編『日本における政治と宗教』、吉川弘文館、一九七四年、三六五―三六六頁。
（2）矢野秀武「公認宗教制」井上順孝編『現代宗教事典』、弘文堂、二〇〇五年、一四六―一四七頁。
（3）井上順孝『宗教社会学のすすめ』、丸善ライブラリー、二〇〇二年、一一四―一二〇頁。
（4）教派神道の成立と展開については、井上順孝『教派神道の形成』（弘文堂、一九九一年）が詳しい。
（5）森岡清美『現代社会の民衆と宗教』、評論社、一九七五年、一五五―一六六頁。
（6）森岡清美「近郊化による地域構造の変化――三鷹市野崎町会の事例研究」『社会科学研究』第一〇号（『近郊都市の変貌過程』）、国際基督教大学社会科学研究所、一九六四年。森岡清美・花島政三郎「近郊化による神社信仰の変貌」『國學院大學日本文化研究所紀要』第二二号、一九六八年。
（7）藤井正雄「宗教浮動人口の行動と思想」、同『現代人の信仰構造――宗教浮動人口の行動と思想』、評論社、一九七四年、二一九―二二四頁。
（8）川崎恵璋「都市化と住民の宗教的態度」『龍谷大学論集』第三六八号、一九六一年。
（9）高橋勇悦「東京下町住民の宗教意識――荒川区尾久十丁目の事例」『立正大学文学部論叢』第一九号、一九六四年。
（10）磯岡哲也「東京下町住民の宗教意識(1)――荒川区尾久地区の事例」『民俗学研究所紀要』第一五号、一九九一年。同「東京下町住民の宗教意識(2)――荒川区尾久地区の事例」荒川区民俗調査団編『尾久の民俗』、東京都荒川区教育委員会、一九九一年。

(11) 芹川博通「都市化と宗教行事――都下府中市における実態」、同『都市化時代の宗教』、東洋文化出版、一九八四年、三九―五五頁。

(12) 渡部美穂子・金児曉嗣「都市は人の心と社会を疲弊させるか?」『都市文化研究』第三号、二〇〇四年、九七―一一七頁。

(13) 総務省統計局ホームページ「人口減少社会「元年」は、いつか?」
http://www.stat.go.jp/info/today/009.htm

(14) 日本創生会議ホームページ「全国市区町村別「20~39歳女性」の将来推計人口」
http://www.policycouncil.jp/pdf/prop03/prop03_2_1.pdf

(15) 成城大学民俗学研究所『山村生活五〇年 その文化変化の研究』(昭和五九年度調査報告、昭和六〇年度調査報告、昭和六一年度調査報告)、一九八六―一九八八年。同編『昭和期山村の民俗変化』、名著出版、一九九〇年。

(16) 渡辺雅子「新宗教における過疎・高齢化の実態とその対応――金光教と立正佼成会を事例として」『宗務時報』第一一七号、文化庁文化部宗務課、二〇一四年、一―二六頁。

(17) 川又俊則「人口減少時代の宗教――高齢宗教者と信者の実態を中心に」『宗務時報』第一一八号、文化庁文化部宗務課、二〇一四年、一―一七頁。

(18) 森岡清美・望月嵩『新しい家族社会学〔四訂版〕』、培風館、一九九七年、一五八―一七八頁。なお、ここでの記述の多くは、この書によっている。

(19) 竹田聴洲『日本人の「家」と宗教』、評論社、一九七六年、一・一九頁。

(20) 森岡清美『家の変貌と先祖の祭』、日本基督教団出版局、一九八四年、三八―三九頁。

(21) 孝本貢「先祖祭祀」森岡清美ほか編集代表『新社会学辞典』、有斐閣、一九九三年、八九三頁。

(22) 西久美子「〝宗教的なもの〟にひかれる日本人――ISSP国際比較調査（宗教）から」NHK放送文化研究所『放送研究と調査』二〇〇九年五月号、NHK出版、六九―七〇頁。
(23) 森岡清美『現代家族変動論』、ミネルヴァ書房、一九九三年、一九九―二〇〇頁。
(24) 孝本貢「都市家族における先祖祭祀観――系譜的先祖祭祀観から縁的先祖祭祀観へ」宗教社会学研究会編『現代宗教への視角』、雄山閣出版、一九七八年、五二・六二―六四頁。
(25) 施利平「国際結婚」井上眞理子編『家族社会学を学ぶ人のために』、世界思想社、二〇一〇年、一二一―一二二頁。
(26) 櫻井義秀・中西尋子『統一教会――日本宣教の戦略と韓日祝福』、北海道大学出版会、二〇一〇年。
(27) たとえば、中沢卓実・結城康博編『孤独死を防ぐ――支援の実際と政策の動向』（ミネルヴァ書房、二〇一二年）を参照。
(28) NHK「無縁社会プロジェクト」取材班編『無縁社会――〝無縁死〟三万二千人の衝撃』、文藝春秋、二〇一〇年。
(29) 島田裕巳『人はひとりで死ぬ――「無縁社会」を生きるために』、NHK出版新書、二〇一一年、七六―七七頁。
(30) 石田光規『孤立の社会学――無縁社会の処方箋』、勁草書房、二〇一一年、四―一〇頁。
(31) 浄土真宗本願寺派総合研究所葬儀研究プロジェクト「直葬の現状報告」浄土真宗本願寺派『宗報』二〇一五年一月号、二二―二五頁。
(32) E・デュルケム『宗教生活の原初形態〔改訳〕』（上）、古野清人訳、岩波文庫、一九七五年、八六―八七頁。
(33) 文化庁文化部宗務課「解説　宗教法人制度の概要と宗務行政の現状」『宗務時報』第一一六号、二〇一三年、一六―一八頁。
(34) 『平成7年度我が国の文教施策』第Ⅱ部第9章第6節「宗教法人と宗務行政」

http://www.mext.go.jp/b_menu/hakusho/html/hpad199501/hpad199501_2_236.html

（35）竹田聴洲『日本人の「家」と宗教』、前掲書、一六頁。

（36）鈴木大拙『日本的霊性』、岩波文庫、一九七二年、一七頁。

第6章　現代日本の宗教状況

井上順孝
弓山達也

1　近代新宗教とは

1　新興宗教・新宗教・近代新宗教

一九世紀以来、日本には多くの新しい教団が形成され、今日でも少なくとも数百の教団が確認される。形成の時期は異なり、教団の規模も大小様々であるが、いくつかの共通点も見いだされる。これらをひっくるめて呼ぶ場合は、新興宗教あるいは新宗教というのが一般的である[1]。新興宗教はマスコミ・ジャーナリズムで多く用いられ、新宗教は研究者の間で多く用いられる。

新宗教というと、いろいろな種類の新しい教団が含まれることになるが、時代ごとの違い、あるいは中心的な教えや儀礼・実践などの違いによって、いくつかのタイプに分けられる。まず時代ごとの違いに注目する研究では、大きくは二期、さらに細かくは四期ないし六期に分けて考えられている。一九九〇年に刊行された『新宗教事典』[2]では六期に分けられている。大きく二期に分けるものとして、旧新宗教と新新宗教という区分がある。この場合は、一九七〇年代における日本の大きな社会変化が与えた影響が重視されている。一九七〇年代以降に信者の増加をみた教団がおおむね新新宗教とされる。

他方、中心的な教えの違いに着目する場合は、大別して神道系、仏教系とする。さらに習合系、キリスト教系を加えることもできるが、習合系は神道系をさらに細かく分けるときに使われることが多い。キリスト教系とは日本で形成されたキリスト教系の新宗教であるが、これはごく少数である。新宗教のなかには、数多くの分派教団が形成されたものがある。神道系であると、天理教系、大本系、さらに大本系のなかの世界救世教系がよく知られている。仏教系であると霊友会系が代表的である。分派教団と元の教団、そして分派教団同士は、教えや儀礼・実践、さらに組織形態がきわめて類似するのが一般的である。この系譜ごとにみていくと整理しやすいことが多いので、これについては次節で述べる。

これまで新宗教と総称されてきたものは、ほとんどが、中心的な教えや儀礼・実践などの面で、神社神道や仏教宗派、さらに修験道という近代以前から日本に定着していた伝統的な宗教に多くの影響を受けている。他方で、布教の方法、組織の形成の仕方においては、伝統的な宗教とは異なった特徴をもっている。伝統的な宗教が地縁や血縁という社会的つながりと深い関わりをもって存続しているのに対し、新宗教は近代化のなかで生じた人口流動の激しさに対応できるような組織をつくっていった。それは「同志縁」と呼べる新しいつながりの原則をつくりだした。

ところが、一九八〇年代以降は、中心的教えや儀礼・実践などの面においても、伝統的な宗教との連続面がほとんどなく、日本や世界の様々な宗教伝統を組み合わせるような宗教も現れるようになった。あるいはもっぱらウェブ上で活動するような動きもみえはじめた。これらを従来の新宗教と区別することも必要になってきている。そうすると、近代化に応じて組織を整えつつも伝統的宗教との連続性が明らかな新宗教を近代新宗教と呼び、伝統的宗教とのつながりが希薄であったり、情報化の影響を強く受けた新しいタイプの宗教をポスト近代新宗教と呼ぶことができる。ポスト近代宗教はまだそれほど数が多くなく、大半の新宗教は近代新宗教である。

２　近代新宗教の概要

では、具体的にどんな教団を近代新宗教に含めうるであろうか。表１に掲げたのは、組織の大きな教団、あるいはこれまで社会的に注目されることの多かった教団である。これは数ある近代新宗教のうちのごく一部にすぎない。『新宗教教団・人物事典』(3)には、三〇〇余りの新宗教がリストアップされているが、これもある程度研究がなされている教団の数であり、存在さえほとんど知られていない教団がまだある。

これらの教団の形成時期は一九世紀から二〇世紀後半までほぼ二世紀近くにわたる。幕末から第二次世界大戦後まで、たえず新しい運動が形成されてきたといえる。新しい教団の形成が他の時期よりやや多い時期がある。昭和前期や第二次大戦直後である。その理由を一つの要因に求めることはできないが、社会変化、特に法的環境の変化は大きな要因になる。また一つの影響力ある教団からいくつかの教団が次々と分派するような時期もある。

法的な環境の変化のもたらす影響は、とりわけ第二次大戦後に顕著である。宗教法人令、さらに宗教法人法によって、信教の自由が大幅に認められたことで、新しい教団の設立がきわめて容易になったからである。

表1　近代新宗教の概要

	信者数	教師数	団体数	設立年	本部
円応教	457,554	3,247	337	1919	兵庫
大本	168,969	4,825	761	1892	京都
黒住教	297,545	1,491	331	1814	岡山
解脱会	104,506	552	375	1929	埼玉
孝道教団	159,803	393	5	1936	神奈川
金光教	430,026	3,781	1,526	1859	岡山
松緑神道大和山	—	—	—	1919	青森
神慈秀明会	—	—	—	1970	京都
真如苑	916,226	83,520	16	1936	東京
崇教真光	(50～100万)	—	—	1978	岐阜
生長の家	550,310	14,335	129	1930	東京
世界救世教	835,756	4,211	510	1935	静岡
世界真光文明教団	—	—	—	1959	静岡
善隣教	(10～15万)	—	345	1947	福岡
創価学会	(827万世帯)	—	—	1930	東京
大和教団	95,266	140	338	1946	宮城
天理教	1,169,275	148,141	33,266	1838	奈良
中山身語正宗	294,825	393	348	1921	佐賀
念法眞教	458,627	5,927	94	1928	大阪
パーフェクトリバティー(PL)教団	922,367	584	250	1946	大阪
白光真宏会	—	—	—	1951	静岡
佛所護念会教団	1,214,118	4,298	14	1950	東京
辯天宗	95,405	106	37	1952	奈良
ほんみち	318,998	14,205	8	1925	大阪
本門佛立宗	279,470	669	345	1857	京都
妙智会教団	660,991	3,526	11	1950	東京
妙道会教団	212,000	478	12	1951	大阪
立正佼成会	3,089,374	80,614	618	1938	東京
霊波之光教会	—	—	—	1956	千葉
霊友会	1,369,050	2,785	2,870	1930	東京

注：数値は文化庁編『宗教年鑑　平成26年版』(2015年）に依拠した。(　）は宗教情報リサーチセンターの教団データベースに記載の数値。— は不明。

3　信者の数

表1には主な近代新宗教の公称信者数が記載されているが、これは文化庁編『宗教年鑑　平成26年版』(4)に記載の数字である。だが、この数字は注意して読まなければいけない。これは管轄している文化庁（宗務課）に対し、教団側が報告した数をそのまま掲載したものである。ほとんどの場合、実際の信者数は、これよりだいぶ少ないと考えてよい。これまでの研究を踏まえると、きわめておおまかには、平均してこの数字の五分の一程度とみなせる。教団によっては、一〇分の一以下の場合もある。もっとも、信者数をかなり多めに発表する傾向は、新宗教に限られたことではない。むしろ神社神道などの方が、報告された数字と実勢とのずれは大きい。報告された信者数が比較的実情に近いのは、キリスト教系の教団であるとされている。

実態とのずれは宗教教団が厳密に調べていないことや、数え方の曖昧さによる場合がある。一回支部なり教会なりに訪れただけの人も、その後ずっと信者と数えるという方式をとっているケースもある。その場合は、当然信者は増える一方である。そうした事情を別にしても、実際問題として、信者を正確に把握するのは、きわめて困難である。たとえば自分の意思で洗礼を受けた者、年会費を収めている者などという明確な基準がある場合は、ある程度正確に信者の数を把握できる。それでも形だけの信者というのがありうる。とりわけ近代新宗教の場合は、仮に厳密に算定しようとしても、神社神道や仏教宗派、キリスト教会に比べて、一般的に入会ないし退会の割合が高く、正確な人数はさらに把握しにくい傾向がある。

4　教団の規模

こうしたことを考えると、教団の規模を考えるうえでは、同じく『宗教年鑑』に記載されている教師数や支部団体数を合わせて参考にした方がいい。『宗教年鑑』でいう教師とは、布教・教化活動に携わる人たちである。神社神道であれば神職、仏教宗派であれば僧侶、またキリスト教であれば神父や牧師がそれにあたる。近代新宗教の場合は、教会長、布教師などが該当する。また支部団体は、神社神道では主に神社、仏教宗派では主に寺院、キリスト教では主に教会が相当する。新宗教では分教会、布教所、支部などである。

一人の教師が有効に指導できる信者の数は、通常数十人程度であると考えられる。多くても、せいぜい二〇〇～三〇〇人が限度と考えられる。すると、教師数が一〇〇〇人程度の教団は、一〇万人前後の信者を指導しうると推測される。したがって、教師数が一万人を超える教団は、大教団と考えられることになる。また、一つの支部団体が管轄する信者は、数十人から数百人というのが一般的である。ここからも教団の規模をある程度推し量れる。もっとも、教師制度の内実や各支部組織の規模は、教団ごとに大きく異なるから、こうして算定した場合の信者数の誤差も大きい。けれども、公称信者数だけで判断するよりは、この二つの数も参考にした方が、社会学的な妥当性が増すと考えていい。

5　新宗教の特徴

新宗教の特徴の一つは、その布教方法にある。新宗教の多くは、信者を一人でも増やそうと様々な試みをする。これを拡大再生産型の布教と比喩できる。他方、既成宗教の方は通常単純再生産型と比喩できる。つまり、すでに氏子や檀家である人たちが、地縁・血縁原理によって、その関係を維持してくれることに、主たる関心を寄せる。拡大再生産型は、布教にあたって、地縁・血縁だけに依存しない。同じ会社に勤めるという社縁も使う。同級生であったとか、同じサークルであったとかいう関係も利用する。さらに何も関係ない人に、街頭で声をかけたり、戸別訪問によって布教を試みたりする。しかしながら、見知らぬ人に対する、いわば「無差別布教」を試みる教団は、そう多くはない。

拡大再生産型の布教を有効に推し進めるためには、特定の人が布教を行うのでなく、信者全体が布教を試みる態勢の方がいい。その教団のすべての信者が、布教者たることを求められるような態勢を、万人布教者主義と呼ぶ。万人布教者主義をとると、短期間に信者が急速に増えるという現象が起こりうる。

組織は全体として柔軟な構造をもつ場合が多く、末端の組織は信者や会員が増えると細胞分裂のように増殖していくようになっているのが普通である。活発な活動をする支部は、その下にさらに支部教会を多く生むことになる。ただしどんどん増殖する特定の支部に自治権を強く認めると、分派につながりやすいので、すべて本部が直接管轄する機構になっているものが増えている。これを徹底させるため、布教師を特定の教会に固定させず数年で移動させる教団もある。こうしたことを含めて、組織の流動性は既成宗教に比べて高いのが特徴である。

新宗教の組織の特徴を「タテ線・ヨコ線」として把握する仕方がある。タテ線の方が時期的には古くからあり、信仰に導いた人（「導きの親」などと呼ぶ教団もある）と導かれた人との間の関係を基本とする。本部・支部、さらに下部支部へというタテの関係を基本として、日常の活動や布教を進めていく形態である。他方、ヨコ線は、地域ごとの連帯というのに近く、ある程度組織が大きくなった教団は、この原理を導入することが多い。この両方の原理が組み合わされると、非常に強固な組織形態となる。

〔井上順孝〕

2　近代新宗教の区分

近代新宗教は教えや儀礼・実践面では伝統宗教とのつながりが深い。この場合、神道との関わりが深いものと、仏教宗派との関わりが深いものがある。ただ神道との関わりは仏教宗派との関わりに比べて、教えの影響の明確さが弱まる。仏教宗派の場合はそれぞれ所依《しょえ》の経典や定まった儀礼があるので、どの宗派と関わりが深いのかはわかりやすい。なかにはその仏教宗派に関連する在家組織とみなしてもよさそうな教団もある。これに対し神道の場合は、神の捉え方、祭典の方式といったものに影響をみてとることができるが、教えに神社神道からの影響が明確にみてとれるもののほかに、仏教や修験道などからの影響を一部受けているものもある。これらを習合系と呼ぶ場合がある。

近代新宗教にはどのようなタイプの教団があるかを考えるうえでは、先ほど述べた系譜によるグループごとに比較することで、かなりわかりやすくなる。以下には、神道系の大本《おおもと》、世界救世教、天理教の系譜と、仏教系の霊友会の系譜の概略を示す。また分派がない、あるいはほとんど出さず一定の教団規模に至ったものがある。神道系では金光教、黒住教、仏教系では創価学会、真如苑、念法眞教などがその例である。これらについても簡単にふれる。

1　大本系

今日街頭での布教活動が目立つ神道系新宗教のうち、かなりのものは、広い意味での大本系に入る。大本の影響を受けて、生長《せいちょう》の家《いえ》、世界救世教などが生まれているが、世界救世教からは、さらに数多

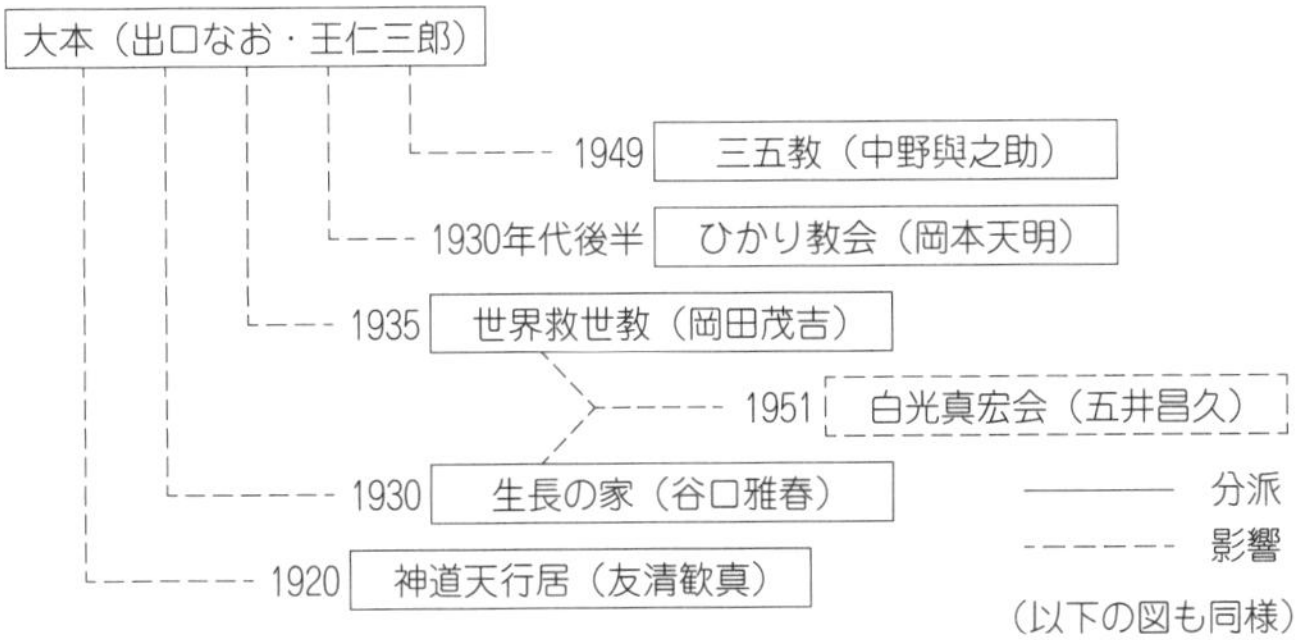

図1　大本系

くの教団が分派している。広い意味の大本系の主な教団の関係を図示すると図1のようになる。大本は明治末から昭和前期にかけて教勢を伸ばした運動であり、分派や影響を受けた教団の設立は、大本が一九三五年に二度目の弾圧を受けた前後に多くなっている。

このなかで、神道天行居《しんとうてんこうきょ》の友清歓真、三五教《あなないきょう》教祖の中野與之助は、大本の出口王仁三郎と一時期深い関わりをもった。生長の家教祖の谷口雅春と世界救世教の岡田茂吉は、王仁三郎の思想的影響を受けたが、のちにいずれも独自の教団をつくった。大本の影響は、特に思想的な面にあらわれている。大本系の教えの特徴としては、霊および霊界が重視されることである。大本には、「霊主体従」という考えがある。これは霊界の現実世界に対する優位を示したり、霊界で生じた現象が、やがて現実世界に生じるなどとされる。霊界のありさまを知ることで、この世の行く先を予知できる。そうした思想もここからは生まれる。

大本は京都府で組織が形成され、現在の聖地は綾部と亀岡の二か所にある。創始者は出口なお（一八三六―一九一八）と出口王仁三郎（一八七一―一九四八）である。出口なおは、大量の「お筆先」と呼ばれるものを残しているが、娘婿にあたる王仁三郎は、これを解釈しながら霊学、鎮魂帰神法などを独自に体系化し、多

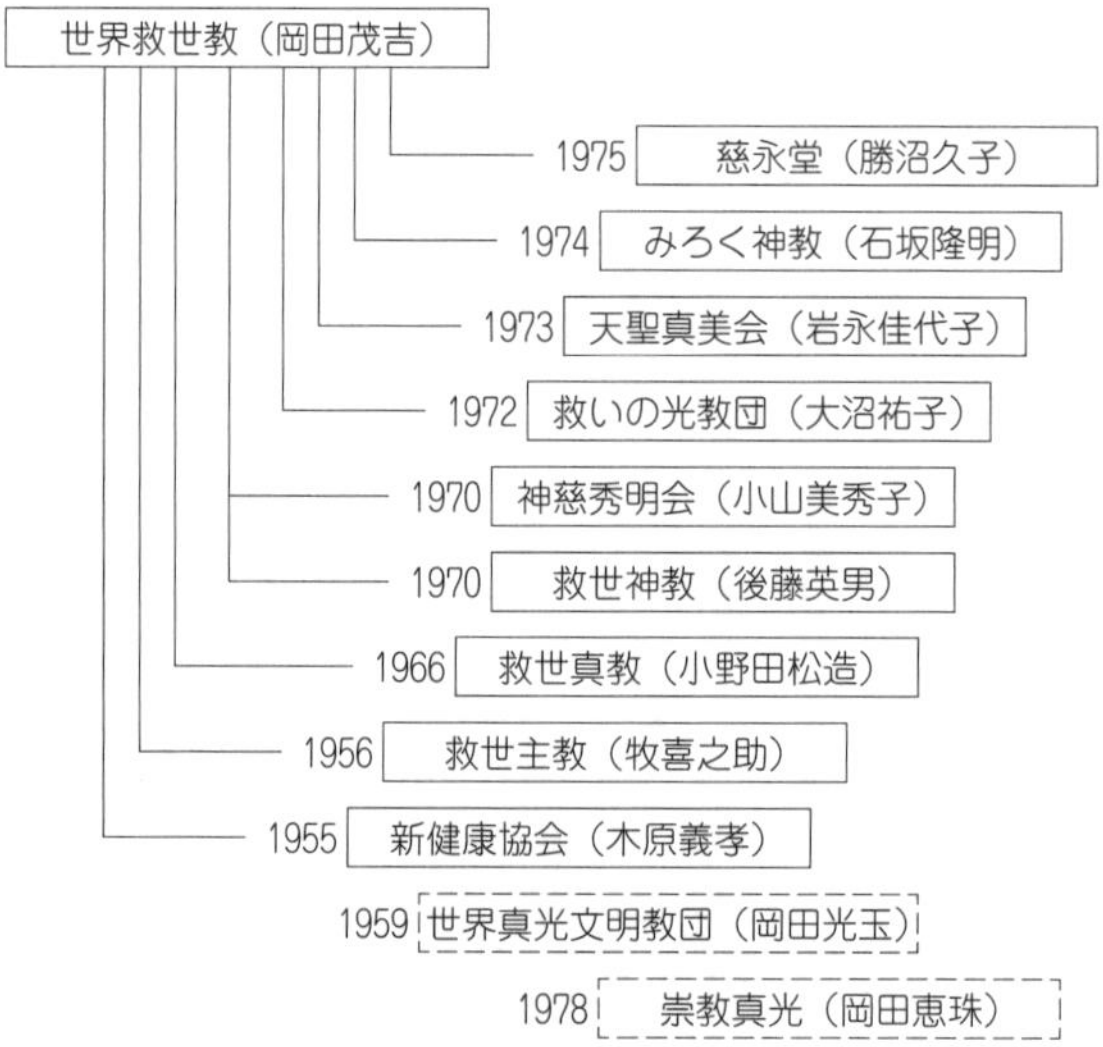

図2　世界救世教系

くの宗教家に影響を与えた。しかし戦前に二度の国家的弾圧（一九二一年の第一次大本事件、一九三五年の第二次大本事件）を受けたことが関係して、戦後は比較的小教団である。

2　世界救世教系

一時期大本の信者であった岡田茂吉（一八八二―一九五五）は、その後大本を離れ、東京で大日本観音会を組織した。これが今日の世界救世教になるが、世界救世教からは、さらに多くの分派教団が生まれた。これは図2に示した。世界救世教は終戦直後に教勢を伸ばしたが、一九五五年の岡田茂吉の死後、組織内部で分裂があった。さらに、支部教会単位での分派というケースが多くみられた。岡田茂吉の死後分派した教団においても、岡田はしばしば「明主様」と呼ばれて崇敬されている。

また、世界《せかい》真《ま》光《ひかり》文明《ぶんめい》教団は中伊豆に、崇教《すうきょう》真《ま》光《ひかり》は岐阜高山に、それぞれ巨大な神殿を建立したことで知られる。両教団の共通の教祖である岡田光玉（一九〇一―七四）は、世界救世教に入信していたことがあり、教えや儀礼に世界救世教の影響が観察される。岡田光玉は一九五九年に、新たに東京でL・H陽光子友乃会を結成し、六二年に世界真光文明教団と改称した。岡田光玉の死後、後継者をめぐる問題から岡田恵珠を教主とする崇教真光が別に教団を形成した。これらの教団も、広い意味の世界救世教系と呼ぶことができる。

世界救世教系の教団は、広い意味の大本系ということになるから、霊や霊界を重視するが、さらに手かざしによる治病、浄霊、浄化などを行うのが通例である。呼び方は、浄霊、手かざし、お浄め、真光の業などと教団により多少異なるが、手をかざすスタイルや、その目的はおおよそ共通している。岡田茂吉は「薬毒論」を説いたので、農薬を使わない農業、自然農法などを主張する教団がある。茂吉はまた戦前に古美術商を営んでいたことから、美術品に目が利き、これが静岡県熱海市のMOA美術館の設立につながった。分派教団のうちの神慈秀明会は滋賀県甲賀市にMIHO　MUSEUMを設立している。

3　天理教系

天理教系はやや複雑である。天理教は中山みき（一七九八―一八八七）を教祖とし、今の奈良県天理市で形成された。みきは幕末から宗教活動を始めるが、明治前期には信者の増加に伴い、かなり厳しい統制を受ける。明治政府が宗教活動に際して必要とした教導職の制度にみきが従わなかったことが一因である。みきの死後、信者は急速に増え、戦前では最大の近代新宗教となった。

天理教からはいくつかの教団が形成されるが、直接的な分派教団のほかに、ほんみち―天理三輪講系、

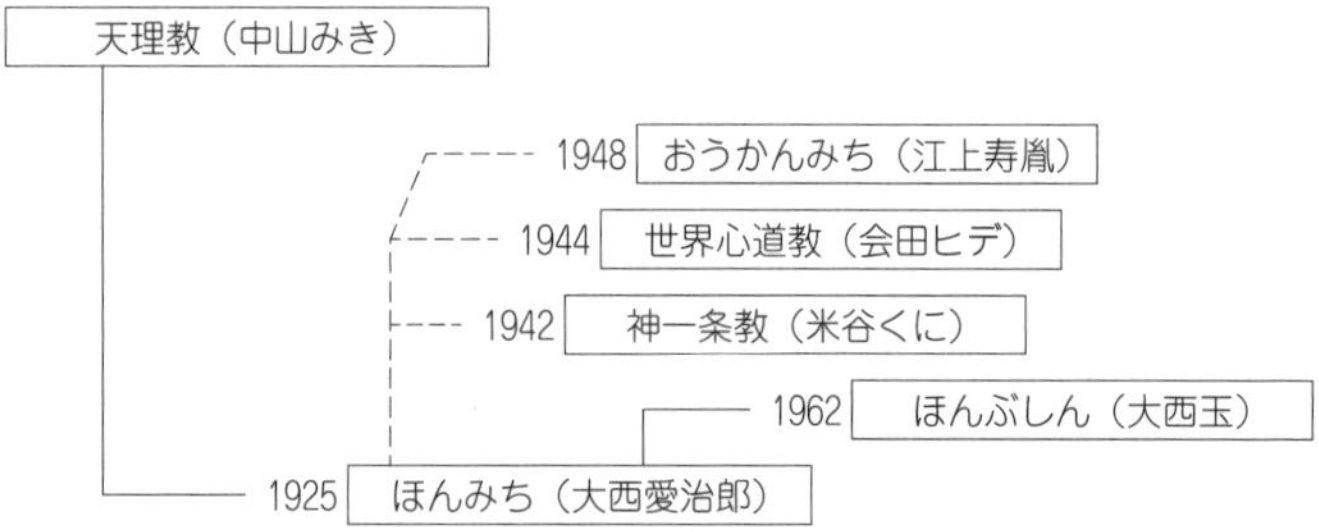

図3　天理教系

天理《てんり》神《かみ》之《の》口《くち》明《あけ》場所《ばしょ》系など、分派教団からの分派教団というべきものが数多くある。一九二〇年代から三〇年代にかけて、ほんみちの大西愛治郎の影響を受け、何人かの天啓者を名乗る人々が出現している。これには理由がある。中山みきは、一一五歳を自らの定命としていた。そこで、本来ならみきの死ぬ年であったはずの一九一二年以後、みきの代わりとなるべき天啓者出現への願望が高まったためである。

図3には、広い意味での主な天理教系教団の関係を図示した。これらの教団には、いくつかの共通点がある。神は「親神」であり、子たる人間の宗教的成長を願い、見守る存在と理解される。人間の生き方の理想的形態としての「陽気ぐらし」という観念も多く継承される。神の理想が実現される具体的な場としての「甘露台」という考えもたいてい共有される。なお、ほんみち―天理三輪講系においては、しばしば終末論的な色彩の強い教えが説かれる。

中山みきは女性であり、かつ「おやさま」として信者たちの崇敬を集めたことで、それ以後の近代新宗教に少なからぬ影響を与えた。個々の依頼者に対して、病気治しその他により、問題を解決していくというだけなら、霊能祈祷師にもよくみられる。しかし、みきは、体系だった世界観、日常倫理、儀礼、実践活動等についても教えを示した。こうした宗教的指導者としての役割を担った女性教祖は近代新宗

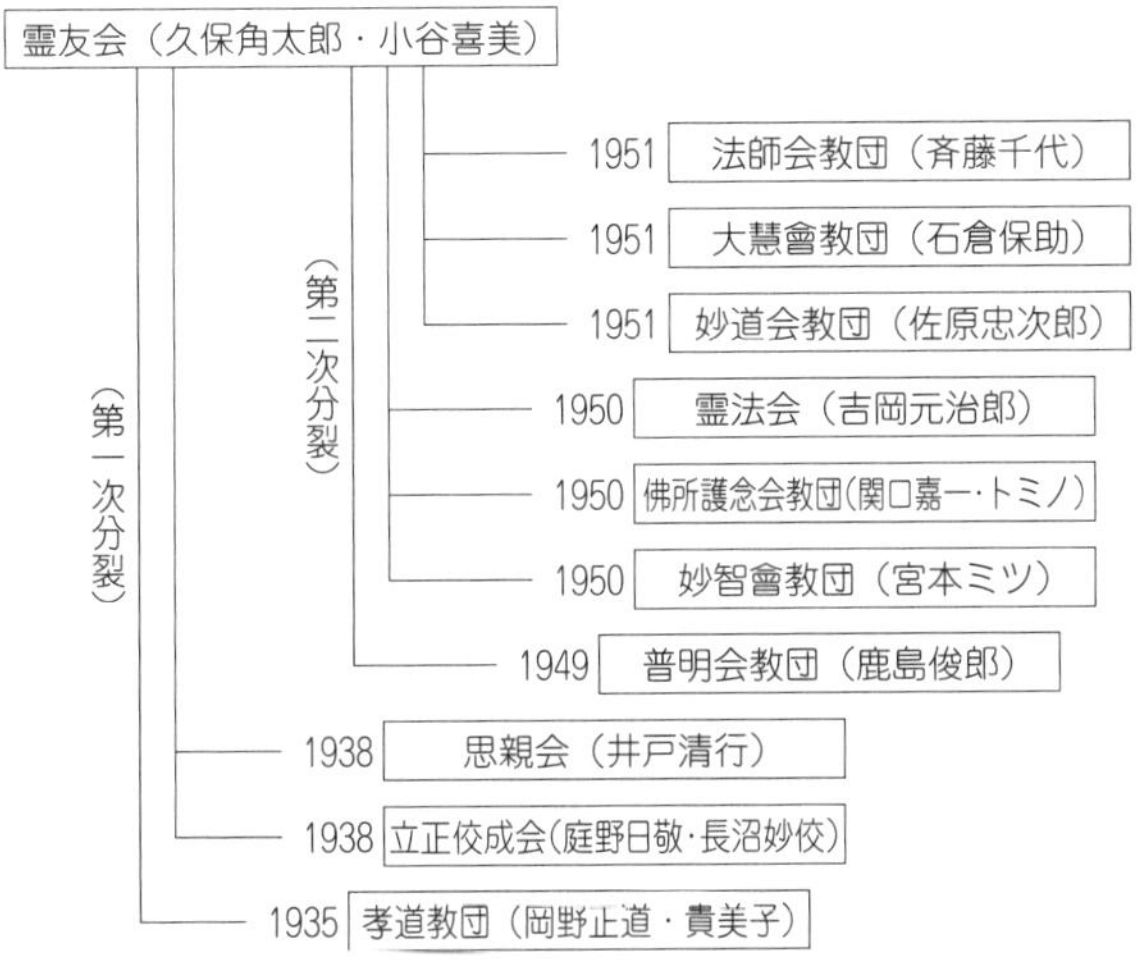

図4　霊友会系

教には多くみられる。円応教の深田千代子、天照皇大神宮教の北村サヨ、妙智会の宮本ミツ、辯天宗の大森智辯、神慈秀明会の小山美秀子などである。また男性とともに「協働の教祖」となった女性も多い。先の出口なおのほか、霊友会の小谷喜美、立正佼成会の長沼妙佼、真如苑の伊藤友司などである。

4　霊友会系

仏教系新宗教で一大グループを形成するのは、霊友会系である。これは図4に示した。霊友会は久保角太郎（一八九二―一九四四）と彼の兄嫁である小谷喜美（一九〇一―七一）の二人によって創始された。角太郎は法華経を重んじ、また先祖供養を重視する運動を展開した。喜美は自ら厳しい修行に耐え、これを信者たちにも求めた。霊友会の分派は一九三五～三八年（第一次分派）と一九五〇年前後（第二次分派）に集中している。戦前の第一次分派で分かれた立正佼成会《りっしょうこうせいかい》は、庭野日敬（一九〇六―九九）と長沼妙佼（一八八九―一九五七）により設立されたが、戦後、信者数を急速に伸ばし、霊友会よりも大きな教団になった。戦後の第二次分派では多くの教団が分裂しているが、これには少なくとも二つの理由が考えられる。一つは霊友会の組織上の特徴、つまり支部の独立性が高かったこと、もう一つは厳しい修行を求めた小谷喜美の方針への反発という感情的な理由である。

霊友会系の教団の教義や儀礼はかなり類似している。儀礼・実践面では先祖供養が最も重視される。その場合に、総戒名というものが特徴的である。総戒名とは、夫と妻の双方の先祖のすべてを象徴する崇拝物である。霊友会は既成仏教宗派のうちでは、日蓮宗と深い関わりをもつ。日蓮に対する信仰もあるが、法華経に対する信仰の方が重要である。その意味では法華信仰の系譜にあるという方がより正確である。霊友会系の教団においては、法華経を現代的に解釈するという立場がほぼ共通してみられる。

5　その他のグループ

以上のグループのおおよその特徴を把握するだけでも、新宗教の全体がずっと把握しやすくなる。このほかにも小さなグループがあるので、簡単に説明する。一つは祖神道系である。これは、昭和前期「長洲の生神様」と称された松下松蔵（一八七三―一九四七）が組織した祖神道と、彼の弟子たちがつくった教団群（四大道《しだいどう》、真理実行の教え、祖神道教団、天恩教など）を指す。祖神道の本部は熊本県玉名郡にある。この系譜の教団は現在いずれも小教団である。教えとしての四大道（忠・孝・敬神・崇祖）と、救済儀礼としての「お手数《てかず》」が、特徴的である。祖神道でのお手数は、現在は笏を用いて祈念する形になっている。

徳光教―ひとのみち系と呼ばれている系譜もある。神道系もしくは習合系に含められる。徳光教は金田徳光（一八六三―一九一九）を教祖とし、ひとのみち教団は、最初徳光の弟子であった御木徳一（一八七一―一九三八）によって創始された。ひとのみち教団は、戦前に相当の勢力になったが、一九三七年に弾圧を受けた（ひとのみち事件）。戦後、ひとのみち教団の二代教主であった御木徳近（一九〇〇―八三）によって新たに組織されたのがPL（パーフェクトリバティー）教団である。ひとのみち教団から影響を受けた団体として、倫理研究所、実践倫理宏正会などの修養道徳的な団体がある。

身語正《しんごしょう》系は、九州を中心に展開した密教系の教団である。高野山で得度し修行した木原覚恵（一八七〇―一九四二）が、昭和初期に佐賀県で創始した運動が、中山身語正宗、光明念仏身語聖宗、密言宗などの教団群を生み出している。北九州の秘密念仏集団の影響を受けており、「おじひ」と呼ばれる救いの秘法が特徴である。

法華信仰に基づく仏立講《ぶつりゅうこう》系には、本門立正宗、現証宗日蓮主義仏立講、在家日蓮宗浄風会などが含まれる。この中心となる本門仏立講が、日蓮宗八品派と複雑な関係をもつため、この分派・影響関係も入り組んでいる。ただ、教えや活動ではよく似ており、現世利益を強調する現証主義がはっきりしている。

6　分派がほとんどない教団

運動が生じてからあまり時間が経っていなかったり、組織が小さいものであると、分派・影響関係がないというのは不思議ではない。しかし、創設以来半世紀以上経っていたり、相当大きな組織の教団でも、分派・影響関係がほとんどないものもある。このうち、比較的教団の規模が多い黒住教、金光教（以上神道系）と創価学会、真如苑、念法眞教（以上仏教系）について概略を示す。

黒住教教祖の黒住宗忠（一七八〇―一八五〇）は、岡山県の神社の神職（禰宜《ねぎ》）であったが、天命直授と呼ばれる宗教体験をしたのち、講説と禁厭《まじない》（病気治しなどの活動）を中心として信者を広げた。没後も高弟たちの布教活動により、西日本を中心に支部が増えた。宗忠は伊勢神宮への崇敬の念が篤く、神社神道と非常に近い教団である。

金光教は農民であった赤沢文治（一八一四―八三）がやはり幕末に岡山で宗教活動を始めた。宗教家となってからは金光大神と称する。信者を氏子と呼ぶなど、教えには神道的な用語がみられる。黒住教も金光教も戦前は神道一三派と称される教派であったので、儀礼は神道に基づいている。教主や教師は神と人々とをいわば仲介する「取次」の役をもつとされる。神前における取次において、信者たちの神への感謝、祈りといったものが神に伝えられ、また神の人々に対する諭しが伝えられる。

創価学会は牧口常三郎（一八七一―一九四四）を初代会長とし、一九三〇年に東京で創価教育学会として設立されたが、戦時中、神宮大麻問題で不敬罪に問われ、組織は解体した。しかし戦後二代会長戸田城聖（一九〇〇―五八）が創価学会と改称し、折伏と呼ばれる布教法によって一九五〇年代にかけて急速に信者を増加させた。第三代会長となった池田大作（一九二八―）は六〇年代から七〇年代半ばにかけさらに信者を増やし、また国外にも支部をつくっていった。信者数では日本最大の新宗教教団となった。公明党の結成、創価大学の設立など、社会活動の幅を広げた。当初は日蓮正宗の講的な組織であったが、一九九一年に破門され、宗門との関係はなくなった。

真如苑は伊藤真乗（一九〇六―八九）・友司（一九一二―六七）夫妻によって東京で創始された。戦後、真言宗を離脱し独立した宗教法人となった当初はまこと教団と称していたが、一九五一年に真如苑と改称した。一九七〇年代頃から信者の増加が顕著になった。密教的な考えをベースに霊能を開発するという実践活動が特徴的である。真言宗醍醐派と深い関わりをもち、野外で行われる護摩法要をはじめ、儀式は醍醐派のそれにのっとったものである。

念法眞教は小倉霊現（一八八六―一九八二）によって大阪で創始された。霊現は大正末期から昭和初期にかけて宗教活動をはじめ、戦前は天台宗に属していた。戦後、独立宗教法人となった。病気治しなどにより多くの信者を得たが、霊現は強い愛国主義の思想をもち、また戦争体験もあって、晩年に至るまで軍帽をかぶって布教した。〔井上順孝〕

3　新宗教の展開とポスト近代新宗教

各教団の教義や儀礼の特徴を考えるうえでは、以上のようなグループ化は参考になるが、近代化のなかで起こったどのような変化が近代新宗教の形成に影響を与えたかも重要な問題である。一九世紀半ば頃から二〇世紀にかけての社会変動のなかでも、特に次の点は近代新宗教の形成およびその展開に大きな影響を与えたと考えられる。

① 法的環境の変化
② 都市化・産業化
③ 教育の普及
④ 情報メディアの革新

1　法的環境の変化

近代日本における二度の大きな宗教行政上の変化は、新宗教のみならず、すべての宗教の組織形成や活動面に大きな影響を与えた。一つの変化は明治初期におこったもので、もう一つは第二次大戦後に生じた変化である。

明治初期の宗教行政のうち、近代新宗教に大きく影響を与えたものは、神仏分離、神仏合同布教、教導職制度、神道教派体制の成立である。これらの過程で、すでに幕末から活動を初めていた教団は、公認のための方策を考える必要が生じた。明治政府が新しくつくった神道教派として認可されるか、神道教派、もしくは仏教宗派に属する団体として活動する道を選んだ。また一九三九年に公布された宗教団体法のもとで宗教結社となった教団が相当数ある。

新しい神道系の近代新宗教のうち、黒住教、天理教、禊教《みそぎきょう》、金光教は、やがて神道教派として認められていくが、その時期はかなり異なる。黒住教は最も早く一八七六年に一派独立したが、天理教は最も遅く、一派独立が認められたのは、一九〇八年である。また大本、生長の家、世界救世教などは独立した派として認可されることはなかった。

第二次大戦後の変化も近代新宗教に大きな影響を与える。一九四五年公布の宗教法人令、そして一九五一年公布の宗教法人法では、信教の自由が大幅に認められ、戦前に比べて一つの教団として認められるハードルがかなり低くなった。神道系、仏教系の多くの教団が独立した宗教法人として活動できるようになった。表面上は、当時「雨後の筍のように」と表現されたように、多くの新しい教団がそれぞれ独自の組織を形成したが、実際の宗教活動は戦前からなされていたものが大半である。

2　都市化・産業化

近代化のなかでの都市化や産業化の進行も、近代新宗教の広まりには大きく関わっている。江戸時代は人口のほぼ八割が農民であった。また生まれ育った土地で一生を終える人が多かった。しかし近代化は人々の職業形態を多様化させ、第二次産業、第三次産業に属する人々が増加した。村落部から都市部に向かう人が増え、人口は都市部に集中していく。この結果、人々の信仰形態が地縁・血縁のつながりと関わりをもつ度合いは少しずつ薄れていった。

地縁と深く結びついた神社や血縁と深く結びついた寺院は、この変化に対応する組織形態へとは至らなかった。しかし、近代新宗教のなかには、人口の流動化、産業形態の変化に対応した活動をするものが出てきた。住む地が変わっても、同じ教団の別の支部に所属することで、日常の信仰活動が継続できるというシステムをとる教団が増えていった。これは特に第二次大戦後目立ってくる。

村落部における生活形態と都市における生活形態は、様々な点で異なるが、とりわけ人間関係は大きく異なってくる。地域共同体がもっていた相互扶助、生活上必要な情報の交換の役割は、異なる地域出身の人々が集まってくる都市生活においては、従来どおりには機能しない。近代新宗教の支部における集会等は、そうした従来地域共同体がもっていた相互扶助、情報交換の機能の一部を補う面があった。

3　教育の普及

近代の特徴の一つは、教育の普及である。初等教育、中等教育の広まりは、文字を習得し、文字をとおして宗教の教えを理解し、また人に伝えていくことのできる人の増加をもたらした。たとえば伝統仏教宗派が江戸時代においてそうだったように、少数の宗教専門家（僧侶）が、一方的に宗教の教えや儀礼・実践法について一般信者に対して説くという構造とは異なる構造が生まれた。

教育の普及という観点からは、一九世紀末から二〇世紀はじめにかけての初等・中等教育の普及と、一九七〇年代以降の高等教育の広がりに注目したい。義務教育の普及は、一八九〇年代から一九〇〇年代にかけて顕著となる。一八九一年には就学率は、ほぼ五〇%であったが、一九〇〇年には八〇%を超えている。義務教育の普及は、文字を情報のやりとりの手段として使える人が増えたことを意味するので、宗教の教え、実践方法といったことについて、一般信者でも他の信者に教えを伝えられる人が増えた。これが万人布教者主義の基盤の一つともなる。

さらに、戦後は高等教育の大衆化が進行したが、これは特に一九七〇年代以降に顕著になった。短大・四年制大学への進学者の割合は、一九七五年には約三四%に達した。これは教育の均質化をもたらし、高等教育がいわゆるエリートを養成するための教育という性格を弱めていくことになった。若者が新宗教の担い手として注目される時代には、教育面でのこうした変化が生じていた。

4 情報メディアの革新

新しく信者を獲得しようとする宗教にとって、情報メディアの革新は、信者を短期間で増加させたり、広い地域の信者を教化していくうえで有効な手段として作用した。近代日本における情報メディアは、新聞・雑誌などの活字メディアから、ラジオという音声メディア、さらにテレビ・ビデオという映像メディアへと多様化してきた。新宗教のなかには、これらのメディアの展開をすぐさま布教に利用するものが増えた。特に、機関誌の刊行と、ビデオの利用というのは、新宗教にとって大きな意味をもつ。

活字メディアは一八九〇年代以降、急速に大衆化する。やがて、新宗教における機関誌の刊行が相次ぐ。これは教祖や教団幹部の意向が、末端信者に徹底しやすい条件を生んだ。ラジオ放送は一九二五年に開始され、翌年には社団法人日本放送協会（現在のＮＨＫ）が発足するが、第二次大戦後には多くの教団がこれを教化に利用した。一九五六年に放送開始したテレビは六四年の東京オリンピックを機に大衆化していったが、ラジオに比べて宗教団体の利用に関する規制が厳しく、利用は一部にとどまった。しかし、映像メディアの一種であるビデオは布教に広く用いられるようになり、新宗教教団が儀礼やイベントの際にそれをビデオカメラで撮影するのは、一九八〇年代にはありふれた光景となった。

　そして一九九〇年代後半からのインターネットの大衆化とともに、ホームページを作成する教団がしだいに増え、二一世紀に入ると、多くの教団がホームページで基本的情報を示し、一部の教団はそれを信者同士の意見の交換に使うなどしている。

5　ポスト近代新宗教

一九八〇年代以降、近代新宗教とは異なるタイプの教団の形成、またインターネットの普及に伴う新しい宗教現象も出てきた。新しいタイプの教団とは、幸福の科学、オウム真理教、法の華三法行などである。

　これらは、いずれも神道、仏教、修験道という日本の伝統的宗教との接点がきわめて乏しい一方で、教え、儀礼、宗教実践などに関して、世界の様々な宗教からその一部を断片的に取り込んでいる。断片的にというのは、その宗教の教えや儀礼といったものを体系的に受け入れているわけではないという意味である。その特徴から、「ハイパー宗教」(5)という特徴づけがされたりするが、近代新宗教とはいくつかの点で顕著な違いがある。

① オウム真理教

オウム真理教の教祖麻原彰晃(6)（一九五五― 本名松本智津夫）は、一時期阿含宗に属していたことがあるが、独自の活動を始め、一九八四年に東京でオウム神仙の会を組織した。麻原はみずから最終解脱者と称し、八七年にこれをオウム真理教と改称した。翌年富士宮市に富士山総本部道場を完成させ、そこにサティアン（サンスクリット語で「真理」の意）と称する建物を次々とつくって出家信者に修行をさせた。八九年に東京都から宗教法人の認証を受けた。同年には真理党を設立し、翌九〇年の衆議院選挙には麻原をはじめ二五人が立候補したが、全員が落選した。その後、各地で社会的トラブルが多発したが、一九九四年に長野県で松本サリン事件、翌九五年に東京の地下鉄サリン事件を起こした。実は一九八九年には坂本堤弁護士一家三人を殺害していたことも明らかになり、麻原彰晃ほか、多数の信者が逮捕され、そのうち、一三人に死刑判決が確定した。

オウム真理教はヒンドゥー教、チベット仏教の教えを取り込むほか、キリスト教の終末論、ニューエイジで流行した概念などを用いている。チベット仏教のポワの概念を独自に解釈したり、ノストラダムスの予言を踏まえたりして、終末への恐怖を信者たちに植えつけた。また多くのアニメビデオを制作し、麻原に空中浮揚などの超能力があることを誇示した。教団の幹部たちも、水中クンバカ、アンダーグラウンドサマディなどを試み、オウム真理教に入信すれば超能力が得られることを示そうとした。

仏法についても説いているが、日本の伝統仏教宗派との関係はまったくなく、その一方で世界のさまざまな宗教の教えを取り込み、実践法を独自に展開させた。その意味でハイパー宗教の特徴をよく備えている。

②　幸福の科学

幸福の科学は大川隆法（一九五六―）によって一九八六年に東京で設立された。九一年に東京都から宗教法人の認証を得ている。エル・カンターレを最高存在とし、それは大川隆法のことであるとしている。多くの霊言集を刊行しているが、それらは歴史上の人物、あるいは現存する人物の守護霊を呼び出し、そのメッセージを大川が語るという形式である。語られた霊言はすぐさま書籍として出版される。国内外を問わず、歴史上あるいは現存する多様な人物の守護霊を呼び出したとする。ときには人間以外も登場する。歴史上の人物では、孔子、坂本龍馬、昭和天皇、スターリンなど多様なジャンルにわたる。現存する人物は、イチロー、サッチャー元首相、プーチン大統領、安倍首相など、政治家、芸能人といった多くの人が関心をもちそうな人物である。霊言はすべて日本語で語られる。人間以外というのは、フィリピン巨大台風、ネッシー、様々な宇宙人などである。

二〇〇九年には幸福実現党を設立し、同年八月の衆議院議員選挙には三三七名を候補者として擁立し、全員が落選している[7]。全国各地に正心館という名称の支部を設立している。教育事業に積極的で二〇一〇年に栃木県那須郡に幸福の科学学園中学校・高等学校を、また一三年に滋賀県大津市に関西中学校・高等学校を開校した。二〇一五年には千葉県長生村に幸福の科学大学設立を目指したが、文部科学省の認可がおりず、大学とする予定であった施設を「ハッピー・サイエンス・ユニバーシティ（HSU）」という私塾として開学した。

幸福の科学では大川の著書である『太陽の法』『黄金の法』『永遠の法』を根本教典としている。『ブッダ再誕』などの映画を制作し、精舎を各地に建てているが、仏教の教えを基本にしているわけでもないし、日本仏教宗派と教義、儀礼、実践法などで関係をもっているものでもない。

③ 法の華三法行

法の華三法行は福永法源（一九四五―　本名福永輝義）によって設立された。会社を経営していた福永は、会社が倒産して失意のどん底にあった一九八〇年に「天声」を聞いたとされる。これを機に宗教家に転じ、自らの教えは宗教を超える「超宗」であるとした。八七年に静岡県から宗教法人の認証を得た。信者たちには街頭で「最高です！」と大声で叫ばせるなどの修行をさせた時期がある。二〇〇〇年に詐欺罪で逮捕され、宗教法人は解散となったが、元信者の一部は、天華の救済の名称で活動を続けた。二〇一三年には福永が刑期を終え、これを機に「天華の救済 宇宙・みらいグループ」と称して、活動している。

この教団も神社神道や仏教宗派とは一切関わりをもたない。自ら「超宗」と称したように、既存の宗教の上に展開した教えでないという自己認識をもっている。「没我」の修行、「天行力」の実践といった独自の用語が用いられ、徹底した心の入れ替えが求められる。しかし、「足の裏診断」によって「前生の悪い因縁を放っておくと癌になる」などと不安を起こさせ、さらに高額の献金を求めたことなどが、詐欺罪にあたると判断されたのである。

④ バーチャル宗教

こうした実際に教団として活動を行うもののほかに、インターネット上にはサイバー宗教あるいはバーチャル宗教とでも呼ぶべき、もっぱらウェブ上で情報発信するものがみられる。だが日本の場合、多くは遊びの要素が強く、国外における「馬鹿の教会（Church of Fools）」「空飛ぶスパゲッティ・モンスター教団」のような明確な意図をもった活動は、ほとんどみられない。「馬鹿の教会」は二〇〇四年にネット上に登場したバーチャル教会である。「空飛ぶスパゲッティ・モンスター教団」は、ボビー・ヘンダーソンが、インテリジェント・デザイン（ＩＤ）説を公教育にもちこもうとする動きに対して起こしたいわばパロディ宗教である。

〔井上順孝〕

4　宗教をめぐる諸問題

1　価値観の源泉としての宗教

これまでの本章1節から3節までは、一九世紀半ば頃から二〇世紀にかけての社会変動に呼応する形で近代新宗教が形成されたことと、その特徴をみてきた。そのなかでも情報化による宗教情報の氾濫とアクセス可能性の高まり、その一方で進行する伝統宗教との断絶がポスト近代新宗教ともいうべき教団群をもたらした。

社会変動によって、宗教の性格が変容し、新宗教においてはそれが顕著に確認される。逆に宗教の側から変動する社会に働きかけ、一定の影響力をつくりだすが、それがかえって社会で問題を惹起することもある。たとえば政治との関わりを最も大規模に展開している宗教教団である創価学会はどうであろうか。日本においては政教分離の原則があるが、宗教教団の政治への関与を禁じているわけではない。むしろ宗教教団が現世での幸福を願う限り、政治への関与は不可欠となり、特定の政治家を応援したり、宗教政党を結成して積極的に政界に進出したりすることは自然なことともいえよう。創価学会は一九五五年の統一地方選挙で当選者を出したのを皮切りに政治への関与を強め、一九六四年に公明党を結成した。しかし政教関係が昭和四〇年代から強く問題視されるようになり、こうした疑念は週刊誌レベルも含めると、公明党が政権連立与党になった今も続いている。

ドミナントな宗教伝統が希薄な日本にあっては、異なる多様な価値観がせめぎ合う多元主義というより、価値観のさざ波を立てない価値相対主義が社会を覆っている。そのため価値観の源泉ともなりうる宗教が、自らの理念に従って社会に向かってアクションを起こす際には、必然的に「問題」が生じるとみてよいだろう。これは政治だけでなく、教育、医療・看護、社会活動、商業活動などでも同様である。4節では、この問題を震災地支援活動、ケアの現場との関わり、ツーリズムといった商業活動を例にみていこう。

2　無縁から支縁へ――祈りの公益性

二〇一〇年一月よりＮＨＫの旺盛な報道もあって各種メディアに登場するようになった「無縁社会」という言葉は、同年夏の所在不明の高齢者問題もからみ、寄る辺ない現代社会を表現する流行語となった。ＮＨＫの報道に対しては疑問視する向きもあるが、特に二〇〇八年のリーマンショック以降の余裕のない状況のなかで地縁、血縁、社縁といったネットワークから切り離された現代人を、かつての豊かな人間関係に戻すことは困難と思われる。

ＮＨＫの報道にはたびたび宗教者や葬儀の模様が登場する。本報道の単行本化である『無縁社会』(8)をみると、直葬、無縁死の遺骨を受け入れる寺院、生前契約によるＮＰＯ葬、子どもに迷惑をかけずに配偶者や仲間と選ぶ共同墓が紹介され、このほか、自死念慮者や遺族のケアをする宗教者や無縁死の葬儀を行う宗教者が報道された。逆説的ではあるが、無縁だからこそ、宗教が本来は縁に気づかせ、縁を築く拠点であり、縁を回復させる使命を有していること（支縁）が再発見された。

こうした宗教が縁をつなぐ存在であるという認識は、翌年に起きた東日本大震災によって一層顕著になった。震災直後から教団/宗教者個人の支援活動はいうに及ばず、被災地の宗教施設自体が被災者の避難や救援の活動の場となった。一九九五年の阪神淡路大震災の際も宗教教団の支援はみられたが、そのときとの違いは、宗教者個々人の横（宗派を超えた）の連携にあり、それを可能にしたものが、ツイッターやフェイスブックといったツールであった。また行動する宗教者が、ボランティア元年と呼ばれた一九九五年とは違って、山谷や釜ヶ崎などの労働者の支援や路上生活者の炊き出しなどの経験がすでにあって、そのノウハウなり人脈なりが震災支援の活動の後押しになっていることにも気づかされる。

たとえば「支縁のまちネットワーク」は、超宗派でNPOや行政とも連携して支援活動および情報交換を行うとともに、また相互にエンパワーメントをはかることを目的として二〇一一年一月に発足。七月一六日に東日本大震災復興祈念集会を開催している[9]。中心的なメンバーは、それまでの地域活動の経験をいかして、被災地に赴いている。また「宗教界の支援活動をヨコにつないでより有効な支援活動を進めるため[10]」、宗教者災害支援連絡会が四月一日に発足し、定期的な情報交換会と毎月一一日に「追悼のとき」をもつことを勧めている。後述する心の相談室や臨床宗教師も、被災地支援に向かうべく超宗派で対社会的な活動を展開している。

しかしこうした宗教界の支援が全面的に歓迎されているわけでもない。主要仏教宗派を束ねる全日本仏教会は、二〇一一年四月に開催された東日本大震災対策協議会で「支援を行っていて行政から「救援物資と義捐金は欲しいが祈り（宗教行為）はいらない」というはっきりした拒絶を感じる場合があること」「政教分離の原則に基づき、行政より身元不明者のご遺体への読経を拒否された」などの問題があったことを伝えている[11]。東京都仏教連合会も、東京都瑞江葬儀場に運ばれた震災犠牲者への読経献香に関して、東京都から三月二九日に「原則として所内に立ち入ることは出来ません、読経についてはご遠慮願いたい」と連絡があり、交渉の結果、正門前に献花台を設けることとなった[12]。

　一方で全国の指定避難所および寺社教会等宗教施設を集約した未来共生災害救援マップをウェブサイト上で運営する稲場圭信は、宗教施設と災害協定を締結する自治体が増えていると指摘する[13]。政教分離の原則の前で、宗教者の祈りの公益性や宗教そのものの公共性が問われるケースといえよう。

3　ケアの現場に立つ宗教者——普遍的な宗教性

　二〇一二年四月、死期が迫った患者や遺族への心のケアを行う宗教者の養成などを目指す「実践宗教学寄付講座」が、東北大学大学院に設置された。「仏教、神道、キリスト教などの団体の寄付を受け、三年間開講する。死に関係した宗教的な心のケアを専門的に扱う講座は国立大では初めて」と新聞報道（『読売新聞』二〇一二年四月五日）は伝える。本講座は、東日本大震災後、牧師や僧侶らが中心となって設立された「心の相談室」をもとに、「既存の宗教教団に所属する宗教者を対象に、傾聴やスピリチュアルケアのスキル、公共的空間で活動するために必要な方法や知識を身につける研修を実施してきた[14]」。

　この「臨床宗教師」という発想に共鳴して、これと連携しつつ、カリキュラムを編成する大学も登場してきている（二〇一五年現在、龍谷大学、高野山大学、鶴見大学、種智院大学）。また臨床宗教師の地方部会や研修を終えた宗教者の横の連携やフォローアップの体制もできつつあり、東北大学の実践宗教学寄付講座を核に、さらに（公財）全国青少年教化協議会の臨床仏教研究所が主催する臨床仏教師と合わせて「臨床宗教師」運動ともいうべきムーブメントが形成されつつある[15]。

　ただ、こうした所属する教団の宗教資格とは別に臨床的トレーニングを受けて、病院や福祉施設などのケアの現場に赴く宗教者が必ずしもその役割を十全に果たしているわけではない。宗教者がケアの現場に出て行くことに実践的・学術的に関わる安藤泰至・窪寺俊之・深谷美枝による「鼎談　心のケアと魂のケア」[16]で、深谷はケアの現場で宗教者の活動が布教とともとられかねないことをあげ、逆に宗教者が踏み込めないきらいがあることを指摘している。また窪寺は宗教者の自己犠牲の精神を取り上げ、信仰によって自分を神に委ねるには自分が健康であることや自己管理の必要性を説く。ケアの担い手が宗教者であることの強みと弱みがあるというのだ。

長く宗教協力や宗教者の被災地支援を取材してきた西出勇志は、諸宗教が協働してケアの現場に立つことを「多くの人に宗教者の活動が受け入れられ、社会の下地づくりの一角を担うためには、多種多様な宗教者が共通のルールや倫理の下、宗派色を打ち出さないケアを志向することが大切なのではないか」と述べ、他宗派との出会いが宗教者自らの信仰の深化につながることを評価する[17]。ケアの現場に宗教者が関与することの宗教的な意義もあるのだという。

しかし宗教的ケアと区別される「宗派色を打ち出さないケア」（スピリチュアルケア）には、宗派を超えた、さらには宗教と無宗教（世俗）を超えた宗教性（スピリチュアリティ）が前提とされている。宗派色に傾けば前述の布教と踏み込めないジレンマがあるし、宗派色を脱した普遍的な宗教性そのものに対しては、信仰の個別性を重んじる観点から宗教者の抵抗も強い。

4　ツーリズムとの関連――聖と俗のゆらぎ

このように現代日本の宗教状況をみるうえで、第4章3節で扱った宗教教団や伝統に拘束されない個人的・非制度的な宗教意識（スピリチュアリティ）を無視することはできない。スピリチュアリティは宗教教団から横溢する宗教性、換言すると宗教教団に密閉されていた宗教性が非宗教セクターにあふれ出るイメージとして捉えられる。ヒットソングやアニメ・漫画などのサブカルチャー、最先端の技術を駆使する終末期医療、経済活動等にスピリチュアリティは散見される。

しかし宗教と、俗っぽい文化現象や商業主義と同居するスピリチュアリティとを同列に置くことに違和感を覚える向きもある。たとえば二〇一三年に式年遷宮を迎え、参拝者が一千万人を超えた伊勢神宮をみてみよう。斎藤英喜はこの数字の背景にパワースポットブームがあることを指摘したうえで、「伊勢神宮は本来、家内安全や無事を報告する場」であって「パワースポットではない」という神宮司庁のコメントや「「パワースポット」化をどのように駆逐するかを考えることが神社人の責務」という神社本庁の批判を紹介している。[18] 伊勢への崇敬と、ツーリズムの流行や、それに与するスピリチュアル／パワースポットブーム、つまり聖なるものと俗なるものとの同居への危惧と考えてよいだろう。

宗教とツーリズムとの関わりは四国遍路にもいえる。浅川泰宏はバラエティ番組、映画、漫画に取り上げられて活況を呈する四国遍路の特徴の一つに歩き遍路をあげ、「平成遍路ブームの主役は、巡礼を宗教的実践と位置づける伝統的な解釈から距離をとる人びとであることが見えてくる」とする。[19] 星野英紀もガイドブックなどが[20]「癒し空間」として四国遍路を喧伝するといい、歩くことが「自分探し」となっていることを指摘する。「癒し」や「自分探し」はスピリチュアルブームのキーワードでもあるが、ここでも平成遍路ブームには巡礼という聖なるものへの接近が俗ともとれる動機によって行われていることがわかる。

聖なるものと俗なるものとの境界の揺らぎは新しい聖地にもみられる。岡本亮輔『聖地巡礼』[21]には「作られた聖地」として新郷村のキリストの墓、すなわち偽書『竹内文書』に由来するキリストの墓の「発見」や、アニメの舞台訪問としての「聖地巡礼」が登場する。岡本は、こうしたつくられた聖地やアニメ巡礼に、単なる架空の物語「ウソ」を指摘するのではなく、集う／迎える人々の情緒や主体性、そこに生まれる新しい共同性を見いだすそうとする。いわば対象や実体としての聖なるものが重要なのではなく、聖なるものを見いだす過程や行為自体が重要なのだ。

山中弘は宗教とツーリズムの関係を排他的ではなく、相補的に捉えている。[22] つまり信仰者が聖地を観光地ではないと主張すればするほど観光対象としての真正性が増す。一方、観光客が聖地に浄財（拝観料やグッズ販売等）を落とすことに違和感を示せば聖性はイメージ（清貧など）として保たれるし、逆に浄財を落とせば聖地を経済的にも宗教のブランドとしても保つことに一役買うことになるのだという。宗教とツーリズム、聖と俗という二分法が揺らぎ、スピリチュアリティが横溢した後の宗教施設（たとえば修学旅行の対象や観光宗教施設）そのものの聖性が問われ、逆に非宗教セクターの観光地（自分探しを促進したり癒しを与えたりするアトラクション）に聖性が看取されかねないともいえよう。

5　宗教と社会の関係――公と私のはざまで

このように社会変動によって新しいタイプの宗教が登場してきたように、宗教と社会との関係も変化してきた。機能分化が進み、すべての領域において世俗化が進行し、公共領域が確立したとき、宗教は私的なものとして、公共領域の周辺のらち外に置かれることとなった。キリスト教やイスラム教のような当該社会において一元的な規範の役割を担ってきた宗教がある国々では、個人の人格形成や価値観の源泉やコミュニティの中心として公共領域でも役割を担うものとみなされる。しかし日本においては早くから多元的宗教状況が展開し、また言挙げしない（宗教的価値観を世俗に押しつけない）宗教的伝統から、宗教は社会的規範となりうる力を大きく減じていった。宗教は特別なものであり、一部の信仰者にのみ関わるものであると理解されるようになった。

しかし近年、信頼と規範とネットワークからなるソーシャルキャピタル（社会関係資本）としての宗教のあり方に注目が集まるようになっている。確かに教団レベルではその影響力は低下しているものの、宗教は人生儀礼や年中行事やコミュニティの祭など、行事レベルにおいては人々が信頼やお互いさまの互酬性を再確認し、ネットワークが維持されることに寄与している。

日本ではかかる教団レベルと行事レベルに加えて、スピリチュアリティ＝個人レベルの三つの宗教レベルがある。スピリチュアリティは個人の生きる意味や目的に関わる限りにおいて、誰もがこうした実存的問いを有するという意味で普遍性を有し、それはときにブームになったり、公共領域に参入する手がかりになったりすることもある。癒しや自分探しに関わるパワースポットや巡礼のツーリズムを町おこしに利用するために行政が関与したり、企業が商業活動に利用したりするのは、これが関わりをもつと軋轢が生じることが懸念される教団や行事のレベルではなく、スピリチュアルな個人の（つまり誰でもが関われる）レベルに属するからである。

宗教は公共領域に参入できるか、教団レベルといった私的領域にとどまるのか。あるいは個人化・断片化されて、人々の解釈・読み込みに応じて宗教的なパッチワークの構成要素となるのか。本来個人の領域に属する祈りが公共の場で行われたり、教団人が特定の信仰を背景に不特定多数の人々のケアに関わったり、個人的な興味や関心で教団や地域の行事に参加したりするなど、宗教各レベル間の流動性の高さが諸問題を生じさせる一因となっていると考えられよう。

〔弓山達也〕

【注】

（1）新宗教全体の流れ、あるいは分派については次の書を参照。
井上順孝『新宗教の解読』、ちくま学芸文庫、一九九六年。

井上順孝『人はなぜ「新宗教」に魅かれるのか?』、三笠書房、二〇〇九年。

村上重良『近代民衆宗教史の研究〔増訂版〕』、法蔵館、一九六三年。

弓山達也『天啓のゆくえ――宗教が分派するとき』、日本地域社会研究所、二〇〇五年。

渡辺雅子『現代日本新宗教論――入信過程と自己形成の視点から』、御茶の水書房、二〇〇七年。

（2）井上順孝・孝本貢・対馬路人・中牧弘允・西山茂編『新宗教事典』、弘文堂、一九九〇年。新宗教に関する初めての総合的事典である。

（3）井上順孝・孝本貢・対馬路人・中牧弘允・西山茂編『新宗教教団・人物事典』、弘文堂、一九九六年。『新宗教事典』の資料篇部分を改訂増補したもの。新宗教の区分も細かく図示されている。

（4）『宗教年鑑』は宗教行政を担当する宗務課が毎年作成している。同じく宗務課が編集している『宗務時報』にも新宗教関係の記事がある。これらはウェブ上で参照できるようになった。http://www.bunka.go.jp/tokei_hakusho_shuppan/

（5）「ハイパー宗教」とは、もともとハイパー・トラディショナルな宗教という意味であり、それぞれの国における宗教的伝統との連続性が薄く、異文化の宗教的要素、あるいは宗教以外の要素も積極的に取り込みながら形成された宗教組織や宗教運動を指す。この概念については、井上順孝編『現代宗教事典』（弘文堂、二〇〇五年）を参照。

（6）オウム真理教についての基本的な資料・データは、宗教情報リサーチセンター編／井上順孝責任編集『情報時代のオウム真理教』（春秋社、二〇一一年）を参照。

（7）幸福の科学の政治的な活動を細かく分析したものとして塚田穂高『宗教と政治の転轍点――保守合同と政教一致の宗教社会学』（花伝社、二〇一五年）を参照。

(8) NHK「無縁社会プロジェクト」取材班編『無縁社会――〝無縁死〟三万二千人の衝撃』、文藝春秋、二〇一〇年。
(9) 宮本要太郎「東日本大震災からの復興を祈念して――「支縁のまちネットワーク」からの発信」『宗教と社会貢献』第一巻二号、二〇一一年。
(10) 島薗進「宗教者と研究者の連携」稲場圭信・黒崎浩行編『震災復興と宗教』、明石書店、二〇一三年、一六一頁。
(11) 全日本仏教連合会『全仏』二〇一一年五月号、三頁。
(12) 東京都仏教会『東京都による東日本大震災犠牲者の火葬受入について』二〇一一年四月一四日、三頁。
(13)「〈阪大 稲場研究室〉防災資源「未来共生災害救援マップ」～宗教施設を網羅」『防災情報新聞』http://www.bosaijoho.jp/topnews/item_6856.html 二〇一五年八月二九日アクセス。
(14) 高橋原「「心の相談室」の活動と臨床宗教師構想」渡邊直樹責任編集『宗教と現代がわかる本 二〇一四』、平凡社、二〇一四年、四五―四六頁。
(15) 鈴木岩弓「閉会の辞」心の相談室編『故岡部健先生追悼緊急シンポジウム報告集』、心の相談室、二〇一四年、五七―五九頁。弓山達也「「臨床宗教師」運動と宗教系大学」『現代宗教 二〇一五』、六七―八四頁。
(16) 葛西賢太・板井正斉編『ケアとしての宗教』、明石書店、二〇一三年、二三一―二九三頁。
(17) 西出勇志「宗教とケアを架橋するもの」『現代宗教 二〇一五』、五六頁。
(18) 斎藤英喜「変革する聖地、伊勢神宮――ふたつの国際シンポ・ワークショップから」渡邊直樹責任編集『宗教と現代がわかる本 二〇一四』、平凡社、二〇一四年、一三二頁。
(19) 星野英紀・浅川泰宏『四国遍路――さまざまな祈りの世界』、吉川弘文館、二〇一一年、一四四―一五三頁。
(20) 同書、四二・七八―八四頁。
(21) 岡本亮輔『聖地巡礼――世界遺産からアニメの舞台まで』、中公新書、二〇一五年。

(22) 山中弘「「宗教とツーリズム」研究に向けて」同編『宗教とツーリズム——聖なるものの変容と持続』、世界思想社、二〇一二年、二一一—二六頁。

第7章　現代世界の宗教理解

岡田正彦
井上順孝

1　世界の宗教文化圏

文化圏という言葉は、一般的には特定の文化的要素が広く分布し、多くの人々に共有されている地域を意味するが、狭義には二〇世紀の初頭にドイツやオーストリアの民族学者や地理学者たちによって展開された「文化圏説」と関連づけて論じられることもある。しかし、現在では学術的な専門用語というよりは、ごく一般的な用語として使われるケースが少なくない。

たとえば、特定の地域に分布している食事作法や文字の種類をもとにして、「箸食文化圏」や「漢字文化圏」といった言葉が使われたり、箸食が広く共有されている文化圏に「手食文化圏」や「フォーク・スプーン文化圏」が対置されたりする。もちろん、「漢字文化圏」に「ローマ字文化園」を対置する場合もあるだろうし、食文化圏を食事作法ではなく、各地域に広く分布する調味料や主食の種類などに基づいて分類することもできるだろう。いずれの場合にも、おおよその人口統計を示して分布地域を区分けすることは可能であり、現在の世界の情勢を知り、各地域の特質を理解するうえで一定の効果があることは間違いない。

１　世界の宗教文化圏

宗教を基準にして「世界の宗教文化圏」を論じる場合は、いわゆる世界の四大文明（メソポタミア文明・エジプト文明・インダス文明・黄河文明）を背景にしながら、かつてヤスパース（K. Jaspers, 1883-1969）が論じた「枢軸時代」に起源をもつ仏教や儒教などの影響圏に、キリスト教やイスラム教の影響力の大きい地域を加えて論じられることが多い[1]。

枢軸時代に生まれた新たな精神文化は、一〇〇〇年以上に及ぶ紆余曲折を経て、きわめて多彩な歴史を辿ってきた。また、仏教やキリスト教のように、歴史的な発祥地から現在の影響力が強い地域が地理的にかなり隔たっている場合もある。イスラム教の影響力が強い地域は、中東ばかりではなくアフリカや東南アジアにも広がっている（図１）。

一般的には、世界の三大宗教の影響力が強い地域に、中国宗教文化圏を加えて論じるのが普通だろう。もちろん、古代の精神文化圏のうえに、枢軸時代以後に成立した世界宗教の影響圏を重ねて図式的に説明する宗教文化圏は、ほとんど絵に描いた餅であって細部を詳細に検討すれば多くの場合に齟齬が生じる。一つの宗教文化の影響だけで成立する地域や文化は、基本的に存在しないだろう。しかし、仏教・キリスト教・イスラム教といったいわゆる世界宗教は、民族や国境といった境界を越えて分布するのが基本であり、諸宗教の地理的分布と歴史的な経緯を踏まえたうえで、現在の宗教文化圏の特質を論じることには一定の有効性がある。

特に、世界的に人々の交流がかつて人類の経験したことがないほど活発化し、異文化間の接触と軋轢

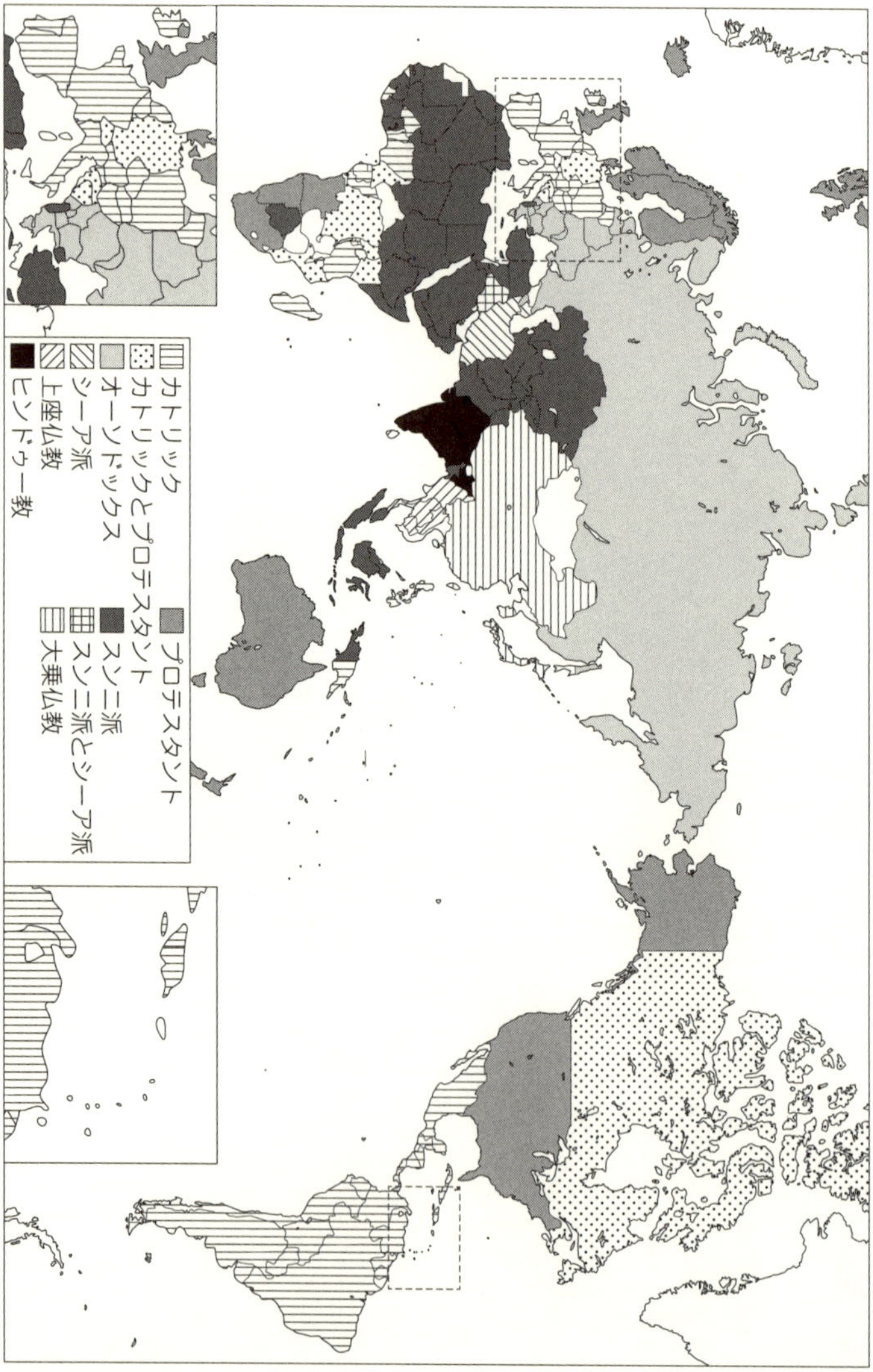

図1　世界の宗教分布

井上順孝作成

が日常的になっている世界の現状を考えるとき、様々な宗教文化圏の特質を意識することは――たとえ、それがステレオタイプや皮相的理解とみなされたとしても――きわめて重要であるというべきだろう。

2　中国宗教文化圏

中国宗教文化圏と想定されるのは、東アジアの地域である。ここで中国宗教とされるのは儒教、道教および大乗仏教を中心にした宗教伝統であり、漢民族を主な担い手としながら周辺地域にも広く影響を及ぼしている。仏教は、本来ヒンドゥー文化圏に属するだろうが、日本や韓国へ伝播した仏教は、中国文化の影響を色濃く受けた大乗仏教が主流であり、現状から考えればこれも中国宗教の枠内に入れることができる。

しかし、現在の中国本土ではこれらの中国宗教を含めた宗教活動は、ある程度制限されている。一九四九年に共産党政権が樹立されると宗教の自由は制限され、文化大革命（一九六六―七七）の時期には様々な宗教弾圧が行われた。現在の中国憲法には信教の自由は認められており、仏教、道教、イスラム教、キリスト教（カトリック・プロテスタント）は公認宗教になっているが、宗教の政治的関与については厳しい制約が課されており、宗教活動を通じた外国文化の影響力の拡大についても規制する文言が加えられている。

北朝鮮を除く中国の周辺地域には、中国宗教が深く影響を及ぼしているが、日本と韓国における僧侶の妻帯をめぐる意識の違いなど、必ずしも中国宗教の影響圏を画一的に論じることはできない。儒教や道教の受容の仕方や社会における役割なども実際にはかなり多様である。道教の影響が色濃い台湾や韓国の宗教文化に比べて、日本の仏教や儒教は神道の影響を無視して論じることは難しい。

東南アジアのなかでも大乗仏教や儒教の影響が強いベトナムは中国宗教文化圏に含められるし、チベット仏教の影響の強いモンゴルなどは境界線上に位置するだろう。各地の宗教文化の多様性はしっかり踏まえたうえで、東アジアに共通する宗教文化を考察する必要がある。そのためには、中国宗教文化圏といった枠組みを想定することで、可視化されてくる地域性を意識することも大切だろう。

3 ヒンドゥー教・仏教（上座）文化圏

日本や韓国の大乗仏教とは違って、南アジアから東南アジアにかけて広がる上座仏教（上座部仏教）の影響圏では、ヒンドゥー教と仏教は多くの場合に混在している。発祥地であるインドでは仏教は著しく衰退し、現在のインドで最も影響力のある宗教はヒンドゥー教である。また、日本人には仏教国の印象が強いスリランカにもヒンドゥー教徒は少なくなく、多くの仏教関係遺跡のあるネパールの国教はヒンドゥー教である。現在はイスラム教の影響が強いインドネシアも、古くはヒンドゥー教の影響下にあったことは多くの遺跡が物語っている。

タイでは上座仏教が国教的な役割を果たしており、長い歴史の積み重ねを背景に、出家主義の仏教を中心にした文化や社会が形成されている(2)。成年に達した男子の成人儀礼として、多くの人々が一時的に出家修行を行うばかりでなく、各地の僧院には多くの出家僧が所属して修行生活を送る。出家した僧侶に課される戒律は厳しい。特に異性との接触や婚姻に関する戒律は厳しく、出家者が還俗して一般人に戻ることはあっても、日本のように僧侶が妻帯することはありえない。

在家信者と出家修行者の区別を明確にし、僧院や僧侶に対して様々な便宜を図ることが社会的・信仰的な徳目として重視される社会は、同じように仏教が広く社会に浸透していても日本の状況とは本質的に異なっている。日本の寺院にも専従の僧侶は存在し、一般信者によって寺院は支えられているが、それぞれの文化圏における出家と在家の関係には大きな隔たりがある。

また、ミャンマーやラオスにも仏教徒が多く、僧侶は社会的に尊敬されている。また、この地域のヒンドゥー教と仏教は、分布が入り組んでいるばかりでなく、教説や儀式、宗教施設の面でもかなり複雑な関係にある。カンボジアのアンコール・ワットのように、ヒンドゥー教の寺院として建設されながら、のちに仏教寺院になったケースもある。

これらの地域を仏教文化圏とみなせば、日本や韓国などの宗教文化との共通性を探すことになるが、実際には共通項よりは差異のほうが大きいというべきだろう。〝仏教〟という宗教伝統の共通性は踏まえたうえで、宗教文化圏の異質性とそれぞれの特色を意識することのほうが、異文化間に暮らす人々の交流がますます盛んになりつつある今日では、むしろ重要なのではなかろうか。

4　キリスト教文化圏

キリスト教の影響を受けて成立した宗教文化圏は最も広く、分布的にもヨーロッパ、南北アメリカ、アフリカなど多様な地域にまたがっている。実際、統計的にも世界の宗教人口の三割以上をキリスト教徒が占めている。しかし、二〇〇〇年を超える歴史のなかでキリスト教は分立し、地域的にもある程度はっきりとした分布図が描ける。

まず、ヨーロッパのキリスト教圏は、大きく正教圏、カトリック圏、プロテスタント圏の三つに区分けすることができる。三九二年にローマ帝国の国教となったキリスト教は、ヨーロッパの宗教文化圏の中核となったが、のちにローマ帝国は東西に分裂し、東ローマ帝国の版図《はんと》がほぼ現在の正教圏となった。

また、宗教改革以後のプロテスタントとカトリックの対立の歴史を経て、北欧やドイツなどのプロテスタント圏とフランス・スペイン・イタリアなどのカトリック圏に分かれることになる。

しかし、教義上の対立ではなく政治的な理由でカトリックと袂を分かつことになった、イギリス国教会（聖公会）の影響圏は境界線上に位置しており、これらの分類にはうまく収まらない。とはいえ、カトリックとプロテスタントでは教会や社会における聖職者の役割に大きな隔たりがあり、正教圏とカトリック・プロテスタント圏の宗教文化は、長い歴史を経てかなり異なるものになっている。

こうしたヨーロッパのキリスト教の分立状況は、大航海時代を経て世界各地に拡大していくことになる。北米大陸の中心に位置するアメリカ合衆国では、現在に至るまでプロテスタントが社会的・文化的に大きな影響力をもっている。一六二〇年に、メイフラワー号で北米大陸へ渡った「ピルグリムファーザーズ」には、イギリス国教会から迫害され、信教の自由を求めたピューリタンの人々が含まれていた。この後、イングランドや北欧を中心に多くの移民が到来するが、信仰熱心なピューリタンが初期の移民の中心になったことがアメリカ合衆国の宗教的風土に大きな影響を及ぼすことになる。

一九世紀には、北米にカトリック圏や正教圏からも多くの移民が到来するようになり、アジア系、ユダヤ系などの移民も増加する一方で、現在に至るまでプロテスタントが主流である状況は変わっていない。とはいえ、メイフラワー号やピルグリムファーザーズが象徴しているのは、プロテスタントの信仰よりはむしろ信教の自由であり、R・ベラーが指摘する「市民宗教」こそが、アメリカの宗教文化の中核にあると考えることも可能だろう(3)。また、同じ北米大陸に位置するカナダも、プロテスタントの影響が強い国ではあるが、英語とフランス語が公用語になっている事実からもわかるように、かなり地域性があって、ケベック州のようにフランスからの移民が主流となり、カトリックの影響が強い地域も存在している。

メキシコから中南米の国々では、カトリックの影響力が強い。一六世紀以後、スペイン・ポルトガルの植民地支配のもとでカトリックの宣教師たちが土着のインディオと呼ばれる人々の教化に力を注いだ。白人の到来によって、黒人との混血を含めた人種の混成が進んだ一方で、土着の宗教と混成しながら中南米の国々はカトリック化されていくことになる。このため、ヨーロッパのカトリック圏とまったく同列に、ラテンアメリカの宗教文化を論じることは難しい。カトリック教会に通う人々であっても、土着の信仰を維持しているケースは少なくない。

また、二〇世紀の後半には、アメリカで始まったプロテスタントのペンテコステ運動がラテンアメリカにも広がり、ブラジルなどの日系移民が多い地域には、日本の新宗教もかなり進出している。二〇世紀に広がった「解放の神学」など、カトリックの内部にも地域性を反映した動きがあり、カトリック圏といっても地域の特性を無視した議論を展開することはできない。さらには、一九世紀から二〇世紀にかけてのヨーロッパ列強によるアフリカ各地の植民地化とともに、中部・南部アフリカの多くの国々で、キリスト教は広く受け容れられている。

このように、キリスト教文化圏とみなされる地域の宗教文化はきわめて多様であり、カトリックやプロテスタントといった枠組みだけでは各地の宗教文化の多様性を包括することは難しい。しかし、これらの地域の多様性をより深く理解するためには、各地にキリスト教が伝播した歴史的背景を踏まえたうえで、現状を把握していく必要がある。こうした意味では、キリスト教文化圏という範疇にも一定の意義があるといえるだろう。

5　イスラム文化圏

七世紀に創始されたイスラム教は、北アフリカから西アジアに広がるウマイヤ朝が成立する頃には中東地域全体に広範な影響力をもつようになった。特に、聖職者と俗人の区別が明確ではなく、イスラム共同体（ウンマ）と政治・社会体制が密接に結びついたイスラム圏では、この地域の宗教文化を理解することが、異文化圏の人々がイスラム文化圏の人々と経済的・文化的交流を深めていくうえできわめて重要になる。現在も移民や布教活動、人口の増加などによってイスラム教の影響圏は拡大を続けており、イスラム文化圏の人々の生活を知ることの重要性はさらに増していくだろう。

中東地域は、古くからゾロアスター教、マニ教、ユダヤ教、ミトラ教、キリスト教といった、様々な宗教の影響圏であり、イスラム教の覇権によって、遊牧民の土着の信仰を含めた宗教文化は大きく変容していくことになる。イスラム王朝は、人頭税を課すことによって他宗教の信仰を続けることを認めるなど、ある程度宗教的に寛容な姿勢をもっていたが、イスラム教への改宗者やアラブ人と異教徒の区別は存在していた。ローマの支配下でキリスト教化されていたエジプトが、長い時間をかけてイスラム化したように、生活のあらゆる側面と信仰が結びついているイスラム教の政治的支配は、各地の宗教文化のあり方に多大な影響を及ぼすことになる。

また、一三世紀末に東ローマ帝国の版図や東ヨーロッパ、西アジアや北アフリカに勢力を拡大し、地中海沿岸部を覆うオスマン帝国が成立すると、ヨーロッパのキリスト教圏と対抗する広大な宗教文化圏が確立することになる。オスマン帝国は、一九世紀に至っても憲法制定などの近代化を進めるが、第一次世界大戦に同盟国側で参戦し、敗戦したのちにその版図は連合国側に分割され、帝政は廃止されてトルコ共和国が成立する。こののち、イギリス統治下でパレスチナへ移民したユダヤ人のコミュニティが拡大し、イスラエルの建国が国連決議によって認められると、中東地域の民族紛争や地域紛争、宗教対立が激化していくことになる。現在まで続く政治的・社会的問題を理解するためには、中東のイスラム文化圏の歴史と特質を理解することが重要だろう。

さらにイスラム教の影響圏は、アフリカや南アジア、東南アジアへと拡大し、一時はインド亜大陸の大部分がイスラム王朝の支配下に置かれた時期もあった。現在における世界のイスラム教人口分布をみても、アジア太平洋地域の人口が実際には過半数を超えている。特に、インド洋を中心に交易を行っていたイスラム商人を介して、東南アジアの地域は広くイスラム化し、フィリピン南部、ブルネイ、マレーシア、インドネシア、バングラデシュなど、イスラム教の影響力が強い地域が広がっている。一五世紀頃からイスラム教の影響力が拡大したこれらの地域は、のちにヨーロッパの国々の支配下に置かれたが、現在に至るまでイスラム教の勢力は維持されている。

キリスト教文化圏と同じように、イスラム文化圏においても各地の宗教文化の地域性・特殊性は存在するが、日常生活や社会生活と密着した宗教であるイスラム教の影響圏では、まずムスリム（イスラム教徒）の生活意識をイスラム教の教えを介して理解する必要がある。イスラム圏を含む地域との経済的・人的交流が盛んになれば、各地の宗教文化を人々の信仰生活に密着した形で理解することが、宗教研究者ばかりでなく一般の人々にとっても、より重要になっていくだろう。(4)

6　宗教文化圏と宗教研究

言語や宗教の分布を中心に世界の文明圏の多様性を指摘し、冷戦後の世界情勢を論じたＳ・ハンチントンの『文明の衝突』(5)以来、将来の世界秩序を近代的価値観の一方的な普遍化を想定して描きだすのではなく、様々な文明間の相克を前提にして展望する議論が広く展開されてきた。

ハンチントンによれば、古代文明の繁栄から枢軸文明の精神的な革新、ルネサンスや近代的国民国家の登場を経てもなお、世界には中国文明、日本文明、ヒンドゥー文明、イスラム文明、西欧文明、ラテンアメリカ文明、アフリカ文明といった主要文明が存在している（図2）。冷戦によって形成されていた世界秩序の解体によって、これらの文明間の差異は前景化され、これからの世界の動向に大きく影響を及ぼすと予見されている。こうしたハンチントンの所説について是非を論じることは、ここでの主題ではない。しかし、世界の多様性を意識することの重要性は、毎日のように新聞紙上を賑わしている様々な事件や出来事をみれば、誰もが否定できないのではなかろうか。

本節で想定してきた宗教文化圏は、ハンチントンが想定したこれらの主要文明の区分にかなり近い。日本の宗教文化の独自性を強調すれば、中国宗教文化圏と日本宗教文化圏を分立して、神道宗教文化圏といったカテゴリーを設けることも不可能ではないだろう。

とはいえ、冒頭にも述べたように、こうした議論の重要性は細部の整合性にではなく、差異を意識化することで異文化間の交流をより円滑にし、相互の理解を深めることにある。たとえ、世界の行く先を占うような文明論は展開できなくても、異なる宗教文化圏に暮らす人々の生活を知り、異なる価値観を互いに理解する糸口を提示することは可能だろう。いわゆる西欧文明圏との交流だけが国際化ではなく、一般の日本人にとってもアジアの各地やラテンアメリカ、アフリカといった地域の人々の生活や文化にふれる機会が広がりつつある今日、世界の文化圏・文明圏の差異を意識することの重要性はますます高まっている。その際、歴史的に形成された各地の宗教文化をより深く理解することが、様々な場面で必要とされるはずである。

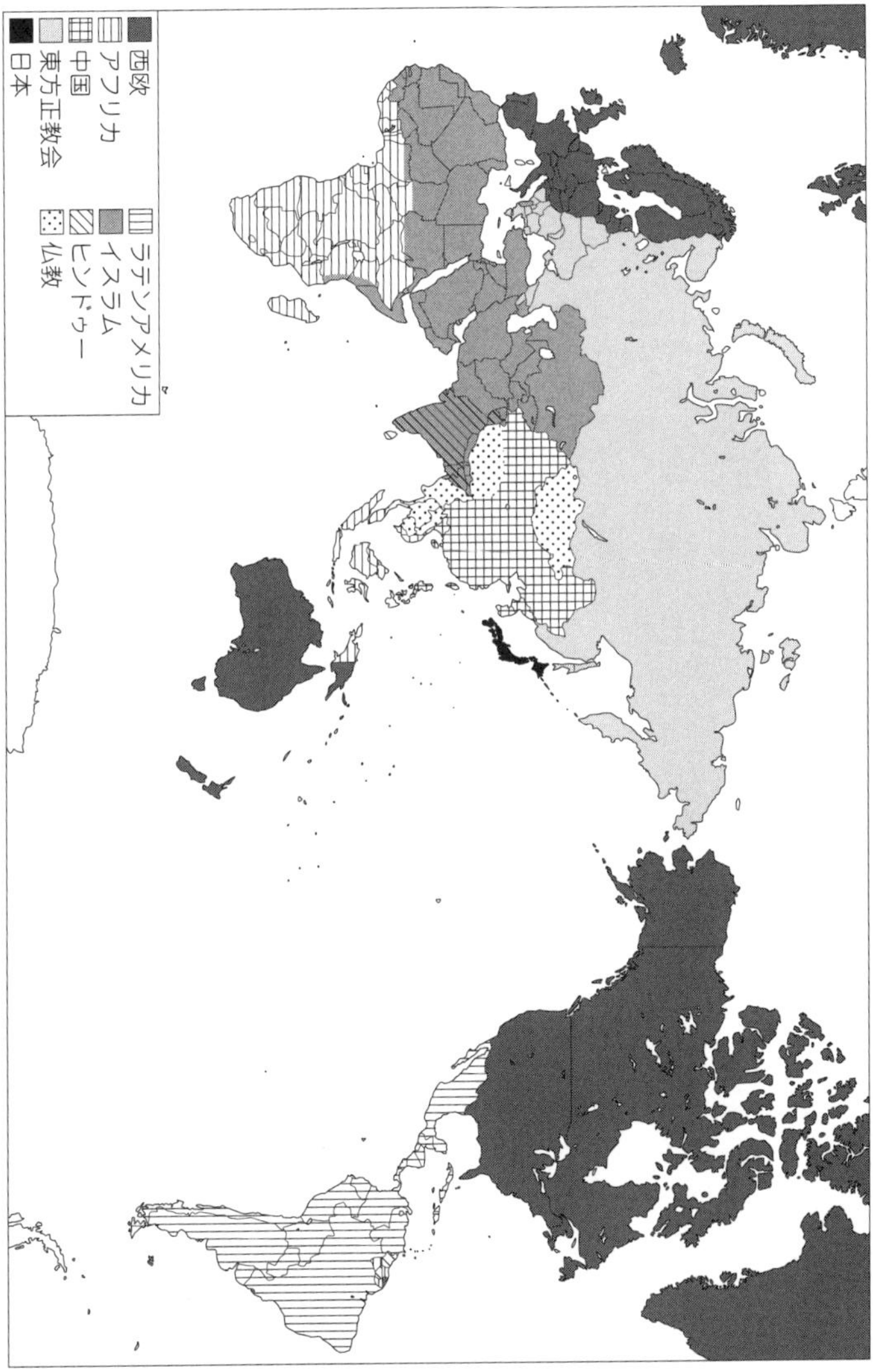

図 2　様々な文明からなる世界（1990年以後）

出典：S.ハンチントン『文明の衝突』（集英社，1998年）の28-29頁の図をもとに作成。

各地の宗教伝統をより深く理解するためには、宗教史において蓄積されてきた知識が大きな役割を果たすだろうし、現状理解のための社会調査や意識調査を着実に進めていくことが求められる。宗教学や社会学の広い学識を備えた研究者の地域研究や歴史研究は、今後ますますその重要性を増すことになるだろう。

〔岡田正彦〕

2　国際化・グローバル化のなかの宗教

1　宗教の越境のタイプ

現代は宗教の広がりがグローバルとなり、それに伴って、それぞれの地域の宗教状況も格段に複雑になってきている。キリスト教圏、イスラム圏といったような大まかな区分はできるが、実際にはどの国も多様な宗教が入り混じっている。宗教が民族、国家、社会のボーダーを越えて広がる現象は古代からあった。これを宗教の越境(6)と呼ぶと、近代以降、越境の様相は複雑になってきている。まず古代より今日に至る宗教の越境のタイプを整理してみると、主に次のようなものを指摘できる。

①　周辺地域への連続的広まり

ある社会で展開した宗教が、地理的に連続する周辺地域に及んでいった場合である。これは仏教の東南アジアへの広まり、ローマカトリックのヨーロッパにおける広まり、イスラム教の中東における広まりなどである。この広まりの要因としては、通婚、交易、文化摂取、個人的感化など様々なものが考えられる。

②　専門の布教者を介した遠隔地への広まり

宗教組織が布教のための宗教者を遠隔地に派遣して、その地に拠点が築かれる場合である。一六世紀後半から一七世紀前半にかけてのカトリック修道士による日本宣教などがこれにあたる。また一五世紀以降のキリスト教の第三世界への広まりも該当するが、これはしばしば次のパターン③と複合的にあらわれる。新宗教の国外布教の多くも、これに含められる。

③　植民地化に伴う広まり

植民地化の結果、宗主国の文化システムがもたらされ、その一環として宗教が植民地にもたらされた場合である。スペイン、ポルトガルによる植民地化によってカトリックがラテンアメリカに広まった例や、サハラ砂漠以南のアフリカのいくつかの国がヨーロッパ諸国による植民地化の結果、キリスト教が広まった例などである。

④　移民に伴う広まり

一定規模の移民がなされた結果、その移民が母国において信仰・実践していた宗教が、移民先で彼らの子孫を中心に継承された場合である。華僑により中国宗教が広まり、印僑によりヒンドゥー教が広まるといった例である。日本も一九世紀からハワイ・北米、南米などに移民を出していて、日本宗教がそれぞれの地域に小規模ながら広まった。

⑤　ボーダレス時代の広まり

グローバル化・情報化の進行に伴って生じている新たな越境の形態である。二〇世紀の後半になって顕著になってきた。とりわけインターネットの普及は、人間の移動を介在しない宗教情報の越境というまったく新しい現象さえ生じさせている。

以上の五つのパターンは単独でみられるとは限らない。宗教の広まりが、文化の広まりの一環なのか、植民地化による否応なきものなのか、まとまりをもった人間集団の移動の結果なのか、宗教教団による組織的布教の結果なのか、区別が難しいこともある。また当初の状況とその後の展開とでは、様相が異なってくるという場合もある。

2　キリスト教系の新しい教団の国外布教

一九世紀から二〇世紀にかけて国際化が進行するにつれて、宗教の組織的布教と移民に伴う宗教の広まりが顕著になっていく。まず目立つのはプロテスタント各派によるアジア、アフリカなどへの布教である。宣教師を各国に派遣し、現地の牧師を養成するための教育制度を確立し、文化的思想的に影響を深める形で宗教の越境がなされた。さらにキリスト教系の近代新宗教の活動も一九世紀以降に盛んとなる。

二〇世紀後半になると新宗教の国際的活動が活発となるが、その一部に対しては、組織上の特徴から多国籍宗教という呼称も用いられる(7)。一九世紀後半に始まった運動としては、イギリスのメソジスト派の牧師、ウィリアム・ブースと妻のキャサリンによって設立された救世軍が、軍隊組織を模した特徴ある活動で広く知られている。一九世紀末にはイギリス国内のみならず、アジア、アフリカにも運動を展開するようになった。日本では一八九〇年代に山室軍平により布教活動が始められた。

キリスト教系の近代新宗教は一九世紀以来、アメリカに数多く生まれた。そのなかで多国籍宗教化した代表的教団は、エホバの証人（ものみの塔）、末日聖徒イエス・キリスト教会（通称モルモン教）、キリスト教科学などである。エホバの証人はチャールズ・T・ラッセルにより創始された。独自の聖書解釈によってその内容を冊子にして配る運動を展開した。ニューヨークに本部を置くが、国外の信者が急速に増加するのは第二次大戦後、第三代会長のネイサン・H・ノアの時代である。ノアは第二次大戦中に、会衆と呼ばれるそれぞれの支部組織に神権宣教学校という宣教者養成のための学校を設置し、戦後布教を組織的に展開していった。日本での活動も戦前に始まったが、やがて弾圧を受けた。戦後新たな形で布教が始まり、各地に王国会館を建設している。

末日聖徒イエス・キリスト教会（通称モルモン教）は、ジョセフ・スミスによって創始された。一八四〇年代に現在のユタ州ソールトレイク市を本拠としアメリカ各地への布教を本格化させる。二〇世紀に国外布教が活発となり、日本にも一九〇一年に布教が開始された。戦時中は一時中断したが、戦後再開され、一九八〇年には東洋ではじめての神殿が東京に設立された。

キリスト教科学は、メアリー・ベイカー・エディによって創始され、ボストンに本部を置く。国際的な活動は前二者に比べるとやや小規模であるが、それでも多くの地域へと越境し、日本でも戦前から布教が始まっている。

3　アジアの近代新宗教の国外布教

アジアで生まれた近代新宗教の多国籍化が二〇世紀には数多くみられるようになる。アジアで国外布教をする教団を多く生んでいるのは日本、インドであり、そのほか、韓国、台湾にも若干ある。

バハーイ教はバハーオッラー（バハオラ）により一九世紀後半に創始された宗教で、イスラム教のシーア派から生まれたバーブ教を展開させたものである。ただしイスラム諸国はイスラム教とは別の宗教であるとみなしている。イランでは布教を禁止され、イスラエルのハイファに本部を置いた。一九世紀末に国際的な運動をするようになる。日本では一九二二年に最初の地方行政会が設置されたが、第二次大戦で活動が中断され、一九七四年になって日本全国行政会が設立されている。

インドにおいてはヒンドゥー教系の新しい組織が国際的な活動をする例が二〇世紀後半になって目立ってくる。クリシュナ意識国際協会（ISKCON）は、バクティヴェーダンタ・スワミ・プラブパーダによって一九六六年に移住先のアメリカで設立された。ヴェーダ宗教を西洋に伝えることを目的に掲げた。髪を剃り、黄色い衣をまとって街頭やときには空港で踊り、自分たちの活動をアピールすることで人々の耳目を引いた。日本では一九八〇年代に街頭で布教したものが注目された。

ラジニーシ運動は、ラジニーシ（オショー）によって一九七〇年代に創始された。インド西部のプーナにアシュラム（道場）が設立され、一九八〇年代にはアメリカ、ヨーロッパ、日本、韓国など世界の多くの地に瞑想センターができた。こうしたインドのヒンドゥー教系の近代新宗教は、アメリカ、ヨーロッパ、日本などに広がるが、国外の一大拠点となったのはアメリカであり、これにはアメリカにおける一九五〇年代からの対抗文化（カウンターカルチャー）の影響が指摘できる。対抗文化においては、キリスト教以外の特に東洋宗教に関心を寄せる若者が多数生まれた。

韓国では、第二次大戦後国外布教をする教団が増える。ヨイド純福音教会はチョ・ヨンギ（趙鏞基）により一九五八年にソウルで設立された単立のキリスト教会である。一九六四年から国外での宣教を始め、一九七八年には日本の神戸にも神学校を建てている。テレビなどのメディアを布教に積極的に利用していて、一九九六年からは、韓国の最初の通信衛星であるムグンファ衛星を利用して、韓国内のほか、日本その他のアジア地域の教会に放送を流している。

統一教会（世界基督教統一神霊協会、二〇一五年に世界平和統一家庭連合に改称）はムン・ソンミョン（文鮮明）によって一九五四年に創始された。一九五〇年代末には日本、アメリカで布教を開始し、その後世界各地に教会を設立している。一時期、共産主義と対抗する政治的な運動をも展開した。多様な名称の関連団体を設立して活動を展開するところに特徴をもっている。

仏教系の近代新宗教である円仏教は一九一六年にパク・ジュンピン（朴重彬）によって創始された。国際的な活動は戦後であり、日本をはじめアメリカ、イギリス、ニュージーランドなどに教堂と呼ばれる支部組織を設立している。

台湾では一九六〇年代に星雲大師（李国深）により創始された国際仏光会などが国外布教を行っている。星雲大師は第二次大戦後に中国本土から台湾に渡った。一九六七年に仏光山寺を創立し、その後、国際的な布教活動を始めた。日本には一九九三年に東京に寺院を建て、その後大阪などにも建立している。

４　移民と宗教

移民に伴う宗教の越境という現象は、そのスケールにおいても、多様性においても、アメリカ合衆国の場合が代表的である。一六〇〇年代から、一八八〇年代まで、イギリス人、アイルランド人、ドイツ人などの北ヨーロッパからの人々が移民している。このとき国境を越え広まった宗教はプロテスタント各教派が大半で、一部がカトリックである。奴隷として強制的に連れてこられたアフリカ系黒人の多くは母国でムスリムであったが、信仰は自由ではなかった。アメリカの黒人の間にムスリムが増えるのは一九三〇年代のネイション・オブ・イスラムの運動以降である。

一八七〇年代から一九二〇年代にかけて、スカンジナビア半島、東欧、イタリアなどからの移民がみられ、東ヨーロッパのユダヤ系住民も移民してきた。これによってプロテスタントの各教派が多様になるとともにカトリック、オーソドックス（正教会）も加わり、またユダヤ教徒も加わった。さらに一九二〇年代からは、メキシコ・キューバ、そしてアジアからの移民が増えている。大乗仏教、インド宗教などが加わることになる。移民が当初西欧、北欧のアングロサクソンを主体とし、その後東欧、南欧、ユダヤ人が加わり、さらにアジア人が加わったという経緯から、プロテスタントが最も中心的な宗教となり、WASP(8)という言葉ができた。

アジアからの世界各地への移民としては、中国とインドの移民が代表的である。中国人の世界各地への移民とその子孫は華人と呼ばれる。二〇〇三年の統計では、百万人以上の華人がいる国は約七四〇万人のインドネシアを筆頭に、タイ、マレーシア、アメリカ、シンガポール、カナダ、ペルー、ベトナム、フィリピン、ミャンマー、ロシアと一一カ国にのぼる。彼らは伝統的な中国宗教、つまり大乗仏教、道教、儒教あるいはこれらが混じった宗教を移り住んだ国においてもある程度信仰している。

国外に生活の拠点を求めたインド人は印僑と呼ばれる。印僑は一九世紀末から南アフリカやマレーシアなどに増え、技術者や商人などとして現地に定着するようになった。第二次大戦後、インドがイギリスから独立すると、イギリスなどヨーロッパや中東諸国へ向かう人々が増えた。一九八〇年代以降は、IT印僑としてアメリカにわたるものが増えた。二〇〇六年には約一五〇〇～二〇〇〇万人にのぼったと推定されている。インドでは約八割がヒンドゥー教であるので、主としてヒンドゥー教およびヒンドゥー教系の新宗教が移民とともに広がった。そのほかムスリムもいる。

ヨーロッパにおいては第二次大戦後イスラム諸国からの移民が増え、ムスリム人口が急増した。ドイツにおいてはトルコからの移民が多い。フランスは旧植民地の北アフリカ諸国からの移民が多い。イギリスも旧植民地のインド、パキスタンからの移民が多い。ヨーロッパ諸国でのムスリムの割合は、数%から一割程度とかなりの割合を占める国が増えている。キリスト教文化を基盤に展開してきたヨーロッパにムスリムが増加したことが、「キリスト教ヨーロッパ」という観念のもとに、キリスト教を見直す運動の強まりをもたらしている。(9)

5　日本宗教の国外への広まり

▼国策依存型の国外布教

日本でも、近代に入ると、国外へと布教・教化を開始する宗教が出現した。地域的にはアジア諸国、ハワイ、北米から始まって、やがてその他の地域にも少しずつ広まった。明治以降戦前までの日本宗教の国外への広まりは、大きく国策依存型と移民依存型という二つのタイプに分けられる。国策依存型は植民地化に伴うもので、主に東アジアにおける、神社神道、仏教宗派、一部の近代新宗教（教派神道など）の広まりである。移民依存型は戦前の日本人移民の増加による、ハワイ、北米における神社神道、仏教宗派、新宗教の広まりである。

戦前に東アジア、東南アジア、さらに南洋地域で日本の行政が及んだところには、多くの地域で神社が創建された。台湾では、一九〇〇年に官幣大社台湾神社が創立された。朝鮮半島では一九一八年、京城（現ソウル）に朝鮮神社が設置された。同神社は一九二五年に、官幣大社朝鮮神宮となった。樺太では、一九一〇年、豊原市（現ユージノ・サハリンスク）に、官幣大社樺太神社が創建された。第一次世界大戦後、日本の委任統治地域となった南洋（サイパン、パラオ、ヤップ、トラックなど）にも、神社が創建された。満州では、日露戦争後の一九〇五年に、最初の神社である安東神社が建てられた。満州事変後、神社創建は増加し、ポーツマス条約ののち、租借地となっていた大連、旅順など旧関東州にも、神社が創建された。一九三八年には、旅順に官幣大社関東神宮が創設された[10]。

仏教宗派もまた、この時期東アジア各地に布教（開教）を試みた。海外布教に最も熱心であったのは浄土真宗本願寺派（西本願寺）である。同派は、日清戦争に際して一八九五年に台湾に従軍僧侶を派遣した。翌年台北市に布教所が設置され、これが一九〇一年に台湾別院となった。朝鮮半島への布教も、やはり日清戦争時の軍隊布教を契機としている。一九〇二年に釜山に仮布教所が設置され、一九〇七年には、京城府に朝鮮別院が設置された。戦前、各地に設置された本願寺派の寺院、布教所の総数は一三〇余りである。また一九〇〇年代半ばには、大連を拠点に満州開教に乗り出した。樺太には、大泊市（現コルサコフ）に別院が置かれ、寺院、布教所も三十数ヶ所を数えた。中国本土の北京、青島、天津、上海、南京にも別院が置かれたが、四〇余の出張所の大半は、一九三七年以降、すなわち日本軍の進攻に伴う形で設置された。

これら、国策依存型の宗教は、日本の敗戦によってほとんど壊滅状態になった。ただし天理教、金光教など一部の近代新宗教は、わずかながら現地人の信者がいて、それが戦後の活動再開の足場になった例がある。

▼日本人移民と宗教

移民に伴う宗教の越境は、戦前はハワイと北米を中心に展開した。ハワイへの本格的移民が開始されるのは一八八五年である。これは日本とハワイ王朝との間に交わされた約定書に基づくもので、官約移民と呼ばれる。官約移民は一八九四年まで続いた。一八九〇年代に、浄土宗、浄土真宗が正式開教を行った。一九〇〇年代に入ると、日蓮宗、曹洞宗と、各宗派が続いた。神社も一九〇〇年前後から、創建され始めた。移民の比較的早期から、各宗教がハワイへと渡ったのであるが、これは要請された場合が多かった。冠婚葬祭の儀礼的場面、特に葬儀において僧侶が必要とされたからである。また日本人移民たちがキリスト教化されてしまうという恐れを抱いた僧侶がおり、これが布教開始につながった例も知られている。

北米でも、ほぼときを同じくして布教が開始された。ここでは、浄土真宗本願寺派が抜きん出て数が多い。神社は二、三社創建された。なお、南米にも戦前から移民が始まり、一九〇八年以降本格化したが、そのうちブラジルへの移民が圧倒的多数を占めた。ただ、仏教宗派や神社神道は、外務省の意向などを考慮し、カトリック国ブラジルでの正式な布教を戦前は自粛した。最も熱心であった浄土真宗本願寺派が布教を開始するのは、戦後一九五〇年代になってからのことである。

6　多国籍化した日本の近代新宗教

戦後国外に布教を試みた日本の宗教はほとんどが近代新宗教である。それ以外で外国人に広まったのは北米およびヨーロッパにおける禅センターだけといっていい。アメリカでは一九六九年にロサンゼルス・禅センターが建立され、七〇年代を通じてメンバーが増えた。禅センターはその後各地に枝分かれし、数百にのぼった。

戦後、国外布教を積極的に行った近代新宗教は、創価学会、立正佼成会、真如苑、霊友会などの仏教系新宗教、天照皇大神宮教、世界救世教、世界真光文明教団、崇教真光、生長の家などの神道系新宗教である。戦後の布教活動が本格化するのは、一九五一年九月に対日平和条約が結ばれて以後である。翌五二年から天照皇大神宮教が、五三年から世界救世教がハワイ、北米へと布教を開始した。南米でも一九五五年に世界救世教、五七年に生長の家、五八年にPL教団の布教が始まる。地域的には当初ハワイ、北米が中心であったが、やがて南米、東アジア、東南アジア、南アジア、さらにヨーロッパ、アフリカへと多様化する。(11)

一九五〇年代まではもっぱら日系人を対象にした布教が多かったが、一九六〇年代から少しずつ多国籍宗教型の布教が増えていく。創価学会、世界救世教、世界真光文明教団、崇教真光などがその例である。特に創価学会の場合は、国外における大半のメンバーが外国人であり、多国籍宗教の典型となった。一九六〇年に北米において組織的国外布教を開始するが、その後、韓国、東南アジア、南米、ヨーロッパなどにも信者を増やしていった。一九七五年にSGI(創価学会インタナショナル)という国際的組織を形成した。

一九七〇年代あたりから、国外に形成された日系人社会に依存することなく、世界の様々な地域に布教を展開する例が多くみられるようになった。これは移民依存型、国策依存型に対し、無基盤型と特徴づけられる。その背景として日本企業の世界的展開、国外で生活する日本人の増加があげられる。留学、国外勤務、そのほか個人的理由で国外で生活する日本人を媒介に、日本宗教が越境するようになったと考えられる。

7 グローバル化・情報化の影響

日本社会におけるグローバル化の進行は一九八〇年代から顕著になる。外国人の入国者数、国際結婚の数、外国人労働者や留学生の数、これらはいずれも一九八〇年から急な上昇カーブを描く。また一九九〇年代半ばからインターネットの利用が急速に広まり、高度情報化時代へと入っていく。グローバル化・情報化は世界的な現象であるから、両者がもたらす日本宗教への影響も、日本社会の変化だけをみていては十分ではない。つねにグローバルな視野から変化を捉えていくことが必要になる。

二〇世紀の最後の四半世紀に注目されたニューメディアは、宗教情報の越境を以前よりもきわめて容易にした。それらは教団を単位とした宗教的教化や布教のあり方に新しい展開をもたらした。たとえば、末日聖徒イエス・キリスト教会は、一九八〇年代の初めには衛星を用いた放送に参入し、そのカバーする地域を次第に広げた。一九九六年の宣教師の集会では、ヒンクレー大管長の話が衛星放送を通じてアメリカ、カナダ、それにカリブ海地域の一〇一の伝道部で働く一万八〇〇〇人の宣教師に向けられた。

他方、インターネットの急速な広まりは、教団を単位とする宗教情報の伝達に加え、個人を単位とする宗教情報がボーダレスに広まることを容易にした。インターネットの特徴は教団の国際的な活動にとって便利なツールであると同時に、個人の自由な宗教情報の発信に強力なツールともなった。

インターネットの導入による教団活動の新たな展開の例は、中国国内で禁止されても、グローバルな活動を持続している法輪功にみることができる。法輪功は一九九二年に李洪志によって創始された。一九九九年の四月に、中国政府の所在地である北京の中南海に一万人の信者を集結させたことで、北京政府の厳しい取締りの対象となり、またその存在が世界的に知られるようになった。李は法輪功を創設後アメリカに移住し、そこから中国における運動をも指導している。彼は自らの意向がインターネットを通じてメンバーに伝達される仕組みをつくった。実際の支部の建物がなくても、情報の伝達はきわめて短期間にかつ正確にできるシステムがつくられたのである。こうしたシステムは、宗教情報があたかも国境がないかのように伝えられていく時代の到来を物語っている。

欧米の宗教社会学では、新しい宗教運動や団体をＮＲＭ（New Religious Movement）と総称する。ＮＲＭは新宗教運動という意味になるが、日本の新宗教概念よりも広い。ニューエイジ運動や、スピリチュアルな運動、さらにバーチャル宗教も含んでいる。クリストファー・パートリッジ『現代世界宗教事典』[12]は最近の新しい運動も広く解説した事典であるが、ここに解説されている宗教の活動から情報化時代の技術を使った教団が増えていることがわかる。

個人的な宗教情報の交換はウェブ情報の利用が多様化することによって盛んになっている。ブロードバンドの普及により、映像による情報交換はごく普通になった。各国、各団体の宗教情報が個人的にアップロードされ、コメントされ、議論される。ある宗教を広める意図をもったものから、反宗教的な立場のものまでその目的は様々で、なかには真意が容易には把握できないものもある。また学術的な内容のものから根拠なき断定や初歩的な間違いのある内容のものまで、質的な差も大きい。ネット上での宗教情報の越境は日常茶飯になった。

〔井上順孝〕

3　現代世界の宗教問題

「現代世界の宗教問題」には、大きく分けて現代世界に特有の問題に、世界の諸宗教がどのようにアプローチしているのかという側面と、様々な宗教活動が世界の各地で引き起こす社会問題の二つの側面がある。また、時代や社会状況に応じて宗教的な教説が社会全体の倫理基準を形成する場合もあれば、むしろ一般的な社会通念が宗教活動一般のあり方を規定するケースもあるだろう。現代の日本においては、基本的に後者のケースから生じる宗教問題が大勢を占めている。

特に、生命倫理のように新しい科学技術の登場や社会の変化とともに顕在化してきた問題については、文化的・社会的状況の急速な変化を踏まえて、諸宗教が新たな問題にどのような対応をしていくべきかが問われることになる。また、ジェンダーのように政治的課題にも波及する問題については、具体的な対応策も問われることになるだろう。ここでは、まず生命倫理の問題について考えてみたい。

1　生命倫理と宗教

生命倫理（バイオエシックス　bioethics）は、医療技術の発達や生命科学の進展から生じる課題について、倫理的に研究する学問分野である。特に近年では、先進医療や生命工学の進歩によって脳死や臓器移植のように、従来の死や人体の定義を揺るがすような問題が登場する一方で、クローン技術や遺伝子操作、子どもの産み分けといった生殖医療がもたらす新たな課題も顕在化するようになってきた。こうしたなかで、医療や科学技術による生命のコントロールを倫理的課題として議論する必要性が生じてきたのである。

バイオエシックスという言葉自体は、アメリカの医学者によって提唱された造語であるが、現在一般に生命倫理の課題として認識されている問題領域はきわめて広く、今後も新たな技術革新によってさらに範囲は拡大していくだろう。

脳死や臓器移植、妊娠中絶や安楽死といった死の定義や生き方の選択に関わる問題は、もちろん既存の宗教団体にとっても看過することはできない。たとえば、長く人工妊娠中絶を殺人とみなして断罪してきたカトリック教会は、現代社会との対話を推進した第二バチカン公会議においても中絶を厳しく批判していたが、女性の人権や多様な世界情勢への配慮を求められて、次第に強硬な姿勢を緩和しつつある。先日、二〇一五年の末から人口妊娠中絶に許しを与える権限が——たとえ暫定的な権限であったとしても——現ローマ法王から世界中の司祭に認められたニュースは記憶に新しい[13]。宗教と生命倫理の関係は、先進医療や生命工学のような科学技術の発達と宗教的な教説の対立ばかりでなく、現代社会に固有の人権意識や社会構造、生活様式の変化などと複雑に絡み合った問題であることを意識する必要がある。

妊娠中の胎児の健康状態や発育状態を正確に知る技術が開発され、様々な出生前診断が容易になれば、人々の選択肢はそれ以前の時代とはまったく違うものになるだろう。また、新しい選択肢を採択するかどうかの判断は、教会が一般の人々の倫理的基準を決定していた時代とは違って、現代では多くの場合に個々の主体的な決定にまかされている。宗教的な教説が特定の地域社会における支配的な倫理基準になるかどうかは、その地域における宗教的権威と政治的権威、さらには人々の生活規範などが複雑に絡み合う交点において決まってくる。このため、宗教と社会と科学技術の相関関係から生じる生命倫理問題は、現在世界における宗教のあり方を問う研究者にとって、きわめて重要な研究課題になるのである。

また、生の問題と同様に死の問題は、生命倫理の重要なテーマになる。死を科学的に定義づけることの困難さは、様々な形で現代社会に影を落としている。一九九九年に起こった、成田市のミイラ化した遺体をめぐる事件などは、典型的な事例の一つであろう。このときは、ミイラ化した遺体は司法解剖まで生きていたと主張する記者会見が開かれたことで、生と死の判定基準の曖昧さが前景化されることになった[14]。

さらには、臓器移植における臓器提供者から、どの時点で心臓などの臓器を摘出するか、といった判断基準の議論から生じた脳死判定問題は、宗教界や思想界を巻き込む論争を引き起こすことになる。脳全体の機能は完全に停止していても、人工呼吸器で肺や心臓が機能している状態の人から臓器を摘出することの是非について議論するために、首相の諮問機関（臨時脳死及び臓器移植調査会）が設置され、最終的に脳死を死と認める答申がまとめられた。この時期の脳死問題をめぐる議論を皮切りに、一九九七年に「臓器移植法」が成立するまで、様々な場面で死の定義の問題がクローズアップされ、宗教団体が積極的に社会に提言していくきっかけになった。

2　社会変革と宗教問題

一方で、ジェンダー問題や差別問題などに代表される、伝統的な社会構造や文化システムの変革を志向する人々の運動から生じた課題は、人々の生活と密着しながら歴史を積み重ねてきた宗教団体のあり方にも大きく影響することになる。たとえば、戦後の日本社会では宗教法人令の廃止と宗教法人法の施行に伴い、「神々のラッシュアワー」といわれるような新しい宗教団体の設立が続いた一方で、伝統的な仏教教団がこぞって旧来の家制度に支えられた教団体質から脱却し、個々の主体的な信仰者の活動が教団を支える、民主化された体制への転換を図った。

真宗大谷派の同朋会運動（一九六二年）、本願寺派の門信徒会運動（一九六二年）、日蓮宗の護法運動（一九六六年）、浄土宗のおてつぎ運動（一九六六年）、真言宗豊山派の光明曼荼羅運動（一九六七年）、真言宗智山派の「つくしあい運動」（一九六九年）、曹洞宗の三尊仏奉祀・家庭教化運動（一九六七年）、天台宗の一隅を照らす運動（一九六九年）など、ほぼ同年代に展開されたこれらの運動は、伝統的仏教教団の近代化、あるいは教団再編成の営みとして、一時宗教界の注目を集めた。これらの運動自体は、一九六〇年代をピークに次第に沈静化していくが、こうした動きは社会構造の変化や人々のニーズに応じ

えるだろう。
て、伝統的な宗教組織や制度もつねに変容を迫られていることを示す、興味深い事例の一つであるとい
えるだろう[15]。

近年の話題としては、婦人の参政権運動にルーツをもち、男女雇用機会均等法の成立などをとおして広く議論されるようになったジェンダー問題や古い慣習から生じる差別問題など、宗教団体が社会と向き合うなかで具体的な対応を迫られている問題は少なくない。女性の解放や慣習的な差別の撤廃などは、様々な宗教団体が積極的に向き合わなくてはならない人権問題の主要なテーマであろう。しかし、長年にわたって人々の生活に浸透してきた宗教的慣習は、社会制度や法律が改変されたからといって、決して簡単に変わるものではない。

たとえば、明治五（一八七二）年に神社仏閣の女人結界の地は太政官の布告によって廃止され、登山参詣は性別に関わりなく自由であるとされた。しかし、実際には二一世紀になっても「紀伊山地の霊場と参詣道」のユネスコ世界文化遺産への登録をめぐって、女人禁制の問題がクローズアップされている現状がある。また、戦後の人権意識の高まりから広く知られるようになった、差別戒名を反省する追善供養は、現代においてもいまだ各地で行われている。こうした代表的な事例ばかりでなく、宗教団体に社会的な説明責任が問われる場面は、今後ますます増えていくことになるだろう。

さらには、阪神大震災や東日本大震災などのボランティア活動から再認識されるようになった、宗教の社会貢献や現代社会における宗教の役割についても、様々な宗教問題と平行して議論していく必要があるだろう。宗教団体と社会の関係の負の側面を強調する宗教問題と、プラスの側面を評価しようとする宗教の社会貢献は、一見すると正反対のテーマのように思える。しかし、双方の議論の根底にある課題には、むしろ共通する部分が少なくない。

宗教と社会の影響関係をプラスに捉えようとマイナスに捉えようと、どちらにしても現状の理解をより深めていくためには、現代社会における宗教の存在を様々な社会問題と切り離すのではなく、むしろ現代社会を理解するための中心的テーマとして宗教を考察する姿勢が不可欠であろう。現代世界における宗教と社会の相関関係をより的確に論じるためには、宗教のポジティブな役割についても広く目を配る必要がある。

3　宗教対立・宗教紛争・テロ行為

とはいえ、国外へ目を向けると宗教をめぐる紛争やテロ行為など、暴力的な事件を含めた深刻な問題が頻繁に起こっているのは確かである。特に、近年のイスラム世界における民主化の潮流とそれに続く不安定な政情のなかで、イスラエル問題を中心にしたイスラム原理主義や独裁政権と先進諸国の対立、といった従来の図式は機能しなくなり、紛争やテロ活動が世界中に拡散しつつある状況がある。

世界史のなかで繰り返されてきた戦争や紛争の原因を理解しようとすれば、多くの場合に「宗教」が重要な役割を果たしていることに気がつく。十字軍の遠征やユグノー戦争のように、世界史の大きな分岐的となった宗教紛争は少なくない。しかし、これらは決して過去の出来事ではないことを銘記すべきだろう。これからの時代に予想される国際紛争にも、宗教間の対立は大きな影を落としている。

二一世紀の初頭に、新しい世紀に世界で起こりうる出来事を予見した未来史である『22世紀から回顧する21世紀全史』が出版された。この本のなかで、二一世紀に核戦争を起こす可能性がある国家間紛争として、著者が最も危険視しているのはインドとパキスタンの対立であり、ここでも核戦争の危機をもたらす原因として想定されているのは、宗教間対立に端を発するカシミール問題である。

実際、一九九二年に起こったヒンドゥー至上主義者たちによるイスラム教のモスク破壊事件と、そこからインド全体に波及したイスラム教とヒンドゥー教の対立（アヨーディヤ問題）は、この地域の宗教間対立は今後も決して軽視できないことを教えてくれている。『21世紀全史』のなかでは、インドとパキスタンの核戦争ののちに世界経済は混沌状態に陥り、この混乱ののちに新たな世界秩序が実現されるという予想が、まことしやかに語られている。もちろん、これは仮説であって事実の記述ではないが、現在と未来の世界のあり方を考える場合に、宗教問題がきわめて重要であることは間違いないだろう(16)。

このほかにも、一九四七年のイスラエル建国以来続いているパレスチナ問題や、カトリックとプロテスタントの対立を背景としたアイルランド問題など、宗教が政治的対立や紛争の要因の一つとなっている深刻な問題の多くは、いまだに解決の糸口さえ見いだすことができていない。むしろ、近年頻繁に報道されているイスラム国の問題など、二〇〇一年のアメリカ同時多発テロ事件以来、二一世紀の世界が様々な宗教紛争と正面から向き合う必要性に迫られていることは、誰もが実感している事実ではないだろうか。

4　他者の理解と宗教社会学

もちろん、宗教紛争やテロ行為は日本を遠く離れた海外だけの問題ではない。日本中を震撼させたばかりでなく、世界的にも注目されたオウム真理教事件は記憶に新しい。また、近年の宗教紛争やテロ行為では、報道関係者を含めた多くの日本人が事件に巻き込まれている。政治的・社会的動機から生じる宗教紛争やテロ行為は、一概に宗教問題であるとはいえないケースが少なくない。パレスチナ難民の問題などは、中東戦争の結果から生じた政治問題として解決方法を模索すべきだろうし、イスラム国に関連する多様なテロ活動を宗教問題として扱うことにはとまどいがある。しかし、宗教的な信仰や教説と様々な事件が、まったく無関係ではないことも事実であろう。

近代の初頭に、宗教が人間や社会の多様な問題を理解する中心的な課題であると考えられ、二〇世紀の新しい学問であった社会学にとって、宗教が最も重要な研究テーマの一つとされた時代とはまた違う形で、宗教を社会や文化と深く結びつけて理解する研究の重要性が高まりつつある。

特にグローバル化の進展に伴い、かつては交流の少なかった異文化圏の人々と接触する機会が世界的に増大し、曖昧な知識はもっていても実際にふれ合う機会のなかった異世界の人々の信仰や慣習と向き合うことが、世界のあらゆる人々にとって身近な経験になりつつある今日、他者の宗教文化を社会的文脈と結びつけながら的確に理解し、相互に協調と融和を図っていくことは、現代世界に生きるすべての人々にとって不可欠の営みである。

また、たとえ武力闘争や暴力事件のようなインパクトはなくても、異なる宗教文化の理解が足りないために生じる問題は、ビジネスの世界でもしばしば顕在化してきた。よく知られているケースでは、二〇〇〇年に起こったインドネシアの味の素事件がある。味の素は、一九六〇年代から東南アジアのイスラーム圏で事業を拡大し、インドネシアでもイスラム法に定められた食品の基準を満たしているとして、ハラール認証を取得して味の素を販売していた。しかし、二〇〇〇年にハラール認証の更新審査を受けた際に、製造過程で使用している菌の保存用培地に使われた物質が、豚由来の酵素を触媒にしてつくられているとして問題になり、現地法人の社長が一時逮捕される事態になった。(17)

この事件のあと、イスラームのハラール認証ばかりでなく異文化圏での経済活動にとって、現地の宗教文化を深く理解することが重要であるとの認識が広まり、政治問題や武力闘争の解決の糸口を探るばかりでなく、異文化間の交流や経済活動の活性化のためにも、宗教文化研究のさらなる進展が求められるようになった。

今後は、堅実な地域研究を基盤にしながら、世界各地の宗教伝統や人々の信仰生活について、その背景に存在する社会や文化の枠組みを深く理解したうえで、広く考察する宗教研究が求められていくことになるだろう。これまで、宗教社会学や宗教人類学の分野で積み重ねられてきた研究の多くは、こうした新しい社会のニーズに応える知見を提供できるはずである。

しかし、宗教を理解するための社会的・文化的文脈は、つねに目まぐるしい変化を続けている。既存の先行研究だけでは、新しい状況から生じた問題をカバーすることは不可能だろう。こうした現状を考えても、宗教社会学はさらに新たな研究の蓄積が、各方面から期待されている研究分野なのである。

〔岡田正彦〕

【注】

(1) K・ヤスパース『ヤスパース選集9　歴史の起源と目標』、重田英世訳、理想社、一九六四年。

(2) 石井米雄『タイ仏教入門』、めこん、一九九一年。

(3) R・N・ベラー『破られた契約――アメリカ宗教思想の伝統と試練〔新装版〕』、松本滋・中川徹子訳、未来社、一九九八年。

(4) 象徴的なケースとしては、インドネシアの味の素事件がある〔後述〕。この事件のあと、異文化圏での経済活動にとって、現地の宗教文化を深く理解することが重要であるとの認識が高まった。

(5) S・ハンチントン『文明の衝突』、鈴木主税訳、集英社、一九九八年。

（6）宗教の越境については、井上順孝「越境する宗教」（山折哲雄監修『宗教の事典』、朝倉書店、二〇一二年）を参照。
（7）多国籍宗教については、中牧弘允『新世界の日本宗教――日本の神々と異文明』（平凡社、一九八六年）を参照。
（8）ＷＡＳＰはWhite Anglo-Saxon Protestantの頭文字をとったものである。つまり白人でアングロサクソン系であり、プロテスタントの信仰をもつ人たちである。
（9）ヨーロッパにおけるムスリムの増加については、内藤正典『ヨーロッパとイスラーム――共生は可能か』（岩波新書、二〇〇四年）を参照。
（10）戦前の海外神社についての研究としては、井上順孝『海を渡った日本宗教――移民社会の内と外』（弘文堂、一九八五年）、前田孝和『ハワイの神社史』（大明堂、一九九九年）、菅浩二『日本統治下の海外神社――朝鮮神宮・台湾神社と祭神』（弘文堂、二〇〇四年）などがある。
（11）南米における日本の近代新宗教の国外布教については、渡辺雅子『ブラジル日系新宗教の展開――異文化布教の課題と実践』（東信堂、二〇〇一年）を参照。
（12）Ｃ・パートリッジ編『現代世界宗教事典――新宗教、セクト、代替スピリチュアリティ』、井上順孝監訳／井上順孝・井上まどか・冨澤かな・宮坂清訳、悠書館、二〇〇九年。原著はChristopher Partridge [ed.], *Encyclopedia of New Religions : New Religious Movements, Sects and Alternative Spiritualities*, Lion Hudson PLC., 2006.
（13）『朝日新聞』二〇一五年九月二日（夕刊）には、以下の記事が掲載されている。「《「中絶悔いる女性に許しを」ローマ法王、神父に伝達》ローマ・カトリック教会のフランシスコ法王は1日、今年12月に始まるカトリックの重要行事「いつくしみの特別聖年」に向けた書簡の中で、カトリックが禁止する妊娠中絶を悔い改めようとする女性信者らに対し、「許し」を与える裁量を神父らに認めると表明した。法王は、「心に傷を持つ多くの女性に会ってきた」として、中絶を決断した女性はそれ以外に選択肢がないと追い詰められ、苦しんでいると指摘。中絶は罪であるとのカトリックの立場を改めて示しながらも、「神の許しは、悔い改める者を否定しない」として、神父らに対し、自らの考えに理解を求めた。聖年は、神に罪の許しを請う通年行事で、原則として25年ごとにある。今回の特別聖年は、教会の近代化を目指した第2バチカン公会議の終了から半世紀を記念し、法王が呼びかけた。法王はこれまでにも、中絶や同性愛について、「教会は、心狭い取り決めにこだわるべきではない」などと述べ、カトリックが禁止の立場をとる事柄について、柔軟な姿勢を示している。（アテネ＝山尾有紀恵）」。

(14) この事件についても、当時広く報道されて衆目を集めた。逮捕までの経緯については、以下の記事（『朝日新聞』二〇〇〇年二月二三日　朝刊）および同時期の報道を参照のこと。「《「治療」「祈り」、保護と認めず　成田と宮崎のミイラ事件で捜査陣》ミイラ化した遺体をめぐる二つの事件。千葉県警、宮崎県警は二十二日、ともに同じ罪名の保護責任者遺棄致死容疑で、「ライフスペース」元代表のA容疑者（六一）ら八人と、「加江田塾」代表のB容疑者（五六）ら二人＝いずれも死体遺棄罪で起訴＝を逮捕、再逮捕した。「ライフスペース」のA容疑者は「死んでいない。治療中だった」。「加江田塾」のB容疑者は「治療のため祈っていた」などと弁明してきた。だが、千葉、宮崎の各県警は、この主張を認めず「死亡する可能性を認識しながら、必要な保護をしなかった」と判断し、逮捕に踏み切った。」

(15) これらの運動については、いくつか詳細な研究がある。最近の動向については、岡田正彦「伝統的仏教教団のグローバル化前夜――教団近代化運動と「教団＝宗教」モデル」（住原則也編『グローバル化のなかの宗教――文化的影響・ネットワーク・ナラロジー』、世界思想社、二〇〇七年）を参照のこと。

(16) G・リー、M・ホワイト『22世紀から回顧する21世紀全史』、高橋知子・対馬妙訳、アーティストハウスパブリッシャーズ、二〇〇三年。

(17) この事件についても、当時広く報道された。事件の収拾までの経緯については、以下の記事（『朝日新聞』二〇〇一年一月一二日　朝刊）および当時の報道を参照のこと。「《社長ら全員釈放　政府は事態収拾への動き　インドネシア味の素事件》【ジャカルタ11日＝北郷美由紀】インドネシア警察当局は十一日、化学調味料の製造に豚の酵素を使っていたとして消費者保護法違反（虚偽表示）の疑いで逮捕した「インドネシア味の素」の関係者全員を釈放した。釈放されたのはＡ社長とＢ・技術担当取締役、インドネシア人幹部五人。東ジャワにある工場の封鎖も解かれ、操業を再開できる状況になった。事件捜査の担当が同日、州警察から国家警察に格上げされたことに伴い、手続きがとられた。ワヒド大統領自らが同社の調味料について「口にしてもよい」とする見解を表明するなど、政府は事態の収拾に動いている。イスラム教徒の消費者を混乱させた事件は、沈静化に向かうとみられる。同社の調味料はイスラム教の教えに適合した食品であることを示す「ハラル」という認証を表示して売られていたが、製造過程で用いる大豆分解物にイスラム教が食用を禁じている豚の酵素が触媒として使われていた。三日に社会保健省が出した回収命令に従い、輸出先のシンガポールを含めて回収が進められている。」

第8章　宗教情報リテラシー

磯岡哲也
井上順孝

1　信頼できる情報とは何か

1　宗教情報の今日的状況

高度情報化が指摘されて久しい。内容の多様化、処理能力の著しい増大や高度化が高度情報化にほかならない。また、情報こそが価値とされ、社会に占める情報の役割が増大し、かつその生成、加工、伝達、蓄積、利用について高度に質的な変化を遂げる社会が高度情報化社会といわれる。その前提として、3節で詳述されるように、インターネット技術の発展と高度利用があることは言を俟たない。

高度情報化は、このようにすぐれて合理的効率的な伝達技術の拡大過程であるが、伝達される多様多量の情報がすべて合理的で科学的であるとは限らない。教団が発信する非合理性や非日常性を含む情報は、疎外や自己欺瞞に陥った人々の非合理・非日常志向と出会う可能性がある。超人間的で非合理的な世界が、情報通信技術（ＩＣＴ）の巧みなイメージ演出によってインターネット上で表現されているのが、今日の宗教情報の一面である。従来、民衆に影響力をもちえた宗教は、真理や教義を、シンボル体系、演出様式、コミュニケーション・パターンに拡大表現することに成功した宗教であった。宗教は情報装置としての一面をもつ。その装置の基底にICTが絡んでいるのが今日の状況であるといえよう。

他方、教団以外の公的機関から発信される宗教情報もある。たとえば、社会的事件を起こした宗教団体に関するマスメディアからの情報により、人々の宗教イメージが操作されることがある。また、一九八〇年以降、ジャーナリズムやマスメディアで盛んに宗教ブームが喧伝されたが、その後、これはむしろメディア主体による宗教情報ブームであったという見方が有力である[1]。

多様な宗教情報が渦巻く現代にあって、信頼できる情報とは何か。第一に、教団当事者やメディア以外の、研究者の学術調査によって収集分析されたデータをあげねばならない。

2　宗教調査の種類と方法

宗教調査には、心理学的調査、地理学的調査、人類学的調査、民俗学的調査など多種類あるが、社会調査の目的と方法にのっとった社会学的調査では、調査を位置づける理論的構図や作業仮説の設定が必要で、研究者か社会調査法の十分な会得者によってなされる。また、教団による実践のための調査、官公庁や民間機関による広範囲の実態調査、ジャーナリストのルポルタージュなどにも理論的背景をもつ仮説検証的なものもみられ、広義の宗教調査とすることもできる。一般に社会調査は、定量的分析を行う統計的方法と、モノグラフ法とも呼ばれる定質的分析を行う事例研究法に二分されるが、宗教調査でも同様で、両者は相互補完的に使用される。また、宗教調査は、宗教の社会的存在形態に対応して、教団、地域社会、個人の三レベルに分類することができる。

宗教調査には文献収集、観察法、質問調査がある。文献収集は最も基本的で、教団対象の場合、教典、教義書、教祖伝、教団史、機関紙誌、パンフレットや、既存の調査報告書などは基礎的データとして欠かせない。文献以外でも、教団ホームページ上のコンテンツや、教団発行のＤＶＤなどもこの範疇に入る。観察法には、調査者が教団の外側から観察する非参与観察法と、対象に入り込み、活動に参加しながら時間をかけて内側からありのままの姿を観察する参与観察法がある。

質問調査は、対象者に口頭または文書を用いて質問する方法で主として次の六種がある。

① **個人面接法**……調査者が対象者本人に直接面接して、質問と回答を繰り返しながらデータを得る方法である。用意された調査票に従って質問する指示的面接法（形式的面接法または構造化面接法）と、対象者の反応や状況に応じて質問内容を変更・加減する自由面接法（非形式的面接法または非構造化面接法）とがある。いずれにせよ宗教調査法としては、主力となる。また、相手の心理に十分注意を払い、非言語的コミュニケーションも重視して心理内容を深く聴く深層面接法もある。

② **配布回収法**……留置法ともいい、調査者が対象者を訪問して調査票を配布し、一定期間内に対象者自身が回答を記入し（自記式）、調査者が再度訪問して調査票を回収する方法である。

③ **郵送法**……対象者に調査票を郵送し、対象者が回答を記入し（自記式）、調査票を返送してもらう方法である。調査票は郵送するが、回収は調査者が出向く郵送回収法もある。

④ **託送法**……対象の組織に調査票を一括配布し、回収してもらう方法である。檀家や信者を対象に調査する場合に利用されるが、対象組織の協力が前提となる。

⑤ **集合調査法**……一定の場所に集合した対象者に調査者が調査の目的や回答方法を説明して調査票

を配布し、その場で記入してもらう方法である。対象組織の協力が必要である。

⑥**電話法**……対象者に電話をかけ、質問に対する回答を聞き出してそれを調査者が記入する方法である。

このほか、近年はインターネットを介して調査を実施するウェブ調査といわれる方法もみられる。(2)

3　宗教調査の特殊性と調査倫理

宗教調査には特有の困難さがあるといわれる。信仰という内面世界にふれデータを引きだすことと、対象者側から調査への理解と協力を得ることである。

調査項目が、回心の情況、入信の効果、人生観や信条などの場合、個別の多様性もさることながら、インフォーマント（調査対象者）の語る世界が常識では理解できないほど異質なことが少なくない。この場合調査者は、データのバイアスを避けるため、自分の見方や価値観にとらわれずにインフォーマントを共感的に理解することが必要である。そのために適切な方法は自由面接法であり、ある程度長期の参与観察が好ましい。聴き取りや深層面接の場合、インフォーマントを単なる情報供給装置としてではなく、人格的なふれあいをとおして暖かい信頼関係（ラポール）を醸成できるようにする必要がある。ことにそれは信仰者の人生の内面まで細かくたずねていくライフヒストリー・インタビューでは大切であろう。このように宗教調査では、宗教が構成する意味世界について、対象者の立場に立った捉え方や解釈を考慮することが肝要である。

どの調査法にせよ対象の教団、教会や支部、宗教者から調査への理解と協力を得ることは不可欠だが、これが難しい場合がある。大規模教団では、渉外担当の部署があって調査者に対応する体勢が整っていることが多いが、中小規模の新宗教教団では調査に拒否的なことも少なくない。これは、調査に対する教団側の価値観が関わっており、いわゆる門前払いから軽重の条件付き許可まで幅がみられる。また、調査協力後も研究結果発表の段階で教団側からクレームが出されることがある。どの段階でも、調査者は誠意をもって調査の意義や目的・方法を説明し、教団側のコンセントを得るようにしなければならない。

近年、大学や学会では、データの公正な取り扱いや研究資金の適正な使用について担当する研究倫理に関わる機関が設置されるようになった。日本社会学会では、「倫理綱領（二〇〇五）」と「倫理綱領にもとづく研究指針（二〇〇六）」が制定され、後者の「研究指針」では、調査について関連する項目があげられている。(3)

調査者と対象者の関係は対等で、かつ調査者はできる限りインフォーマントを保護する義務がある。インフォーマントあって初めて可能となる以上、調査という営為は本来的にインフォーマントからの情報の収奪という面をもつ。それだけに調査者の誠意ある説明と、インフォーマントの調査や結果公表の承認が不可欠である。また、論文や報告書を謹呈したり報告会で報告したりする、教団活動の参考資料を提示するなど、成果はインフォーマントに還元されることが望ましい。次に、生活史上社会的逸脱を含む行為を記述する際は仮名にするなどプライバシーはできる限り保護されるべきである。さらに、調査の過程で約束したことは遵守し、貴重なデータや時間、労力をもらい受けたことに対する感謝の気持ちをもち、それを伝えるといった類いのことは当然であろう。

〔磯岡哲也〕

2　宗教調査の具体的事例

本節では、戦後の日本人による宗教調査の主なものを、教団、地域、個人それぞれのレベルごとに、紹介する。採用基準は、第４・５章で掲載した調査は除き、基本的に単行本・報告書にまとまっているものとした。また、可能な限り、調査ごとの視点・方法や特色を記す。

1　教団レベル

▼六〇年代の創価学会調査

初期の新宗教調査として、鈴木広のものがある。鈴木は、一九六二年七月から九月にかけて、質問紙を用いた面接法により、都市化と新宗教との関連について、福岡市の創価学会を調査した(4)。社会移動と階層に視点を置き、高度経済成長のもとで学会員の階層が大量に生まれ、地域的には向都離村型、階層的には下降移動型が多いとした。入信者は、こうした社会移動効果による共同体の崩壊感覚を体験し、急性アノミーに陥った潜在的回心者であったとし、状況規定の仕方の変容の視点から信者の態度変容過程を説明している。

▼総合的教団調査

七〇年代から若手研究者による新宗教調査が盛んになったが、そこでは参与観察法が多く採られた。八〇年前後から、一つの教団を、チームでの複数の方法や視点を駆使して、数年またはそれ以上にわた

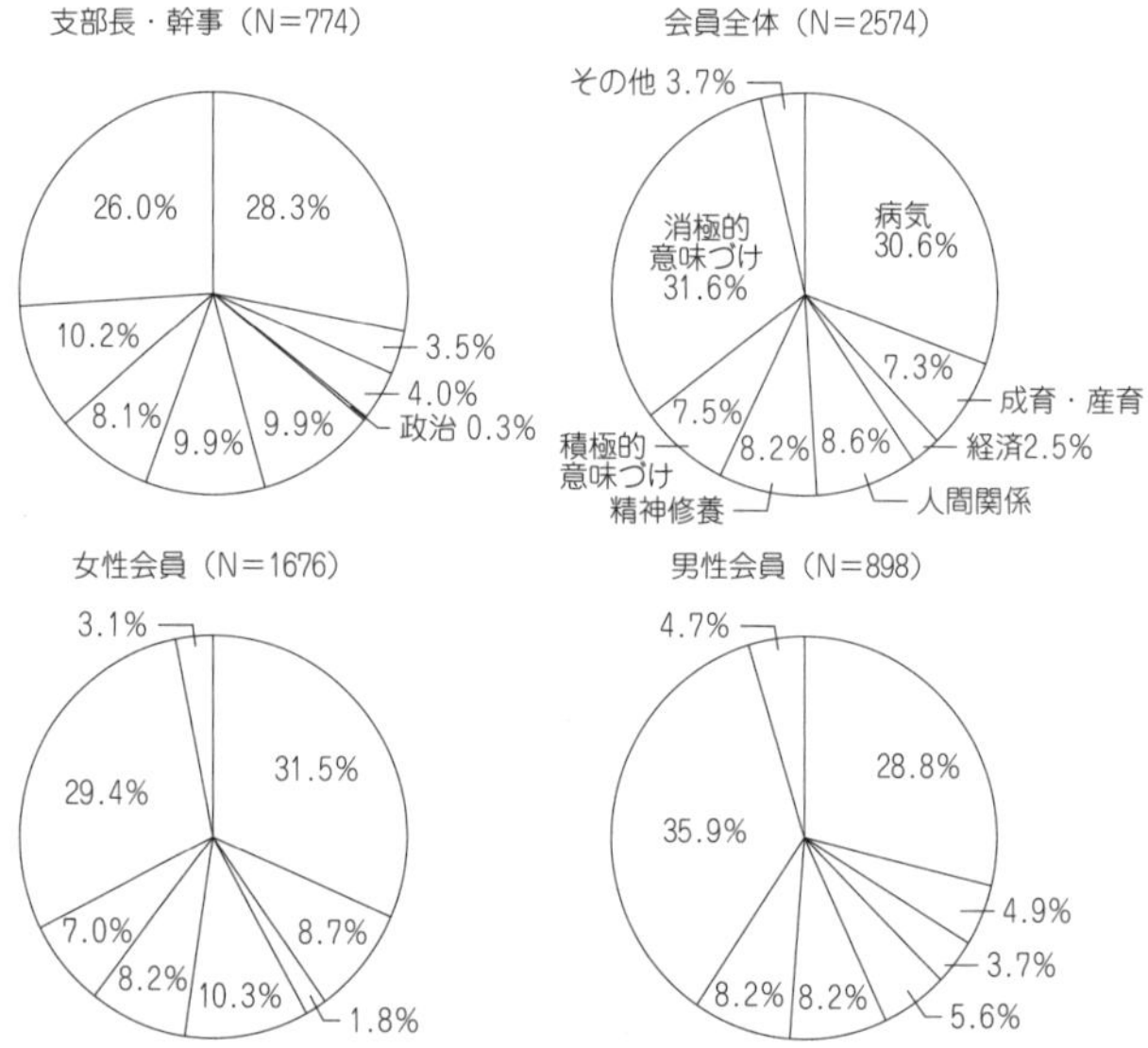

注：自由回答をカテゴリー化した。

図１　入信動機（解脱会，1979年）

ってなされる総合的教団調査ともいうべきものがみられるようになった。それらは、教団側からの要請か全面的な協力を得てのものが多い。たとえば、①七九年から行われた宮家準らとB・H・エアハートによる解脱会調査[5]、②八六年から行われた谷富夫による崇教真光教団調査[6]、③八七年からの島薗進らによる修養団捧誠会調査[7]、④九〇年からの橋本満らによる真如苑調査[8]などがあげられる。なお、図1・図2と表1・表2は、それぞれの調査のうち「入信動機」について比較したものである。

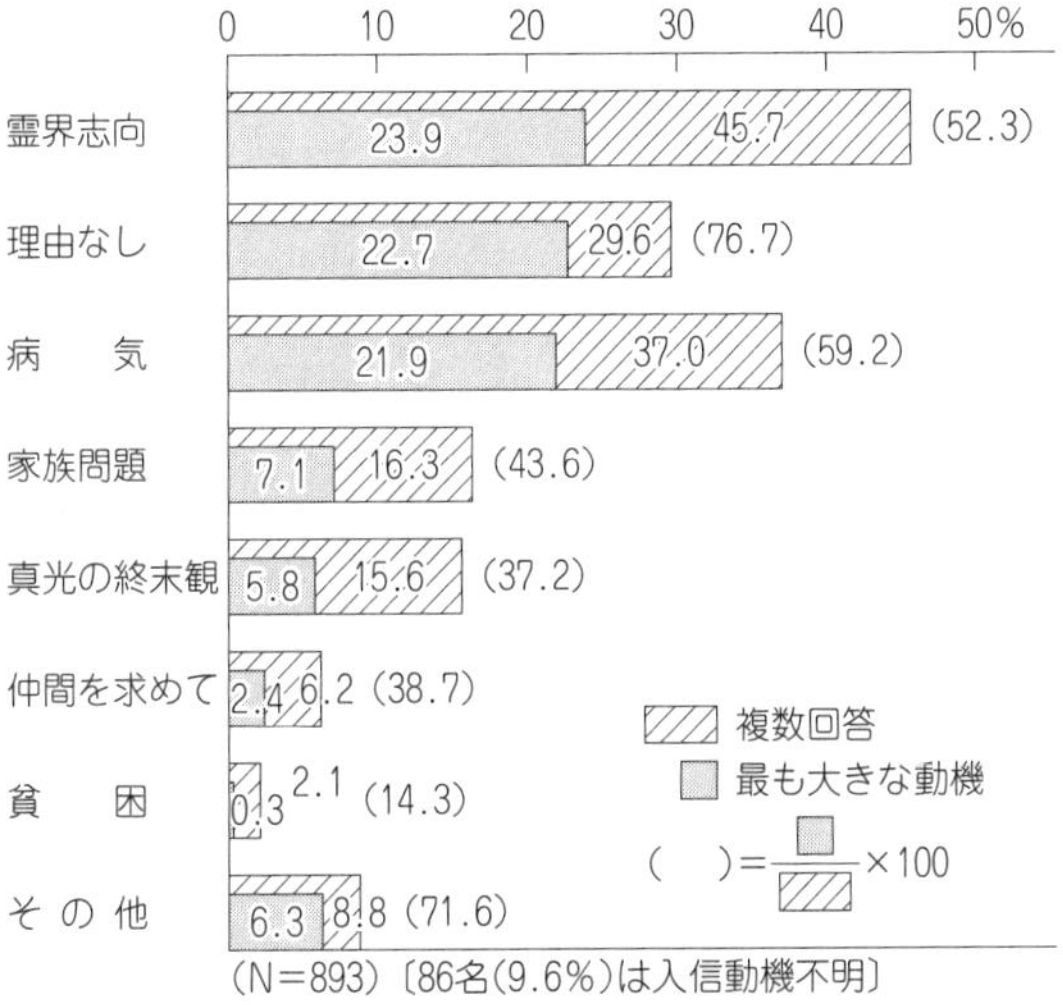

注：関東・関西地区の高校以上の真光青年隊員を対象。

図２　入信動機（崇教真光，1987年）

表１　入信動機（修養団捧誠会，1989年）

	複数回答(228票)	単数回答(220票)
教祖の魅力	72.8%(166票)	42.3%(93票)
教えの素晴らしさ	71.9 (164)	25.0 (55)
会員の魅力	27.2 (62)	5.5 (12)
集会の雰囲気の良さ	28.5 (65)	6.4 (14)
人生勉強	37.3 (85)	5.9 (13)
世の中への貢献	23.7 (54)	1.4 (3)
問題解決	32.9 (75)	13.6 (30)

表2　入信動機（真如苑，1991年）

	人数(%)	累積%
自分の病気	7(　3.6)	3.6
家族などの病気	16(　8.3)	11.9
自分の進学など	3(　1.6)	13.5
家族の進学など	7(　3.6)	17.1
人間関係	14(　7.3)	24.4
商売・職業の問題	4(　2.1)	26.5
双親さまにひかれて	12(　6.3)	32.8
涅槃経や一如の道にひかれて	15(　7.8)	40.6
霊的なものに対する関心から	13(　6.8)	47.4
人に勧められたから	24(12.5)	59.9
精神修養	28(14.6)	74.5
先祖の供養	34(17.7)	92.2
理由なし	10(　5.2)	97.4
その他	5(　2.6)	100.0
合　計	192(100.0)	

注：霊能者が対象。

2　地域レベル

▼地域社会への受容に関する調査

安齋伸は、一九六三年から日本におけるキリスト教受容について奄美大島や沖縄を長期間調査した(9)。安齋は、七四年から七五年にかけてキリスト教以外の沖縄の伝統宗教の変化、創価学会やイエスの御霊教会の受容、住民と民間信仰との関わりについて調査した。

柳川啓一と中牧弘允は、一九七〇年より北海道常呂町において地域社会における宗教変動の事例調査を行った(10)。まず、地域の開拓と宗教の状況を把握し、次に、氏子や檀家、新宗教といった宗教制度や組織の成立、維持、発展、衰退の過程のなかに、社会的な条件がどのように関与したかという問題意識をもって常呂町の宗教状況を調査した。中牧はさらに、職業、所得、固定資産税納入額などの指標による階層別宗教構成を調査し、所属寺院や教団による階層の差を検討した。

一九七二年九月に森岡清美を中心とした東京教育大学の教官・学生による山形県鶴岡市湯野浜地区の妙智會員への調査票を用いた面接法調査がなされた[11]。ここで、妙智會の地方伝播と定着の過程や会員の宗教意識などが調査されている。調査票は、フェイスシートにあたる世帯票と個人的信仰を問うもの、世帯主かその配偶者個人の宗教意識を問うもの、妙智會員の妙智會信仰に関する情報を得るためのものの三種類が使用された。

▼海外の日本宗教調査

明治以降、わが国の伝統宗教は海外の日本人や日系人に布教してきた。戦後は新宗教の海外進出が盛んになり、現地の非日系人にも受容されている。そこで、七〇年代より日本宗教の海外での受容と変容に関する調査が行われた。代表的なものに、柳川啓一と森岡清美を中心とするハワイおよびアメリカ西海岸の現地調査がある[12]。ハワイ調査は一九七七年と七九年のそれぞれ六月から九月にかけて一〇人程度でなされた。主な内容は、教団関係者への面接、信徒への配布回収法による質問紙調査、信徒の家族の事例調査の三種で、盆行事への参与観察や個人的な宗教活動者への面接、日本人が多いキリスト教会への調査も補足的に行っている。対象教団は、神社神道、浄土宗、浄土真宗、曹洞宗などの伝統宗教や、天理教、創価学会、天照皇大神宮教などの新宗教と多数にわたっている。西海岸調査は、ハワイを拡大する形で八一年の七月から九月にかけて総勢一一人でロサンゼルスとサンフランシスコおよびその周辺都市で行われた。対象教団は、浄土真宗、禅センター、金光教、創価学会、親鸞会、生長の家、世界救世教、解脱会であった。中牧弘允は、この調査のメンバーだったが[13]、一九八三年から八五年までサンパウロ人文科学研究所に滞在してブラジルにおいて同様の調査を行った。対象教団は、パーフェクトリバ

表3　韓国創価学会会員の入信動機

（単位：%）

入信動機	年代別区分					全体
	20代	30代	40代	50代	60代	
人生・霊的世界への関心	5.4	5.8	9.1	4.1	5.9	6.6
自分や家族の病気	12.1	17.4	17.8	21.4	41.2	17.9
幸福な生活（経済的貧困の解決，進学および昇進など）	49.7	42.4	41.5	51.1	29.4	43.1
周囲の勧誘	6.0	2.7	4.6	1.1	2.9	4.7
教えや実践倫理に惹かれて	26.8	31.7	27.0	22.3	20.6	27.7
計	100(215)	100(351)	100(294)	100(108)	100(25)	100(993)

注：回答者1026人のうち，20代未満と70代以上の回答者は，ここに含まない。括弧内は回答者数。
出典：李元範・櫻井義秀編『越境する日韓宗教文化——韓国の日系新宗教　日本の韓流キリスト教』，北海道大学出版会，2011年，98頁。

ティー教団、浄土真宗、天理教などであった。

渡辺雅子は、一九八八年から九九年にかけてブラジルにおける日系新宗教の調査を敢行した。対象教団は、大本、金光教、立正佼成会、世界救世教、創価学会、霊友会、稲荷会、崇教真光、天理教、生長の家、阿含宗であった[14]。

二〇〇三年から一一年にかけて、櫻井義秀らと李元範《イウォンボン》らの日本と韓国の研究者が協力して、韓国の日系宗教と日本の韓国系宗教とを調査した[15]。対象教団は、韓国における創価学会（表3）、天理教、日本における天道教、甑山道、円仏教、統一教会、韓国系キリスト教会、在日大韓基督教会などであった。

▼地域集中型共同調査

宗教社会学研究会が、一九七九年から典型的な中都市浜松市で地域宗教の総合的調査を行った[16]。伝統宗教が根づき、新宗教が教線を伸ばし、土着の小規模新宗教がある多様性に満ちた地域を数グループで分担して事例研究法で行っている。具体的には、神社の動態、伝統的な祭と都市祭、観音信仰、遠州大念仏、土着新宗教の自成会と宇宙真理道教団の教祖、真理実行会、世界心道教、黒住教、天理教、キリスト教、創価学会、本門佛立宗の定着と展開、地域の葬式組織や墓地がテーマとなっている。

関西の研究者が「宗教社会学の会」を結成して、一九八一年より年間延べ一千万人もの参詣者をみる生駒山系の民俗宗教の調査を開始した[17]。対象は、生駒聖天と呼ばれる真言律宗宝山寺、信貴山真言宗朝護孫子寺、石切神社、修験寺院二三ヶ寺、中小寺社・諸教および民間医療の教会や施設など三八ヶ所、朝鮮寺六五ヶ寺に及ぶ。一九八五年以降の第二期調査では、石切神社参詣者に対する宗教意識調査、金峯山修験本宗大阪別院天龍院と天照神高座神社（岩戸神社）の別動組織である岩戸教団の教師であるシャーマン、霊能者へのアンケート調査、石切神社参道商店街の易占業者への聴き取り調査、八代龍王神感寺と高野山真言宗南陽院の呪的カリスマとの事例調査、朝鮮寺十王祭の儀礼調査などを行っている。

宗教社会学の会メンバーの飯田剛史は、一九八八年から九〇年代末まで大阪市生野区で在日コリアンの宗教と社会を調査した[18]。対象は、民俗宗教、チェサ、仏教、キリスト教、民族祭など多岐にわたる。

九州大学宗教学研究室が一九九一年から、九州に本部をもち九州を舞台に活動する新宗教の比較調査を行った[19]。『新宗教事典』（一九九〇）に掲載されていない小規模でローカルな教団の、教祖のライフ・ヒストリーや教義、組織についてインタビューや参与観察がなされている。また七教団の信者に対して、集合調査によって、入信動機や価値観、世界観、脳死・臓器移植を含む死生観を問う質問紙調査がなされ、一六七二の回答を得ている。さらに同様の集合調査を福岡近郊の四大学と一看護専門学校で行い、両者の比較を試みている。

▼ニューカマーの宗教

三木英と櫻井義秀ら「宗教文化士」資格認定制度のための研究プロジェクトの「外来宗教実態調査」

グループは、二〇〇八年から一〇年にかけて国内各地域において増加しつつある外来宗教の実態調査を行った[20]。対象は、ビルマ系キリスト教、カトリック浜松教会、日系ブラジル人教会、滞日ペルー人の故郷の祭、タイ上座仏教、韓国人ニューカマーのキリスト教会、地域のイスラム教などである。

3 個人レベル

八〇年代に入って社会学界では生活史に対する関心が増えてきた。生活史研究では、個人を行為、態度、意識などの局面で切り取って量的に分析するのではなく、個人を総体として捉え、彼/彼女が社会的に規定されながらも、それを状況として受けとめることによってそれぞれが歩む主体的な人生航路に着目するものである。また、話者にインタビューをして自らライフヒストリーを語ってもらい、それを主なデータソースとし、オーラルヒストリーの形で記録した口述の生活史という形態もある[21]。渡辺雅子は、この口述の生活史の手法を用いて浜松市の自成会の信者や京都府の女性祈祷師の生活史を調査した。後者では、従来要約された形でしか記述されなかった成巫《せいふ》過程についての個人的なデータを、成巫以前の状況、成巫過程、巫者《ふしゃ》としての自立化過程に分けて詳細に記述している。渡辺はまた、個人と、家族、地域社会、全体社会、個人の出来事、重要な他者との相互作用をとおして個人の生活史を理解するライフコース・アプローチによって、大本支部の一二事例一八名の信者の調査分析をした[22]。

寺田喜朗は、一九九六年から二〇〇六年にかけて、台湾生長の家の事例研究において、約二〇人に詳細なライフヒストリー・インタビューを行い、生長の家の信仰受容の詳細なモノグラフをものしている[23]。

〔磯岡哲也〕

3　情報を把握する力

1　インターネット上の情報

▼宗教と情報メディア

仏教はおおよそ二五〇〇年、キリスト教は二〇〇〇年、そしてイスラム教は一三〇〇年の歴史を有する。それぞれの宗教の根幹をなす情報は、世代を超え、地域を越えて伝達されてきた。宗教が広まるに際しては、その時代における情報メディアの利用が大きな役割を果たしてきた。教典のコピー一つとっても、それは明らかである。

七世紀に三蔵法師玄奘はインドにおもむき経文を持ち帰った。貝葉経《ばいようきょう》五二〇巻というから相当な量である。貝葉とは貝多羅葉というヤシ科の葉のことである。ここに経文を記したのだが、インドではこれが一般的な書物の形態であったとされる。初期仏教におけるブッダの教えの伝達は口伝であったが、インドから中国への仏教に関する情報の伝播は、このような大量の文字情報を介してなされてきた。コーランの写本も羊皮紙などを使ってつくられた。

宗教改革にも新しい情報ツールが一役買ったことが知られている。一六世紀のドイツで起こったルターによる宗教改革が当時強大な権力を有していたカトリック教会に大きな衝撃を与えた一因は、その主張が活字メディアによって広く知られるようになったことである。ドイツ語訳の聖書が活字印刷され、ルターの主張もまた活字によって広まった。一修道士が最新のメディアを用いることで、カトリック教会に立ち向かったわけである。

近代日本では、印刷メディアは教団の刊行物の配布にいち早く採り入れられた。音声情報の媒体つまりラジオ放送が始まると、これを教化・布教に使う宗教団体も出てきた。日本における宗教放送は、公共放送局が編成した宗教番組として開始された。一九四六年にはＮＨＫ「宗教の時間」が開始された。神道、仏教、キリスト教に公平に時間配分され、のちに天理教、金光教、大本にも機会が与えられるようになった。

戦後登場したテレビという映像メディアは、多くの人々に宗教の教えを伝える便利なツールとして用いられるようになった。米国のテレビ伝道師を筆頭に、積極的な利用の例が各国でみられる。ただし、日本では規制が厳しく、ラジオに比べるとテレビの布教・教化への利用はごく一部である。

一九九〇年代半ばにインターネットの利用はきわめて広範なものになった。宗教情報もこのインターネット時代には大きな展開をする。宗教情報の伝達は容易に国境を越え、新たな段階を迎えた。ネット上にあふれるばかりの宗教情報が蓄えられるようになった。その情報にどうアクセスし、どう咀嚼していくかといった宗教情報リテラシーに関わる問題は、きわめて重要な課題として浮上してきた。

▼オンライン事典の便利さと落とし穴

宗教社会学に関わる研究や調査のなかでも、現代宗教を対象にする場合、自分が得ようとしている情報の信頼性については、特に慎重に吟味しなければならない。オンライン事典として最も有名で多くの日本人も利用しているのはウィキペディアである。ウィキペディア（英語版）が登場したのは二〇〇一年である。翌年日本語表記もできるようになり、二〇〇五年あたりから利用者が急速に増えた[24]。その便利さはたちまちのうちに広く知られるようになり、自主的にウィキペディアに書き込む人も増え、項目は多様な分野にわたるようになった。それとともに、印刷された辞書・事典類よりも頻繁に利用する若い世代が増えた。

しかしながら、こうしたオンライン事典の利用にあたっては、そこで提供されている情報が正確かどうか、自分にとって信頼できるものであるかどうかには十分注意を払わなければならない。ウィキペディアは比較的正確な記述が増える傾向にあるとはいうものの、なかには印刷された事典類であるなら滅多にみられないような不適切な記述、あるいは明らかに間違った記述も存在する。一例として、ウィキペディアの「新宗教」という項目をあげてみる。この項目の「概説」や「形態」という節にも若干問題のある記述が含まれるが、「神道系の新宗教団体」という節には、国家神道系として、なんと靖国神社、護国神社がリストアップされている。ともに近代に設立された神社ではあるが、靖国神社や各府県の護国神社を「神道系の新宗教団体」に含める宗教研究者はまずいない(25)。

もう一つ例を挙げよう。同じく「回心」という項目では、回心を次のように定義している。「回心は、神に背いている自らの罪を認め、神に立ち返る個人的な信仰体験のことを指す。日本語訳の「回心」は仏教用語の「回心（えしん）」の流用または誤用である。回心（かいしん）は他の宗教での類似の体験について一般的に用いられることもある。」

この定義は宗教社会学あるいは宗教心理学における回心論にとっては、あまり役に立たないというより、むしろ誤解をもたらしかねない。またキリスト教などで使われる回心（かいしん）あるいは仏教で使われる回心（えしん）といった宗教的用語の側面と、宗教心理学などの学術用語として用いられる側面とがまったく区別されていない。

新約聖書の「マタイ伝」一三章一二節には「持っている人は更に与えられて豊かになるが、持っていない人は持っているものまでも取り上げられる」とある。K・H・マルクスは近代資本主義は「富める者はますます富み、貧しき者はますます貧しくなる」と考えた。実はインターネット上の情報もこれに似たところがある。「知っている者はますます知るようになり、知らない者はますます知らなくなる」とでもいうべき事態である。

どういうことか。インターネット上の情報は、それについての基礎知識がある者が、それを有効に活用してますます知識を深めることができる。ところが、まったく基礎知識や情報リテラシーがない者が利用すると、手当たり次第にサイトを閲覧することで、間違った情報がその人に蓄積されていく可能性があるということである。ネット上の情報は玉石混淆であり、大変便利な正確な情報から、何の根拠もない間違った情報まで大量に存在するのである。個々のサイトで記述されていることの確からしさのレベルは様々であり、また正確さについては微妙なものが多い。八〜九割の記述は正しいのだが、一〜二割は間違っているか不正確という類いはかえって厄介である。

▼ホームページの利用の仕方

ではどうやって、より確かなネット情報を見いだせるか。形式的な判断は比較的たやすい。それはサイトを作成した主体を知ることである。たとえば官公庁は白書、統計の類を基本的にネット上に公開するようになっている。日本政府統計ポータルサイト「e-Stat」からは、各省庁が作成した統計データ・図表にアクセスできる。エクセルデータをそのままダウンロードして利用できるようになっており、非常に便利である。(26)

各大学は公式のホームページをもっており、そこでその大学に関する基本情報を知ることができる。

その大学に勤務する教員の著書や論文のタイトルを掲載している大学もあるし、論文をそのままダウンロードできるようになっているところもある。大学に付属する研究機関が作成し公開しているようなデータベースなどは、ひとまず信頼していい。教育研究機関としての責任をもって公開していると考えられるからである。こうした官庁や大学などが、公式ホームページをとおして公開している情報は、一応は確かな情報に含めていい。

教団が作成したホームページには、少し注意が必要である。サイトに記載されていることは、その教団が主張したいことを正確に反映しているだろう。だが、それが一般的な意味における正確さにつながるかというと、それは別問題だからである。たとえば「神は宇宙人である」とか「ＵＦＯは存在する」といった主張をホームページで掲げる教団があったとする。その教団がそうしたことを主張しているのだということを知るうえでは、このネット情報は利用する意味がある。しかしそれが事実を述べたものであると理解したら、大変な誤解になる。ここまで極端な主張であると、それを事実と間違う人はいないというふうに考えられようが、「イエス・キリストは日本にやってきた」「ヨーガの行者は空中浮揚ができる」などの主張になると、心を動かされる人もいないではない。教団作成のホームページの場合は、一般的には記載内容を「鵜呑みにしない」という態度が必要になる。

個人が作成したもののうち、特に匿名で作成したようなサイトは要注意である。インターネット上に真面目な内容のものを記載するのも、ふざけた内容を記載するのも制限は事実上設けられていない。また「２ちゃんねる」のように、匿名での誹謗中傷がまかり通るサイトもある。

▼書物との対照

これらはサイト作成者のタイプによる判断である。しかしながら、公式ホームページだから常に正確であるとは限らない。逆に「2ちゃんねる」は研究調査の対象にしなくていいと決めつけるわけにもいかない。ネットの情報の正確さを確かめる有効な一つの手段は、印刷物として刊行されている研究書、論文などの内容と比較する態度を日頃から身につけておくことである。特に辞典・事典類に関しては、是非こうしたやり方が求められる。辞典類は数年かけて編集されるというのがふつうである。もっと長い時間をかけて編集されるものもある。一度書籍となると訂正は難しくなるので、何度も慎重に内容を吟味し校正したうえで刊行する。その慎重さが正確さの向上につながっている。

あるテーマについての基礎的な知識や定説となっているようなことを知りたい場合は、関連する事典類にまず目を通す習慣が、結果的にはネット情報に対する判断力を養うことにつながる。宗教についての基本的知識の有無は、膨大な宗教情報が広がるネット空間においては、非常に大切な宗教情報リテラシーになってくる。『宗教社会学事典』そのものはまだ日本にはないが、それに近いものはある。[27] また仏教、キリスト教、イスラム教、神道、新宗教といった個別の宗教についての事典は、それぞれに定評のあるものがある。[28] これらに目を配る態度ができているか、ネット情報だけに頼るかは、正確な知識を得るときの大きな分かれ目になる。

なお、オンライン事典のなかにはすでに印刷物として公開されていたものをデジタル化したものがある。これらはもともとの情報が従来の時間をかけた活字の事典に基づいて作成されているので、内容に関しては信頼性が高い。他方、最初からオンラインで公開された辞典・事典も増えている。これらの利点の一つは内容の修正が比較的容易であることである。また最新のニュース、情報を書き加えていくことも容易である。

こうしたオンライン事典の利点と、印刷物として刊行された事典のそれぞれの利点をうまく使っていくことを身につけたい。定説となったことを調べるには書籍に依る方がいい。書籍の場合にも信頼できる出版社とそうでない出版社という問題はあるが、ネット情報を公開している主体についての判断よりは比較的容易である。ここではこれまでの歴史というものを調べられるからである。ネットに記載された内容についての情報リテラシーを養ううえで、ネット上の情報だけでは不十分だということである。

2　体験に基づく判断力

▼観察とニュースへの注目

インターネット上の宗教情報を適切に利用できるようになるためには、ある程度自分で宗教に関する体験を試みることも必要である。聖書、コーラン、法華経といった教典類に目を通してみる。宗教儀礼を観察したり、場合によっては参加してみたりする。宗教施設や聖地とされている場所を訪問してみる。宗教を信じている人と神や仏をテーマに議論してみる。いろいろな体験の場がありうる。しかしそれもやみくもにやるよりは、一定の知識を蓄え、ある程度の心の準備をしてから臨む方が、体験の意義も深まると考えられる。また、対話するふりをして勧誘することしか念頭にない人を見分けやすくなる。

日本では宗教について否定的評価をする人が少なくない。学生に対する意識調査の結果でも「宗教はアブナイ」と考える人の割合は半数を超える。[29] これがインターネット上の情報内容にも反映し、特定の宗教または宗教一般を侮蔑したり、攻撃したりするような記事もある。これにあまりに影響されると、実際にはそのような経験がないにもかかわらず、宗教を信じている人への不信感が芽生えるということにもなりかねない。

ところが他方には、自分たちの信仰を広めるために手段を選ばないというような団体もなくはない。自分たちにとって都合のいい情報だけを発信したりする。教団としてそのようなサイトを作成している場合もあるし、その教団に属する幹部なり一般信者なりが、個人の判断でそのようなサイトを作成している場合もある。

これはその情報が発信されている目的に関係してくる。それゆえ、たとえばある宗教に対する賛美、または批判がなされているようなときには、それがどのような立場からなされているかを見極めようとする姿勢が第一に重要である。信者なのか、単に宗教に関心があるだけなのか、無信仰の立場から宗教を論評したいのか、対象としている教団に悪意をもっているのか、等々である。そのような判断に際して、実際に現代世界の宗教状況を実際に自分で観察する体験を多少なりとももっていると、論じている人の立場に引きずられにくくなると考えられる。

とはいえ宗教の儀礼や実践の観察は、日常的に体験するのは誰にとっても容易ということではない。そのような機会がふんだんにあるような地域に住んでいる人もいれば、そうでない人もいる。また自分とは関わりの薄い宗教の施設や儀礼等の場に足を運ぶこと自体に抵抗感がある人もいるだろう。そういう人でも日々の宗教関連のニュースを細かく観察するという方法がある。新聞、雑誌、ラジオ、テレビなどでは、ある程度編集作業のなされたニュースが流される。これを比較参照することで、実際の体験には及ばなくても少し視野を広げることができる。身の回りに生じている出来事、あるいは世界各地で生じている出来事への関心をもつことで、観察眼を養っていくのである。(30)

▼避けるべきことを知る

宗教情報リテラシーを高めるうえで、最低限心得ておかなくてはならないのは、それぞれの宗教は目指すところが異なるので、基礎知識を蓄えても、宗教についての優劣の一般的基準はつくれないということである。自分の好みをもつことは自由であるが、どれが正しい宗教でどれが間違っている宗教かを、自分なりにきちんと区別する基準を設定することはなかなか難しい。むろんそうした基準を個人的に設けようとすること自体に問題はない。宗教社会学では価値相対主義に立つことが求められているわけではない。価値相対主義とはすべての価値観は相対的なものであり、ある一つの基準からそれぞれの価値を測るのは適切ではないという立場である。

それぞれの宗教は目指すところがあるといっても、人間社会が避けるべき思考法や行動は何かを考えていくことは重要である。宗教的価値観が異なるからという理由で、暴力行使をしたり、殺戮行為をしたり、あるいは無差別テロを行うことなどに対し、それも一つの宗教的理念であるという立場をとる必要はない。多様な宗教文化、宗教の社会的形態と向き合うのが宗教社会学であるとしても、人間として許されない限界を考えていくことを避けているわけではない(31)。

第二次大戦後も世界各地で宗教が絡む紛争は絶えない。そこには自分と異なる宗教的価値観をもつ人たちとの共存を拒否する排外的な態度がある。日本も例外ではなく、宗教性は顕著にみられないものの、ヘイトスピーチなどは排外主義の典型例である。そこに変形した愛国心や自文化優越主義が紛れ込んでおり、一部の自文化優越主義的な考えの宗教家たちの主張と重なる面がなくはない。このようなものは斥けるべきであろう。適切な宗教情報リテラシーを身につけることは、人間社会が陥ってはならない方向へと追いやるような考えや行動が何であるかを考えていくことにつながる。

〔井上順孝〕

【注】

（1）井上順孝『新宗教の解読』、筑摩書房、一九九二年、二〇八―二一〇頁。

（2）井上順孝は、イー・ウーマンが行っているオンラインのサーベイを利用して、宗教にかかわる多様なデータを収集している。http://www.ewoman.jp/（二〇一五年八月二六日閲覧）

（3）1　研究と調査における基本的配慮事項

(1) 研究・調査における社会正義と人権の尊重

(2) 研究・調査に関する知識の確実な修得と正確な理解

(3) 社会調査を実施する必要性についての自覚

(4) 所属研究機関の手続き等の尊重

(5) 研究・調査対象者の保護

a　研究・調査対象者への説明と得られた情報の管理

b　調査への協力を拒否する自由

c　調査対象者への誠実な対応

(6) 結果の公表

a　調査対象者への配慮

b　事前了解・結果公表等の配慮

(7) データの扱い方

a　偽造・捏造・改ざんの禁止

b　データの管理

(8) 教員による指導の徹底

a　研究・調査の基本的倫理の指導

b　調査実習の水準の確保

（9）謝礼の扱い方

2　統計的量的調査における配慮事項

（1）サンプリングの重要性

（2）メーキングの防止

（3）データの保護―対象者特定の防止

（4）エラーチェック、母集団と回収票の比較

（5）興味深い知見・新しい考察を導くための努力

3　記述的質的調査における配慮事項

（1）事例調査や参与観察における情報開示の仕方の工夫

（2）匿名性への配慮

〔以下略〕

http://www.gakkai.ne.jp/jss/about/shishin.pdf（二〇一五年八月二六日閲覧）

（4）鈴木広『都市的世界』、誠信書房、一九七〇年。

（5）B・エアハート／宮家準編『伝統的宗教の再生――解脱会の思想と行動』、名著出版、一九八三年。

（6）谷富夫「神秘から宗教へ――真光に集う若者たちの世界」畑中幸子責任編集『現代のこころ崇教真光』、旺文社、一九八七年、一〇七―一一六頁。谷富夫『聖なるものの持続と変容――社会学的理解をめざして』、恒星社厚生閣、一九九四年。

（7）島薗進編『救いと徳――新宗教信仰者の生活と思想』、弘文堂、一九九二年。

（8）秋庭裕・川端亮『霊能のリアリティへ――社会学、真如苑に入る』、新曜社　二〇〇四年。

（9）安齋伸『南島におけるキリスト教の受容』、第一書房、一九八四年。

（10）柳川啓一・中牧弘允「宗教変動の解釈をめぐって――北海道常呂町の宗教と社会」、『思想』第五九一号、一九七三年、九二―一〇三頁。中牧弘允『日本宗教と日系宗教の研究――日本・アメリカ・ブラジル』、刀水書房、一九八九年、九六―一三六頁。

（11）西山茂「宗教的信念体系の受容とその影響」東京教育大学文学部『社会科学論集』第二三号、一九七六年、一—七三頁。西山茂「新宗教の受容による伝統的宗教実践の変化」森岡清美編『変動期の人間と宗教』、未来社、一九七八年。森岡清美「妙智會員の宗教意識」『季刊現代宗教』第一—五号、一九七六年。森岡清美・西山茂「新宗教の地方伝播と定着の過程」柳川啓一・安齋伸編『宗教と社会変動』、東京大学出版会、一九七九年、一三七—一四三頁。なお、西山茂「新宗教調査の手順と実際」（井上順孝ほか『新宗教研究・調査ハンドブック』、雄山閣出版、一九八一年、一七〇—一八二頁）にこの調査の調査票が紹介されている。

（12）柳川啓一・森岡清美編『ハワイ日系宗教の展開と現況——ハワイ日系人宗教調査中間報告』、東京大学宗教学研究室、一九七九年。同編『ハワイ日系人社会と日本宗教——ハワイ日系人宗教調査報告書』、東京大学宗教学研究室、一九八一年。Keiichi Yanagawa [ed.], *Japanese Religions in California : A report on research within and without the Japanese-American community*, University of Tokyo, 1983.

（13）中牧弘允『新世界の日本宗教——日本の神々と異文明』、平凡社、一九八六年。同『日本宗教と日系宗教の研究』、前掲書。

（14）渡辺雅子『ブラジル日系新宗教の展開——異文化布教の課題と実践』、東信堂 二〇〇一年。

（15）李元範・櫻井義秀編『越境する日韓宗教文化——韓国の日系新宗教 日本の韓流キリスト教』、北海道大学出版会、二〇一一年。

（16）田丸徳善編『都市社会の宗教——浜松市における宗教変動の諸相』、東京大学宗教学研究室、一九八一年。同編『続・都市社会の宗教』、東京大学宗教学研究室、一九八四年。

（17）宗教社会学の会編『生駒の神々——現代都市の民俗宗教』、創元社、一九八五年。塩原勉編『日本宗教の複合的構造と都市住民の宗教行動に関する実証的研究——生駒宗教調査』（昭和六〇・六一年度科学研究費補助金（総合研究A）研究成果報告書）、一九八七年。宗教社会学の会編『神々宿りし都市——世俗都市の宗教社会学』、創元社、一九九九年。

（18）飯田剛史『在日コリアンの宗教と祭り——民族と宗教の社会学』、世界思想社 二〇〇二年。

（19）坂井信生編『九州の新宗教運動の比較研究』、九州大学文学部宗教学研究室、一九九二年。
（20）三木英・櫻井義秀編『日本に生きる移民たちの宗教生活――ニューカマーのもたらす宗教多元化』、ミネルヴァ書房、二〇一二年。
（21）ライフヒストリー・アプローチについては、次の文献を参照のこと。川又俊則『ライフヒストリー研究の基礎――個人の「語り」にみる現代日本のキリスト教』、創風社、二〇〇二年。川又俊則・寺田喜朗・武井順介編『ライフヒストリーの宗教社会学――紡がれる信仰と人生』、ハーベスト社、二〇〇六年。
（22）渡辺雅子『現代日本新宗教論――入信過程と自己形成の視点から』、御茶の水書房、二〇〇七年。
（23）寺田喜朗『旧植民地における日系新宗教の受容――台湾生長の家のモノグラフ』、ハーベスト社、二〇〇九年。
（24）ウィキペディア（Wikipedia）は米国のウィキメディア財団によって運営されている。
（25）この記述は二〇一五年八月一日の時点のデータである。ＵＲＬは次の通りである。
https://ja.wikipedia.org/wiki/%E6%96%B0%E5%AE%97%E6%95%99
（26）ＵＲＬはhttp://www.e-stat.go.jp/SG1/estat/eStatTopPortal.doである。
（27）たとえば井上順孝編『現代宗教事典』、弘文堂、二〇〇五年。
（28）仏教なら、中村元ほか編『岩波 仏教辞典（第二版）』（岩波書店、二〇〇二年）、イスラム教なら、大塚和夫ほか編『岩波 イスラーム辞典』（岩波書店、二〇〇二年）、神道なら國學院大學日本文化研究所編『神道事典』（弘文堂、一九九四年）、日本の新宗教なら井上順孝ほか編『新宗教事典 本文篇』（弘文堂、一九九四年）、世界の新宗教ならＣ・パートリッジ編『現代世界宗教事典』（井上順孝監訳、悠書館、二〇〇九年）などがある。
（29）「宗教と社会」学会と國學院大學日本文化研究所が一九九五年から二〇一五年まで一二回にわたって共同で行った学生の宗教意識調査の結果に基づく。この調査の概要は左記のウェブサイトを参照。
http://www.kt.rim.or.jp/~n-inoue/index.files/jasrs.htm

（30）こうした宗教情報を収集し公開しているのが公益財団法人・国際宗教研究所が運営する宗教情報リサーチセンターである。同センターは一九九八年に設立され、収集した情報の一部（教団データベース、宗教系学校一覧、宗教関連年表など）はオンラインで公開している。ＵＲＬは http://www.rirc.or.jp/ である。

（31）これに関しては、オウム真理教事件から教訓を得ようとして刊行された宗教情報リサーチセンター編／井上順孝責任編集『〈オウム真理教〉を検証する――そのウチとソトの境界線』（春秋社、二〇一五年）を参照。オウム真理教事件のどのような面が忘れ去られてはならないのかについての見解が具体的な例に即して説明されている。

付録

文献解題

●事　典

宗教社会学についての事典はないが、それに最も近いものは、井上順孝編『現代宗教事典』（弘文堂、二〇〇五年）である。宗教社会学に関連の深い研究者、書籍、教団、用語、事項などが解説されている。

現代世界の新しい宗教を網羅的に扱ったものとして、C・パートリッジ編『現代世界宗教事典——新宗教、セクト、代替スピリチュアリティ』（井上順孝監訳、悠書館、二〇〇九年）がある。歴史的宗教のほかに、スピリチュアルな宗教運動、バーチャル宗教、土着主義的宗教運動なども紹介されている。

個別宗教についての信頼できる事典をあげると、神道は國學院大學日本文化研究所編『神道事典』（弘文堂、一九九四年、縮刷版は一九九九年）、仏教は中村元ほか編『岩波 仏教辞典〔第二版〕』（岩波書店、二〇〇二年）、イスラム教は大塚和夫ほか編『岩波 イスラーム辞典』（岩波書店、二〇〇二年）、新宗教は井上順孝ほか編『新宗教事典 本文篇』（弘文堂、一九九四年）がある。

基本的な知識を得たい場合には、研究者が関わっていない信頼性に欠ける事典や、ネット上のあやふやな紹介に頼らず、こうした多くの研究者が長年かかって作成した事典を調べることが、結局は最も早道である。

●単行本

① 伊藤雅之・樫尾直樹・弓山達也編『スピリチュアリティの社会学——現代世界の宗教性の探求』、世界思想社、

二〇〇四年。

宗教教団や伝統に拘束されない個人的・非制度的な宗教意識であるスピリチュアリティに関する宗教社会学的考察。スピリチュアリティに関する文化・運動の世界的規模の拡散性と同時代性に鑑み、組織性の弱いニューエイジや精神世界、中間的な宗教運動、組織性の強いカルトまで扱う。冒頭には宗教社会学の歴史的な見取り図が配され便利である。

② 井上順孝編『21世紀の宗教研究――脳科学・進化生物学と宗教学の接点』、平凡社、二〇一四年。
二〇一三年に日本宗教学会の公開講演会においてなされた三人の講演をもとに、最近の脳科学や進化生物学などが、宗教研究にどのような影響を与えることになるかを論じている。今までにほとんど見られなかった視点からの宗教現象へのアプローチについての紹介が特徴的である。

③ 井上順孝・大塚和夫編『ファンダメンタリズムとは何か――世俗主義への挑戦』、新曜社、一九九四年。
原理主義（ファンダメンタリズム）について日本で初めて本格的になされた議論を紹介している。キリスト教原理主義、イスラム原理主義、ヒンドゥー原理主義などがどうして起こったのかについて、基本的な知識を得られる。個々の宗教における原理主義についての本を読む前に目を通しておくと参考になる。

④ M・ウェーバー『プロテスタンティズムの倫理と資本主義の精神』、中山元訳、日経BP社、二〇一〇年。
プロテスタンティズムの宗教的倫理観が、日常生活における勤勉や禁欲を促し、それが西欧における資本主義の発達に寄与したと論じたもの。ウェーバーの代表的著作であるとともに、宗教社会学の古典的著作である。

⑤ E・E・エヴァンズ＝プリチャード『アザンデ人の世界――妖術・託宣・呪術』、向井元子訳、みすず書房、二〇〇一年。
一九三七年に刊行された、人類学および民族誌の金字塔ともいうべき古典の待望の翻訳。長期間に及ぶフィールドワークの成果である本書は、人間の世界構築の方法の多様性を実証的に提示し、人類学や社会学の可能性を大き

く切り開いた。また、刊行までに一〇年以上の年月を費やした翻訳作業の重みを感じることも、後学の徒には良い経験になるだろう。

⑥ 国際宗教研究所編／井上順孝責任編集『教育のなかの宗教』、新書館、一九九八年。
一九九七年に（財）国際宗教研究所主催で行われた、宗教教育に関する二回のシンポジウムの成果を編んだ研究書。日本の宗教系中等学校の宗教教育の現状について議論し、イギリス、マレーシア、韓国の中等教育における事例を国際的に比較したもの。本書で出された多くの論点は、宗教教育研究に大いに参考になる。

⑦ 櫻井義秀『「カルト」を問い直す――信教の自由というリスク』、中公新書ラクレ、二〇〇六年。
信教の自由と表裏一体の関係にある「カルト」の危険性について論じるとともに、オウム真理教や統一教会等の事例をあげながら、「カルト」への対応策について考察している。「カルト」について考えるのに参考となる。

⑧ 島薗進『精神世界のゆくえ――宗教・近代・霊性』、秋山書店、二〇〇七年。
本書ではまず精神世界やニューエイジを包含する新霊性運動の概念を提唱するとともに、その大衆化に影響を与えたチャネリングや自己啓発セミナーやニューサイエンスを扱う。次いでかかる文化と知識人やオルタナティブな文化運動との関わりが述べられ、宗教史のなかでの位置づけが目指されている。

⑨ 宗教社会学の会編『神々宿りし都市――世俗都市の宗教社会学』、創元社、一九九九年。
一九八〇年に関西の若手研究者により結成された「宗教社会学の会」による三冊目の論文集。世代交代した若手研究者を中心に一〇の論考が掲載されている。生駒地域・朝鮮寺の変化や水子供養、墓地、地域や家の祭祀、占い、オカルト心身論、「心霊研究」運動などが取り上げられている。現代都市と宗教に関心ある人の必読書である。

⑩ 宗教情報リサーチセンター編／井上順孝責任編集『情報時代のオウム真理教』、春秋社、二〇一一年。同『〈オウム真理教〉を検証する――そのウチとソトの境界線』、春秋社、二〇一五年。

一九九五年三月に東京で起こった地下鉄サリン事件で、オウム真理教による一連のテロ事件が社会的に注目を浴びたが、その背景について膨大な量の資料収集を行い、それらを検討してなされた論考を集めている。前者は一九九五年までに焦点を据えているが、後者はその後の展開、脱会者の手記なども含めて論じている。カルト問題に関心をもつ人には必読の書である。

⑪ G・ジンメル「宗教社会学のために」『社会分化論 宗教社会学〔新編改訳〕』、居安正訳、青木書店、一九九八年。

ウェーバーやデュルケムに先立ち、宗教社会学への関心を明らかにした先駆的論文。宗教を心的現象として捉え、それが人間同士の相互作用から生まれる現象であり、その過程は固定せず流動的であると論じている。

⑫ 住原則也編『グローバル化のなかの宗教――文化的影響・ネットワーク・ナラロジー』、世界思想社、二〇〇七年。

二〇〇二年から二〇〇五年まで続けられた、奈良県中心の宗教・文化調査を基軸に、グローバル化する現代社会における宗教のあり方について多角的に論じている。個別の宗教文化や宗教史上のトピックスに造詣の深い多彩な執筆陣が、従来の宗教研究の枠組みにとらわれずに、視野の広い宗教文化研究を展開している。宗教研究の多様な展開の可能性を予感させる論文集である。

⑬ 塚田穂高『宗教と政治の転轍点――保守合同と政教一致の宗教社会学』、花伝社、二〇一五年。

戦後日本の新宗教と政治の関係について、綿密な調査と豊富な資料によって検証した労作。多彩な新宗教の政治関与を克明に検証しながら、戦後日本の宗教運動のもつナショナリズム＝国家意識の特徴を明らかにしている。特に、各宗教運動の背景にある独特な世界観を色濃く反映した「ユートピア観」に着目する発想は、これからの宗教研究に大きく寄与するはずである。

⑭ E・デュルケーム『宗教生活の基本形態――オーストラリアにおけるトーテム体系』（上・下）、山﨑亮訳、ちくま学芸文庫、二〇一四年。

オーストラリアのトーテム体系を研究対象とし、諸事物を「聖」と「俗」の二領域に分ける信仰と儀礼の体系として宗教を規定するとともに、宗教がもつ社会統合機能について考察している。宗教社会学の古典的著作である。

⑮ 内藤正典『ヨーロッパとイスラーム――共生は可能か』、岩波新書、二〇〇四年。

ヨーロッパにおけるムスリムの人口は増加の一途である。国によっては一割に近くなっているところがある。キリスト教が主たる宗教であったヨーロッパにおいて、これは大きな社会問題へと発展している。どのような困難が生じているのか、具体的な事例を踏まえて議論されている。

⑯ 藤田庄市『宗教事件の内側――精神を呪縛される人びと』、岩波書店、二〇〇八年。

著者は宗教事件やカルト被害を追ってきたフォトジャーナリスト。オウム真理教、統一教会、ライフスペース、本覚寺・明覚寺グループ、信者・仲間を死に至らしめた祈祷師や悪魔祓いのメンバーたちの姿が、永年の取材をもとに描かれている。宗教ゆえに陥った錯誤や信教の自由や世俗とを行き来する宗教性にも言及されている。

⑰ 三木英・櫻井義秀編『日本に生きる移民たちの宗教生活――ニューカマーのもたらす宗教多元化』、ミネルヴァ書房、二〇一二年。

ニューカマーの宗教に照準を合わせた日本の実証的なニューカマー研究。ビルマ系難民のキリスト教、カトリック浜松教会、日系ブラジル人のプロテスタント教会や心霊主義教団、滞日ペルー人の「奇跡の主」の祭、韓国や欧米のキリスト教会・宣教団体・非キリスト教系宗教、在日タイ上座仏教、モスクなどの事例を記述する。

⑱ 山中弘編『宗教とツーリズム――聖なるものの変容と持続』、世界思想社、二〇一二年。

近年の世界遺産ブームや現代最大の産業になったとされるツーリズムの隆盛を背景にして、宗教ツーリズム研究という研究領域の確立を目指す意欲的な論文集。観光戦略に組み込まれた「聖なるもの」の意味と価値は、旧来の宗教の定義とは相容れない部分もあれば微妙に重なるところもある。本書に紹介された多彩な事例を通して、これからの時代の宗教の定義について考えてもらいたい。

⑲ 弓山達也『天啓のゆくえ――宗教が分派するとき』、日本地域社会研究所、二〇〇五年。
近代日本において最大規模の民衆宗教であった天理教は、数十もの分派教団を生みだしてきた。本書では教祖時代から現代までの教団の分派史をたどるとともに、これらの教団が社会や時代の影響とともに、より内的な論理に従って分裂してきたこと（信仰や儀礼や教義に付き従うことによって母教団から離れざるをえなくなる）を明らかにする。

⑳ 渡辺雅子『ブラジル日系新宗教の展開――異文化布教の課題と実践』、東信堂、二〇〇一年。
ブラジルの主要な日系新宗教の展開過程を事例研究によって明らかにし、教団が日系エスニック・グループにとどまるか、日系の枠を越えて非日系人の信徒獲得に成功するかの差異の要因を考察する。大本、金光教、立正佼成会、世界救世教、創価学会、霊友会、稲荷会を詳細に記述。ブラジル日系新宗教研究の最先端。

〔井上順孝・磯岡哲也・岩井洋・岡田正彦・弓山達也〕

基本統計

●文化庁文化部宗務課編『宗教年鑑　平成26年版』（二〇一五年三月刊行）に掲載のデータ

❶ 宗教法人数総括表

（平成25年12月31日現在）

所轄	系統＼区分	包括宗教法人	単位宗教法人：被包括宗教法人：文部科学大臣所轄包括宗教法人に包括されるもの	単位宗教法人：被包括宗教法人：都道府県知事所轄包括宗教法人に包括されるもの	単位宗教法人：被包括宗教法人：非法人包括宗教団体に包括されるもの	単位宗教法人：単立宗教法人	単位宗教法人：小計	合計
文部科学大臣所轄	神道系	124	22	—	1	72	95	219
	仏教系	157	164	—	5	129	298	455
	キリスト教系	64	40	—	2	209	251	315
	諸教	29	27	—	—	52	79	108
	計	374	253	0	8	462	723	1,097
都道府県知事所轄	神道系	6	82,702	135	112	1,969	84,918	84,924
	仏教系	11	74,274	65	166	2,547	77,052	77,063
	キリスト教系	7	2,729	28	39	1,539	4,335	4,342
	諸教	1	14,150	2	8	374	14,534	14,535
	計	25	173,855	230	325	6,429	180,839	180,864
合計		399	174,108	230	333	6,891	181,562	181,961

❷ 我が国の信者数

（平成25年12月31日現在）

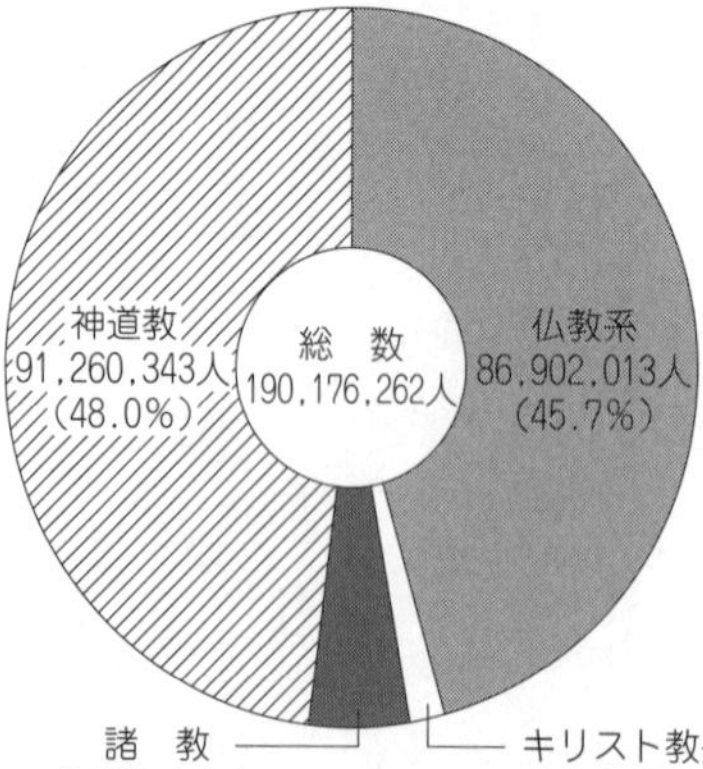

❸ 教師数の推移（昭和24～平成25年）

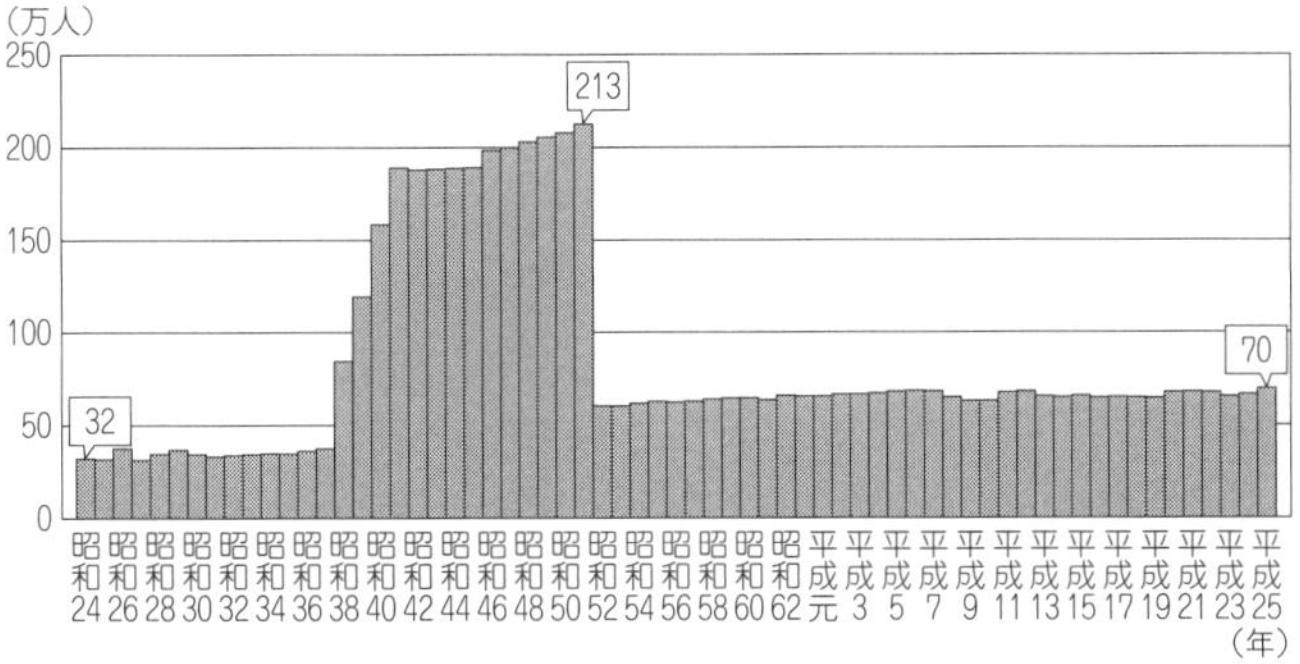

出典：各年『宗教年鑑』（文化庁文化部宗務課）より作成

❹ 信者数の推移（昭和24～平成25年）

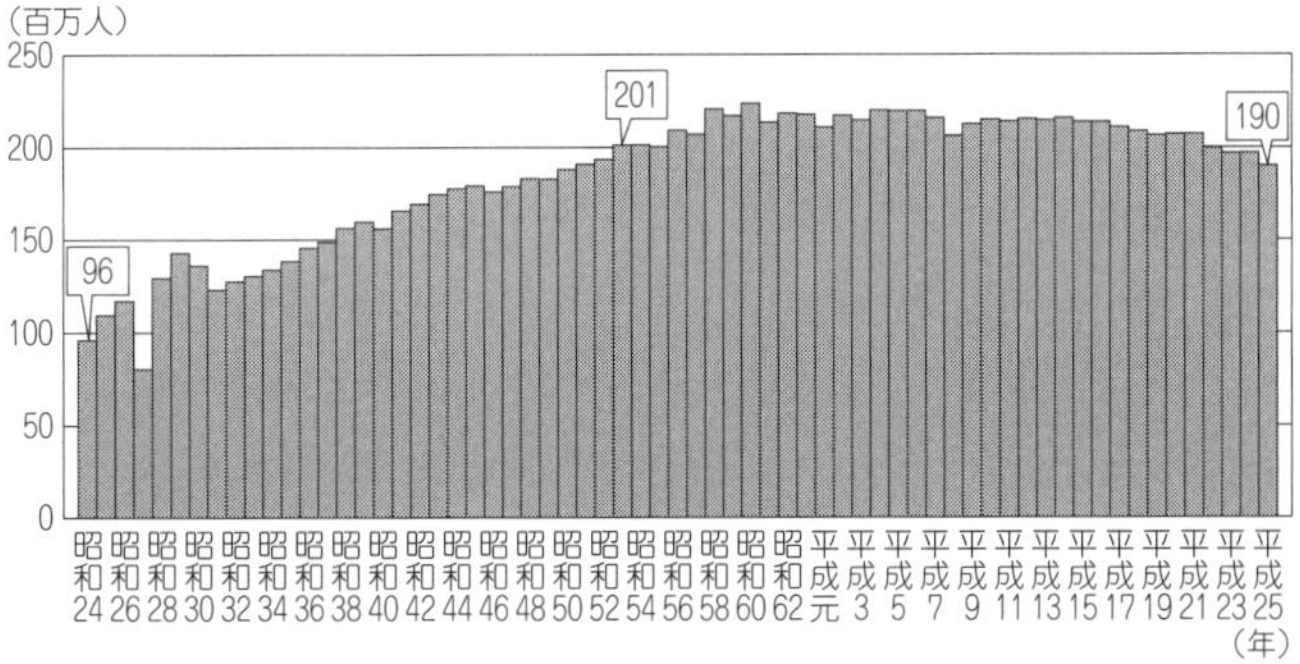

出典：各年『宗教年鑑』（文化庁文化部宗務課）より作成

❺ 神社・神官神職数の推移（明治10～昭和13年）

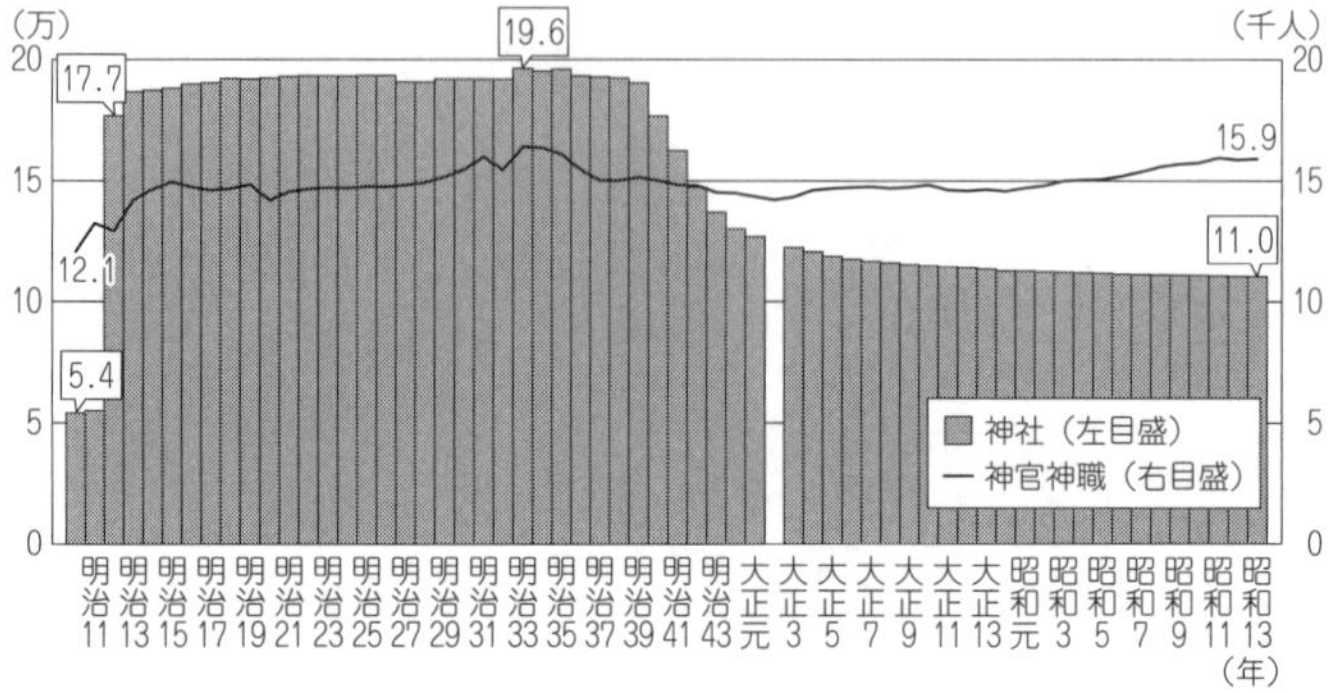

出典：各年『帝国統計年鑑』，『大日本帝国統計年鑑』（内閣統計局）より作成

❻ 僧侶数の推移（明治12～昭和12年）

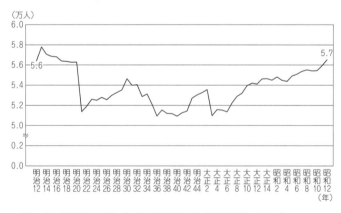

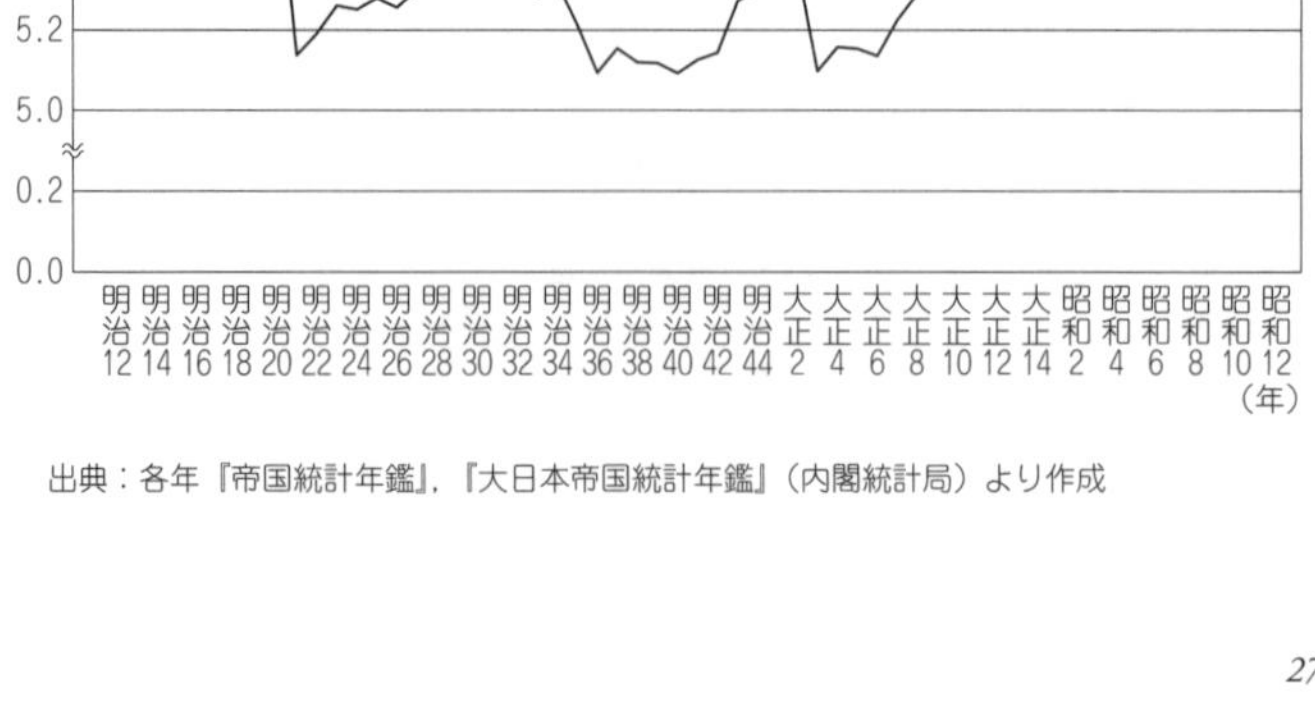

出典：各年『帝国統計年鑑』，『大日本帝国統計年鑑』（内閣統計局）より作成

❼ キリスト教会数，教師数の推移（明治32〜昭和12年）

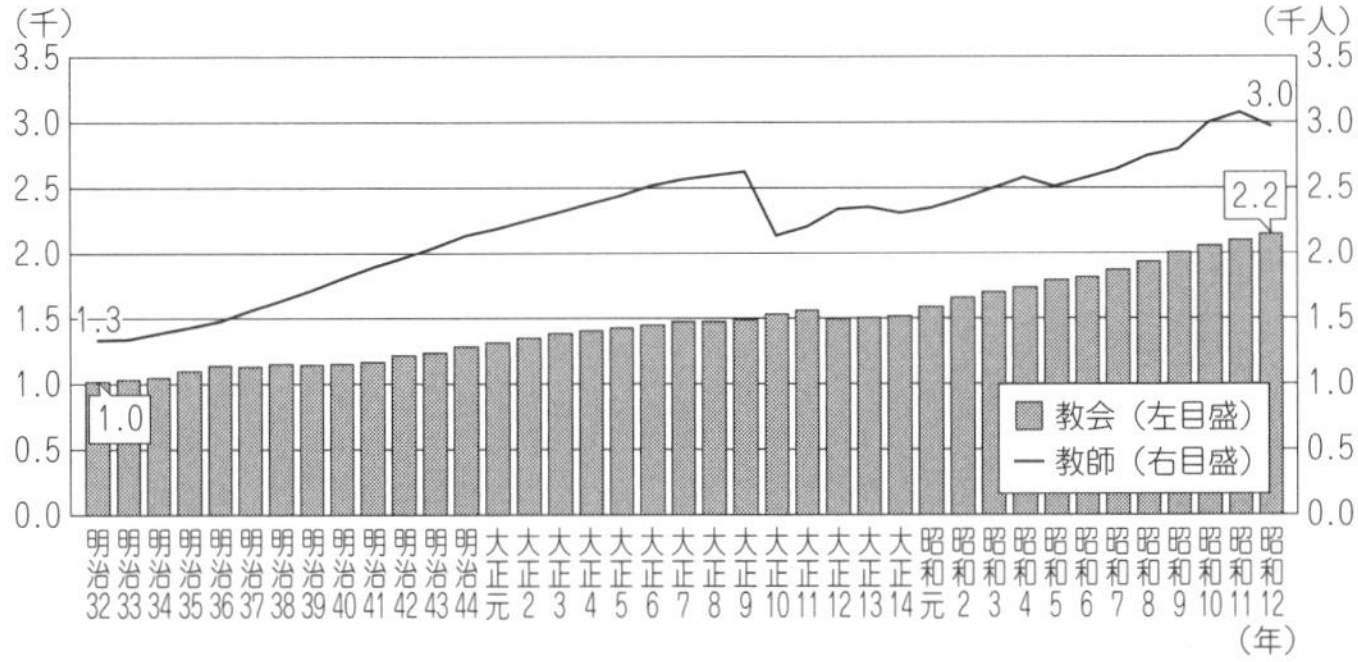

出典：各年『帝国統計年鑑』，『大日本帝国統計年鑑』（内閣統計局）より作成

❽「宗教を信じるか」に関する意識の推移（昭和33〜平成25年）

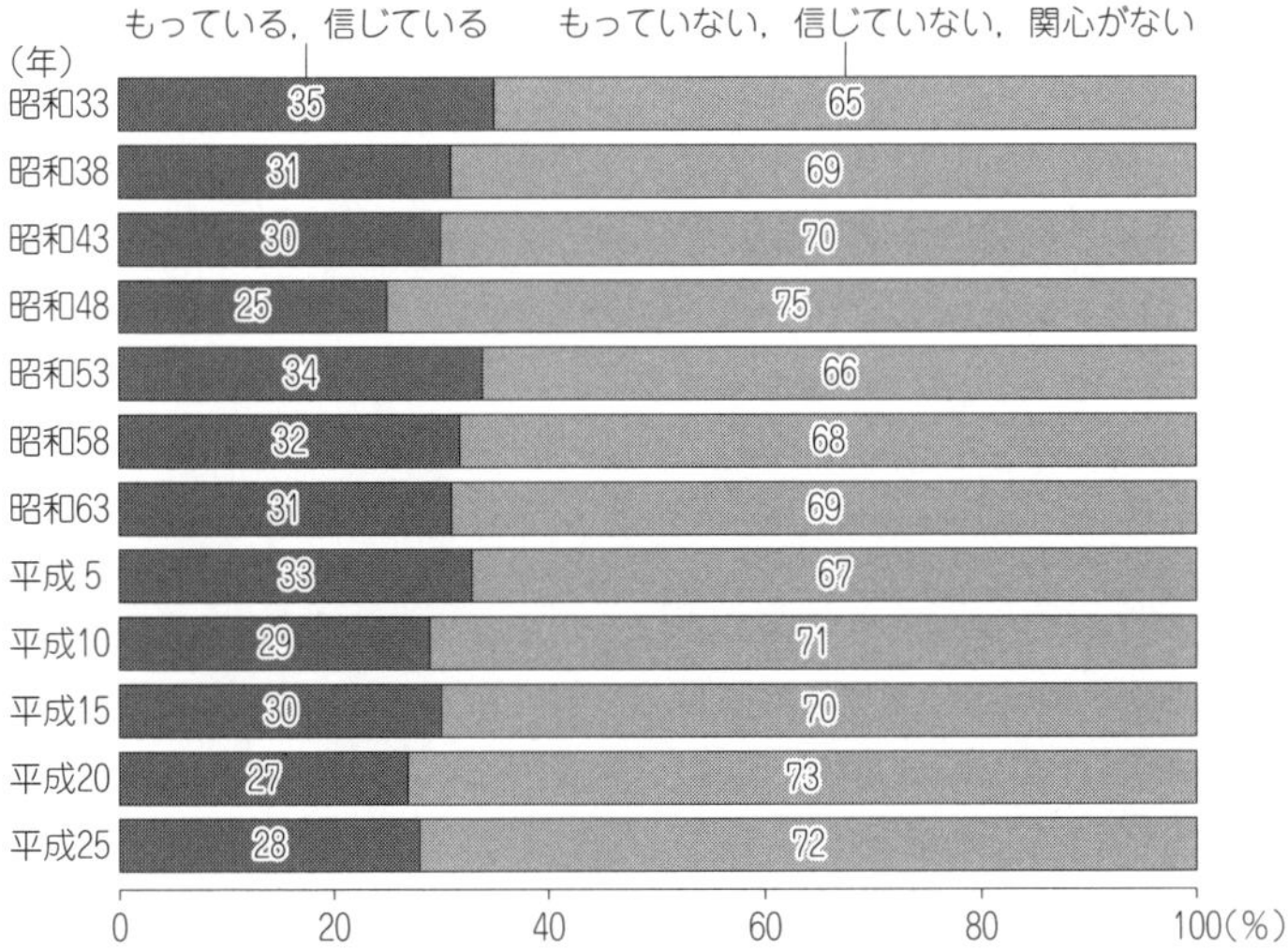

出典：各年「日本人の国民性調査」（統計数理研究所）より作成

❾「宗教を信じるか」に関する意識（全体・男女・年代別，平成25年）

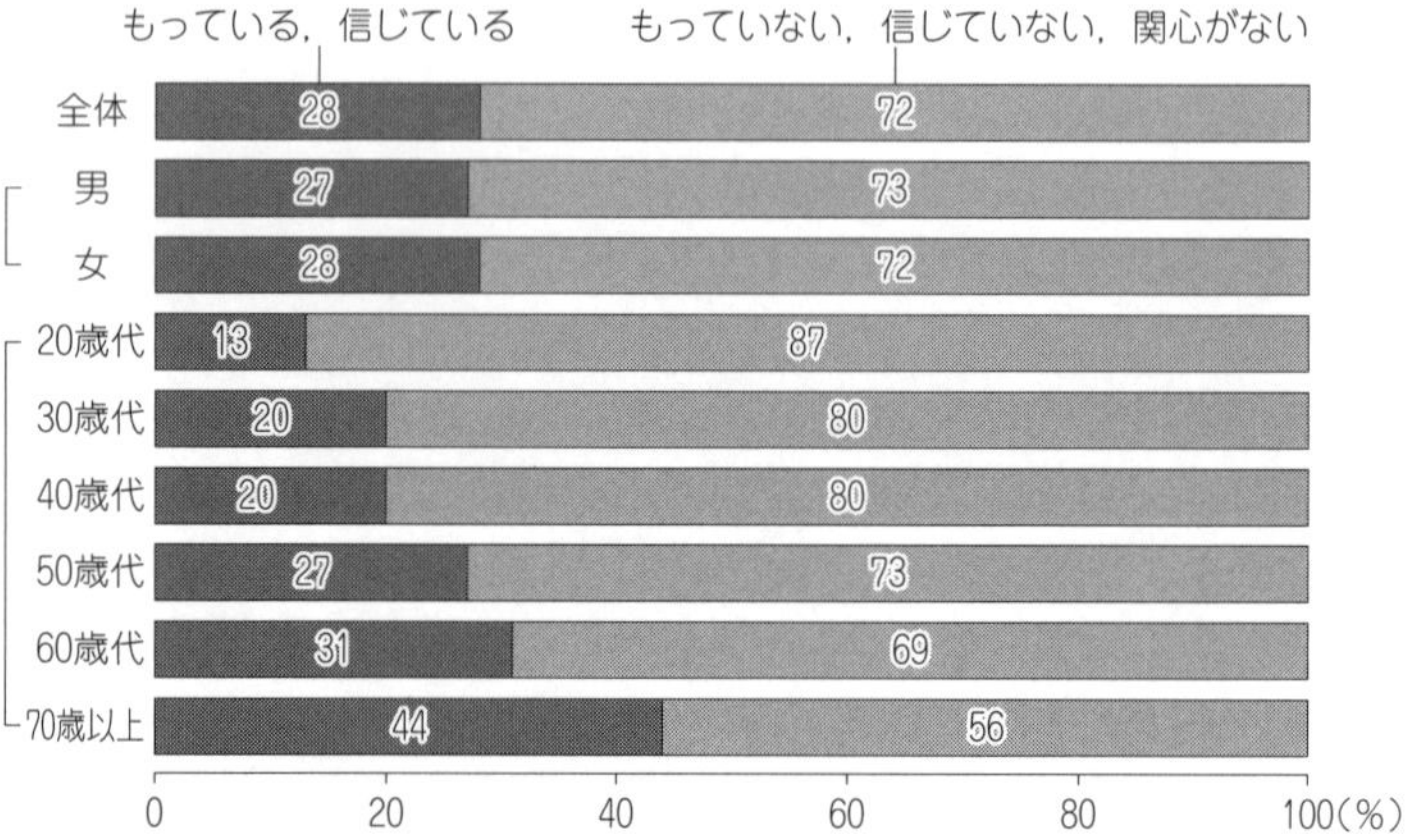

出典：平成25年「日本人の国民性調査」（統計数理研究所）より作成

❿「「あの世」を信じるか」に関する意識（全体・男女・年代別，平成25年）

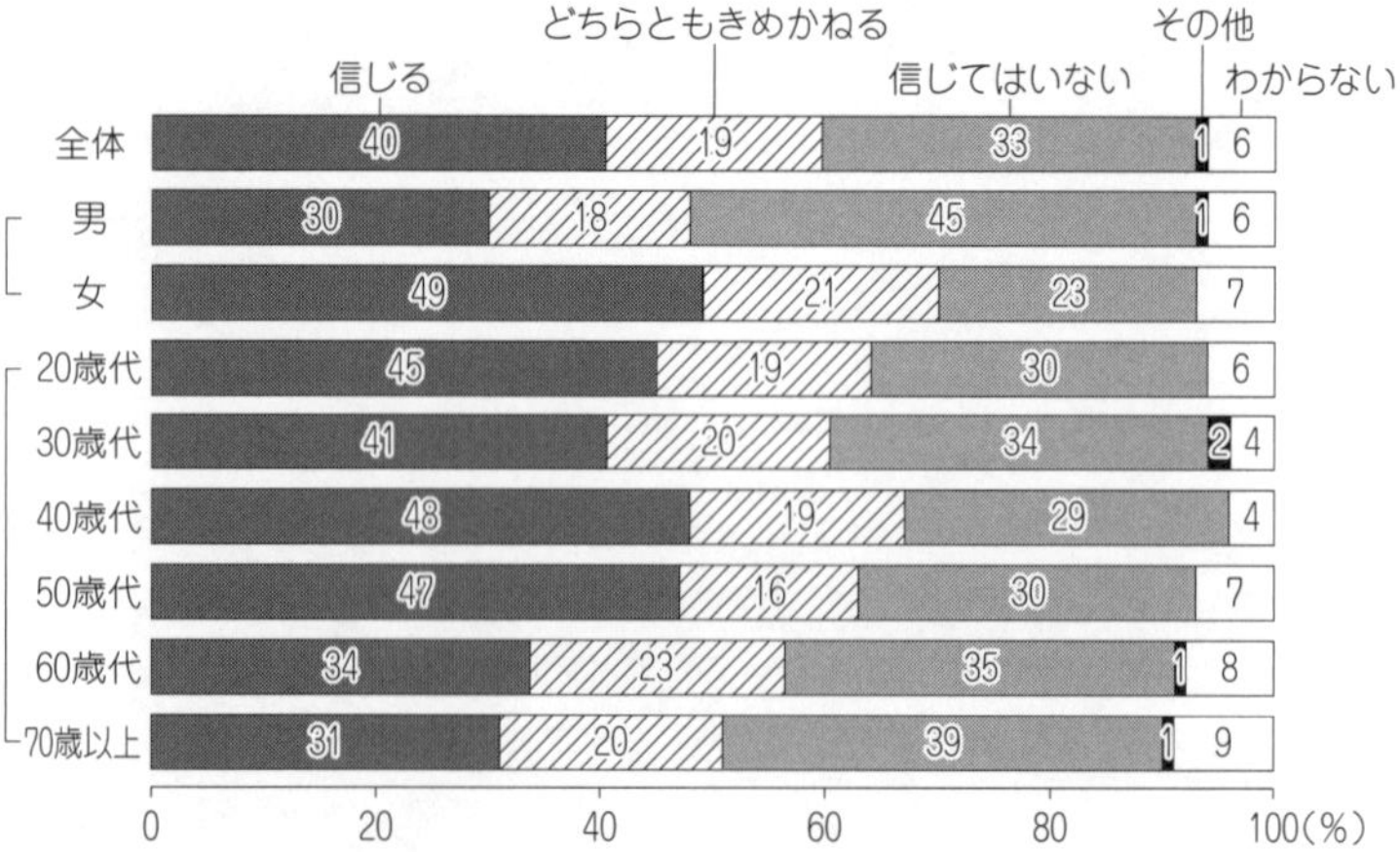

出典：平成25年「日本人の国民性調査」（統計数理研究所）より作成

⓫「宗教か科学か」に関する意識（全体・男女・年代別，平成25年）

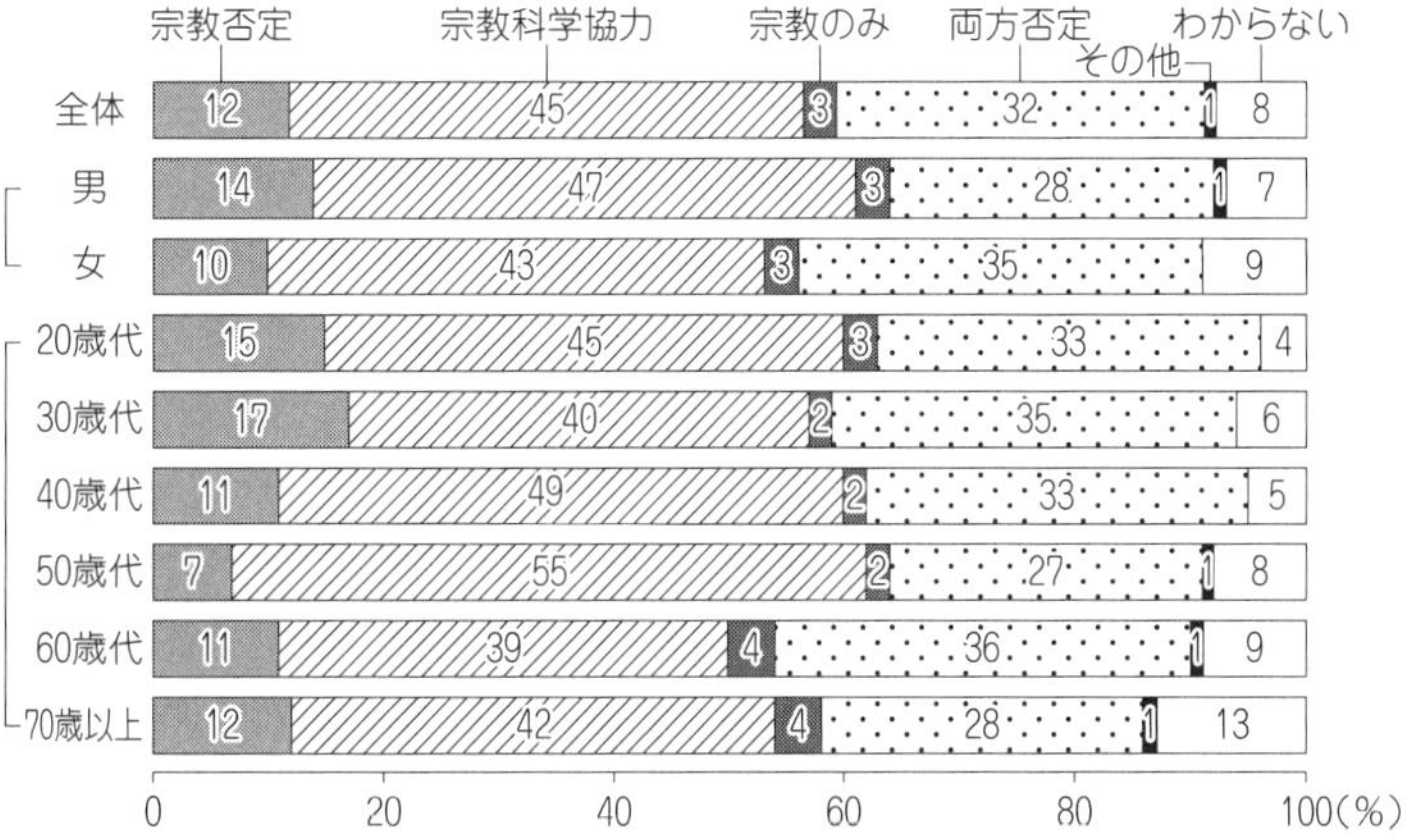

出典：平成25年「日本人の国民性調査」（統計数理研究所）より作成

⓬「先祖を尊ぶか」に関する意識の推移（昭和28～平成25年）

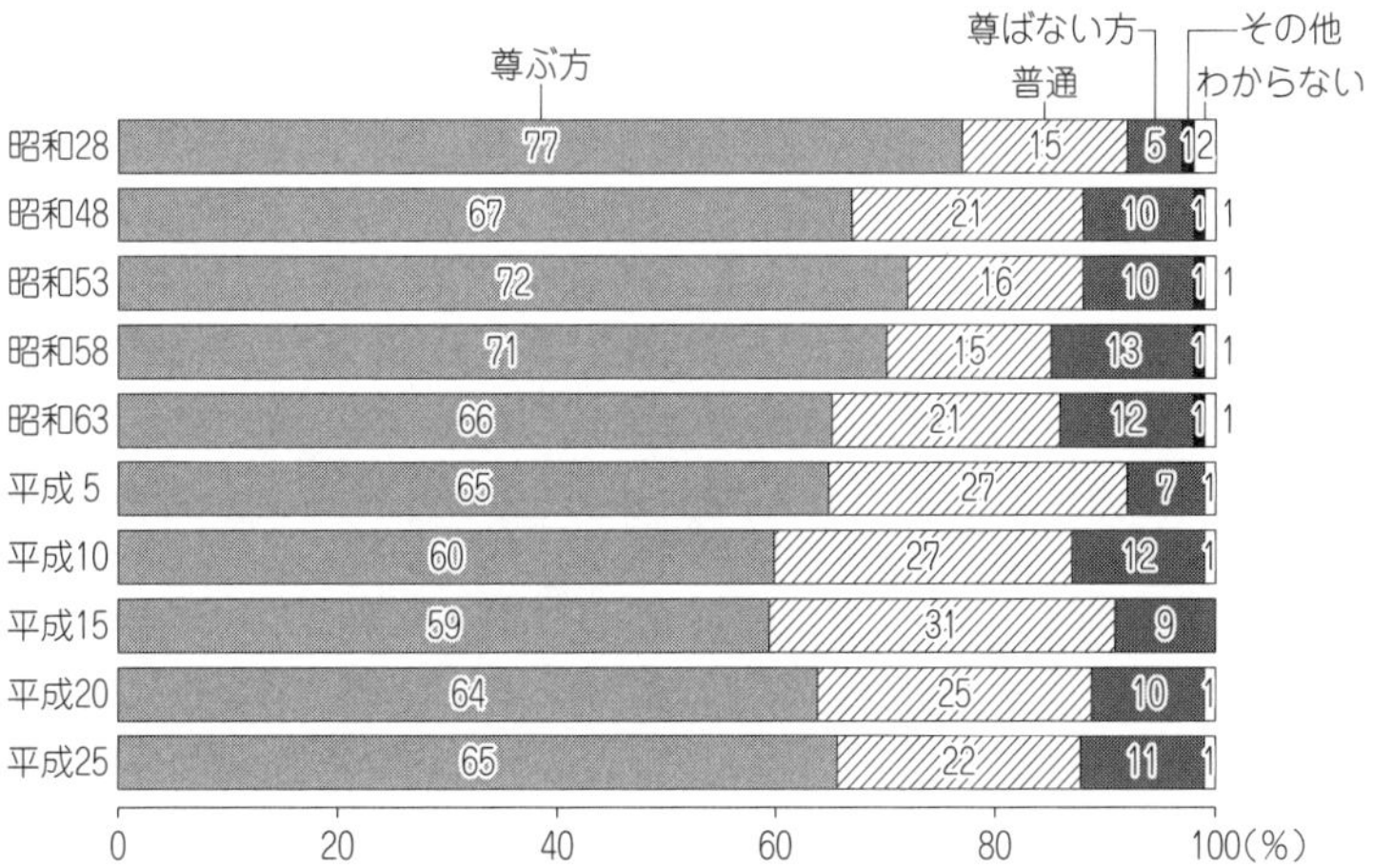

出典：平成25年「日本人の国民性調査」（統計数理研究所）より作成

⓭ 信仰をもっている大学生の割合（1995〜2015年）

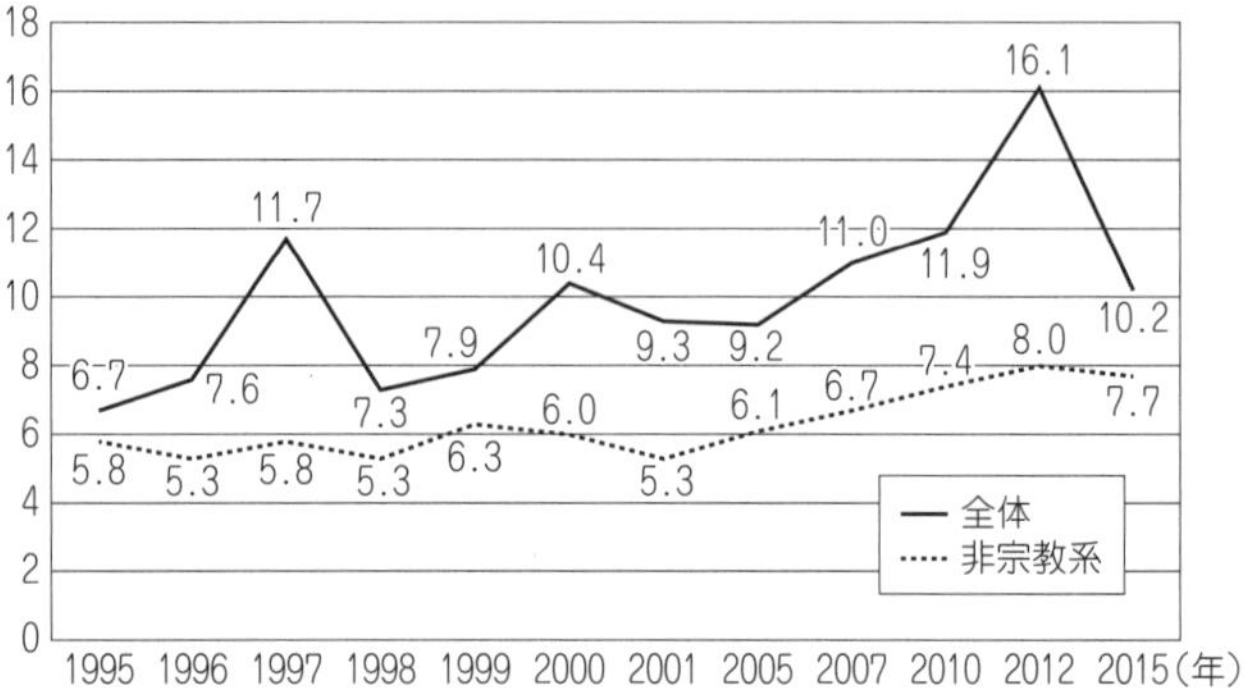

注：毎回全国30〜40の大学において数千人の学生を対象とした調査結果。「全体」は全回答者における割合。「非宗教系」は宗教系大学を省いた国公立，一般の私立大学の学生における割合。

●『学生意識調査』（「宗教と社会」学会、國學院大學日本文化研究所の共同研究）に掲載のデータ

⓮ 世界の宗教人口（2010年）

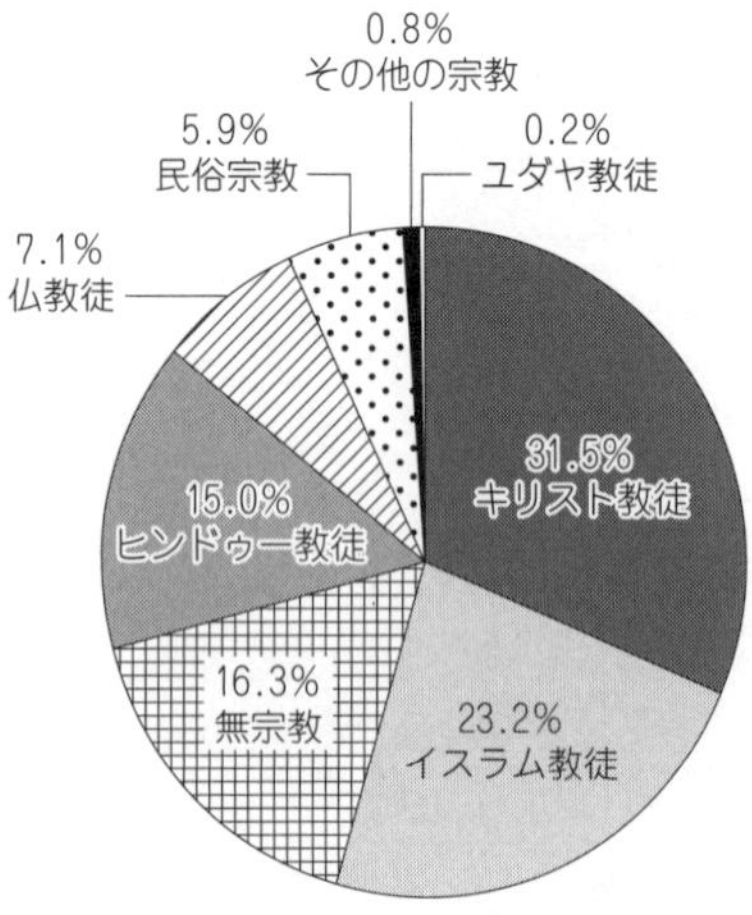

●Pew Research Center, "The Global Landscape of Religion"（2012. 12）に掲載のデータ

〔井上順孝〕

参考となるウェブ情報一覧

「宗教と社会」学会

URL：http://jasrs.org/

一九九三年に設立された全国学会。宗教社会学に関する論文を数多く掲載した機関誌『宗教と社会』（一九九五年創刊）のバックナンバーがオンラインでダウンロードできる。

日本宗教学会

URL：http://jpars.org/

一九三〇年に設立された宗教学関係では最も古い学会。多様な分野の研究者がいるが、宗教社会学関連の論文もいくつか機関誌『宗教研究』に掲載されている。過去の論文はデータベース化されているので、著者名、タイトル名等で検索でき、そのうちの大半がダウンロードできる。

文化庁文化部宗務課

URL：http://www.bunka.go.jp/seisaku/shukyohojin/

日本の宗教行政は文化庁文化部宗務課が中心になって行っているが、基本的データがオンラインで公開されている。特に『宗教年鑑』は最新のものもダウンロードできるので、日本の宗教統計を調べたいときにはまず最初に参照すべきものである。また宗教統計調査、宗務時報、海外の宗教事情に関する調査、在留外国人の宗教事情に関する資料集といった非常に有用なデータや調査結果がダウンロードできるのでぜひ利用したい。宗教統計調査に収められたデータはエクセル形式でダウンロードできる。

総務省統計局

URL：http://www.stat.go.jp/

宗教社会学では人口の割合に関わる議論もある。統計局のホームページには様々な人口統計が掲載されており、数値が示されたものはエクセル形式でダウンロードできるので、工夫により様々な局面に利用できる。

外務省

URL：http://www.mofa.go.jp/mofaj/

外務省のホームページの「国・地域」のサイトには各国の一般事情が記されている。ごく概略であるが、宗教についても記してある場合が多い。

ＮＨＫ放送文化研究所

URL：https://www.nhk.or.jp/bunken/

一九四六年に設立されたもので、ＮＨＫの業務として調査研究を行っている。その結果もオンラインで公表している。宗教に関する項目を含んだ調査もしばしば行われている。特に五年ごとに行われる「日本人の意識調査」では宗教に関する質問も含まれている。日本人の宗教に対する意識がどう変わったかを論じる場合には、このデータがよく使用される。

統計数理研究所

URL：http://www.ism.ac.jp/

一九四三年に設立された研究所。この研究所のホームページの「研究活動」のページから「日本人の国民性調査」のサイトへのリンクがあり、ここに宗教に関する質問結果が細かく掲載されている。たとえば「宗教を信じるかどうか」について、年次別、男女別、年齢別などの比較ができる。数値もエクセル形式でダウンロードできる。

宗教情報リサーチセンター

URL：http://www.rirc.or.jp/

一九九八年に設立されたセンターで、公益財団法人国際宗教研究所の事業として行われている。宗教関連の新聞雑誌の記事、書籍が収集されている。会員制度であるが、会員以外でもオンラインで教団データベース、宗教年表、宗教系学校のデータベース等にアクセスし、情報を得ることができる。宗教記事は二〇〇〇年の記事から最新のものより三年以上前の記事までをオンラインで検索して利用できる。

宗教文化教育推進センター

URL：http://www.cerc.jp/

二〇一一年に設立されたもので、日本宗教学会と「宗教と社会」学会が連携機関となって運営されている。宗教文化に関するデータベースがオンラインで公開されている。毎年宗教文化士認定試験を行っているが、その過去の問題（各五〇問）も公開されている。

Pew Research Center（ピュー・リサーチ・センター）

URL：http://www.pewresearch.org/

二〇〇四年に設立された米国の民間団体であるが、米国と世界の各種の統計等を発表する。ときおり宗教に関する統計も出しているので参考になる。英文であるがグラフもついていることが多いので、わかりやすい。

〔井上順孝〕

あとがき

本書は宗教社会学を学ぶ人たちの標準的なテキストになるようにと考えて編集されたものである。わかりやすくと努めたが、新しい研究動向も取り入れているので、場合によって少々手こずる箇所もあるかもしれない。しかし、重要と思われる理論や学説を厳選してあるので、きちんと読んでいただけば、きっと新しい視野が開けるはずと考えている。

内容的には私が編者となって一九九四年に同じ世界思想社から刊行した『現代日本の宗教社会学』と一部重なるところもあるが、新しい発想で全体を構成した。第Ⅰ部では宗教社会学の古典的学説の紹介、その展開の紹介に加えて、日本における宗教社会学の展開についてもふれた。第Ⅱ部では現代社会における宗教現象のうち、宗教社会学にとって欠かせないものを、基礎的なデータを示しながら紹介した。学説の紹介等に際してとりわけ意識したのは、この二〇年ほどの間に広がった宗教社会学の研究視点を新たに組み込むことであった。またこの間に起こった宗教現象や、宗教が関係した従来にはあまりみられなかったような事件についても、紹介するようにした。

この二〇年に起こった宗教研究の展開のうち、従来の宗教社会学にはなかったような視点を提供したのが、一九九〇年代以降に急速に発展した脳科学と、その影響を大きく受けた認知宗教学である。そこでどういう点が宗教社会学に関わってくるかについてふれた。認知宗教学は宗教学の様々な分野のなかでも、とりわけ宗教社会学、宗教心理学、そして宗教人類学に関わりをもっている。そのこともあって、宗教心理学のなかでも無意識の問題を扱う深層心理学を、本書で扱うことにした。

他方、この間の国内外の宗教に関わる出来事のうち、宗教社会学が目をそらすわけにいけないのが、一九九五年三月のオウム真理教による地下鉄サリン事件である。オウム真理教はその前年には松本サリン事件も起こしている。この事件はカルト問題というテーマを宗教社会学の重要な問題として扱うべきことを研究者に迫った。また二〇〇一年九月にニューヨークで起こった同時多発テロである「九・一一」は、イスラム教が現代世界に与える影響に向かいあうべきことをきわめて不幸な形で気づかせた。二〇一一年一月には宗教文化教育推進センターが設立された。ここで宗教文化士という資格を認定してもいる。宗教社会学は理論を知るだけでなく、世界の宗教文化についての基礎的知識をもつことで、より豊かな学びとすることができる。世界宗教についての見方を養うことの重要さを知ってもらうために、宗教文化圏について説明した。

付録は本書で基礎的な知識とこれまでの研究の視点を踏まえて、自分でさらに興味あるテーマをみつけていこうとする人の一助となるようにというつもりで作成した。参考文献のほか、役に立つであろう統計資料やウェブサイトを掲載したので、参考としていただきたい。

宗教社会学は宗教が社会に果たしている機能や役割、宗教が文化に与える影響など、様々な角度から宗教と社会の問題を扱う。宗教現象を遠目で分析するだけでなく、自分の身の回りの問題として考える姿勢を身につけると、応用力は一層強まる。本書で示されている事例やデータ、そして理論を、いつでも自分たちに関わる可能性のある事柄として受け取っていただきたい。

二〇一五年一一月

執筆者を代表して　井上順孝

【ら行】

【わ行】

【さ行】

【た行】

【な行】

人名索引

【あ行】

【か行】

【ま行】

【な行】

【は行】

【た行】

【さ行】

事項索引

【あ行】

【か行】

執筆者紹介（執筆順）

井上 順孝（いのうえ　のぶたか）　奥付の編者紹介参照

執筆担当：序章，２章３節，３章３節，４章２節，６章１～３節，７章２節，８章３節，文献解題，基本統計，参考となるウェブ情報一覧

岩井　洋（いわい　ひろし）

1962年生まれ。上智大学大学院博士課程満期退学。現在，帝塚山大学全学教育開発センター教授。**[著書]**『記憶術のススメ』（青弓社，1997），『目からウロコの宗教』（PHPエディターズ・グループ，2003），『経営理念』（共著，PHP研究所，2008），『アジア企業の経営理念』（共著，文眞堂，2013），『テキスト 経営人類学』（共著，東方出版，2019），『大学論の誤解と幻想』（弘文堂，2020），『オルファイズム』（オルファ，2022）

執筆担当：１章，２章１節，３章１～２節，文献解題

岡田 正彦（おかだ　まさひこ）

1962年生まれ。スタンフォード大学大学院博士課程修了。Ph. D.（宗教学）。現在，天理大学人間学部教授。**[著書]**『宗教の詩学』（天理大学出版部，2007），『忘れられた仏教天文学』（ブイツーソリューション，2010），『シリーズ日本人と宗教２　神・儒・仏の時代』（共著，春秋社，2014）**[訳書]** J・E・ケテラー『邪教／殉教の明治』（ぺりかん社，2006）など

執筆担当：２章２節，７章１節，７章３節，文献解題

磯岡 哲也（いそおか てつや）

1955年生まれ。成城大学大学院博士課程満期退学。現在，淑徳大学コミュニティ政策学部教授。**[著書]**『宗教的信念体系の伝播と変容』（学文社，1999），『國行水陸大齋の伝統性とその構造的意味（韓国文）』（共著，韓国仏教民俗学会，2012），『シリーズ日蓮４　近現代の法華運動と在家教団』（共著，春秋社，2014），『共生社会の創出をめざして』（共編，学文社，2016）**[論文]**「仏教と共生」（日本共生科学会『共生科学』６号，2015）

執筆担当：４章１節，５章１～３節，８章１～２節，文献解題

弓山 達也（ゆみやま　たつや）

1963年生まれ。大正大学大学院博士課程満期退学。博士（文学）。現在，東京科学大学リベラルアーツ研究教育院教授。**[著書]**『癒しと和解』（共編，ハーベスト社，1995），『癒しを生きた人々』（共編，専修大学出版局，1999），『スピリチュアリティの社会学』（共編，世界思想社，2004），『天啓のゆくえ』（日本地域社会研究所，2005），『現代における宗教者の育成』（責任編集，大正大学出版会，2006），『いのち・教育・スピリチュアリティ』（共編，同，2009），『東日本大震災後の宗教とコミュニティ』（共編，ハーベスト社，2019）

執筆担当：４章３～４節，５章４節，６章４節，文献解題

編者紹介

井上 順孝（いのうえ　のぶたか）
1948年生まれ。東京大学大学院博士課程中退。博士（宗教学）。
現在，國學院大學名誉教授。
[著書]『新宗教事典』（共編，弘文堂，1990），『教派神道の形成』（同，1991），『新宗教の解読』（筑摩書房，1992），『宗教と教育』（責任編集，弘文堂，1997），『世界の宗教101物語』（編著，新書館，1997），『教育のなかの宗教』（責任編集，同，1998），『ワードマップ神道』（編著，新曜社，1998），『若者と現代宗教』（ちくま新書，1999），『図解雑学宗教』（ナツメ社，2001），『現代宗教事典』（編著，弘文堂，2005），『神道入門』（平凡社新書，2006），『近代日本の宗教家101』（編著，新書館，2007），『本当にわかる宗教学』（日本実業出版社，2011），『情報時代のオウム真理教』（責任編集，春秋社，2011），『世界宗教百科事典』（編集委員長，丸善出版，2012），『ビジネスマンのための「世界の宗教」超入門』（編著，東洋経済新報社，2013），『21世紀の宗教研究』（編著，平凡社，2014），『〈オウム真理教〉を検証する』（責任編集，春秋社，2015），『世界の宗教は人間に何を禁じてきたか』（河出書房新社，2016），『グローバル化時代の宗教文化教育』（弘文堂，2020年），『神道の近代』（春秋社，2021）

宗教社会学を学ぶ人のために

2016年4月1日　第1刷発行
2024年11月20日　第3刷発行
定価はカバーに表示しています

編　者　井　上　順　孝
発行者　上　原　寿　明

世界思想社
京都市左京区岩倉南桑原町56　〒606-0031
電話　075(721)6500
振替　01000-6-2908
http://sekaishisosha.jp/

（印刷　中央精版印刷）

ISBN978-4-7907-1682-2